Peter Härtling:
Vergessene Bücher
Autoren zum Wiederentdecken

Deutscher
Taschenbuch
Verlag

dtv

Von Peter Härtling
sind im Deutschen Taschenbuch Verlag erschienen:
Das war der Hirbel (7321)
Oma (7371)

Ungekürzte Ausgabe
Dezember 1986
Deutscher Taschenbuch Verlag GmbH & Co. KG,
München

ISBN 3-88652-060-9
Umschlaggestaltung: Celestino Piatti
Umschlagfoto: Isolde Ohlbaum
Gesamtherstellung: C. H. Beck'sche Buchdruckerei,
Nördlingen
Printed in Germany · ISBN 3-423-10679-4

Das Buch

»Gebündelte Liebeserklärungen« nennt Peter Härtling dieses Lesebuch von Texten und Aufsätzen. Beseelt von einer wahren Leidenschaft für vergessene, entlegene Bücher, sammelt er seit vielen Jahren literarische Schätze und versucht sie den Lesern ins Gedächtnis zu rufen. Schon in seiner Jugend zog es ihn zu den »Eckenstehern« in den Bücherregalen, zu den Werken, die nicht die Gunst des Lesers genossen: »Ich kam mir vor, als gelänge es mir, sie lesend zu beleben, ihren Geist wachzurufen.« Hier stellt er sie vor, die dem Gedächtnis fast schon Entschwundenen – Charles Sealsfield, Ellen Key, Paul Kornfeld, Johannes R. Becher, Herbert Eisenstein und viele andere mehr. Eine wahre Fundgrube für Lese-Abenteurer und Entdecker!

Der Autor

Peter Härtling, geboren am 13. November 1933 in Chemnitz, Gymnasium in Nürtingen bis 1952. Danach journalistische Tätigkeit; von 1955 bis 1962 Redakteur bei der ›Deutschen Zeitung‹, von 1962 bis 1970 Mitherausgeber der Zeitschrift ›Der Monat‹, von 1967 bis 1968 Cheflektor und danach bis Ende 1973 Geschäftsführer des S. Fischer Verlages. Seit Anfang 1974 freier Schriftsteller.

Inhalt

Für Hildegard Grosche
und
alle Freunde,
die den vergessenen Büchern
zugeneigt blieben.

Vorwort zur Neuausgabe von 1983

Diese Sammlung, die nun nach einer Pause von siebzehn Jahren wieder erscheint, bündelt Liebeserklärungen. Und da man Liebeserklärungen nicht retuschieren soll, es sei denn, man wollte die alte Liebe verleugnen, habe ich an den Aufsätzen nichts geändert, höchstens offenkundige Fehler korrigiert. Ein paar Hinweise wurden ausgetauscht. Anstelle der Artikel über Wladyslaw Reymont, Richard von Schaukal, Wilhelm Hausenstein und Joachim Moras stehen nun solche über Ludwig Derleth, Herbert Eisenreich, Josef Guggenmos, Ernst Kreuder und Hertha Kräftner. Sie schienen mir triftiger, für den Leser von heute wichtiger.

Wie fing die Leidenschaft für vergessene, entlegene, verdrängte Bücher an? Ich kann es nicht mehr genau sagen. Doch weiß ich noch, wie es mich als Schüler in der Nürtinger Stadtbibliothek, nachdem ich die Werke der Großen und Vielgerühmten kennengelernt hatte, mehr und mehr zu jenen Bänden zog, die kaum ausgeliehen wurden, die, wahre Eckensteher, die Gunst der Leser nicht genossen. Es kam mir vor, als gelänge es mir, sie lesend zu beleben, ihren Geist wachzurufen. Ich schlug nach, wollte mehr über die Autoren erfahren – und geriet ins Labyrinth der Geschichte, der Politik, erschrak über Verfolgung und Mord, Vernachlässigung und Gleichgültigkeit, Moden und Makulatur. Ich verbrüderte mich mit Toten und Vertriebenen.

Die Zuneigung für die Vergessenen machte mich beredt, ich stritt und warb für sie. Später, als Journalist an kleinen Zeitungen, fing ich an, mit Eifer über sie zu schreiben. Davon ließ ich nicht mehr ab. Darum war ich kaum überrascht, als Georg Ramseger und Jost Nolte, die damals die ›Welt der Literatur‹ redigierten, mich 1964 aufforderten, regelmäßig »vergessene Bücher« vorzustellen. Nun konnte ich meinen Schatz ausbreiten und an Beispielen beklagen, wie fahrlässig wir mit Poesie und Poeten umgegangen waren.

Die Kolumne wurde gelesen; die Resonanz war groß und hilfreich. Einige Bücher, deren ich mich angenommen hatte, fanden bald darauf einen neuen Verleger – allerdings nicht immer mit dem Erfolg, den ich mir erhoffte. Jahre später, als ich in der Verlagsleitung von S. Fischer tätig war, konnte ich selber tatkräftig helfen, richtete die Reihe ›Im Fischernetz‹ ein, in der unter anderem Werke von Sonja Kowalewsky, Fritz Mauthner, Wilhelm Hausenstein und Karl Jakob Hirsch erschienen.

Die Zeit reißt sie weg, die wechselnden Moden drängen sie ab: Längst gibt es auch Autoren der Nachkriegszeit, die so gut wie nicht mehr erwähnt werden, deren Bücher allenfalls in Antiquariaten aufzustöbern sind. Nein, sage ich mir, Gleichgültigkeit ist keine Eigenschaft, die der Literatur eigen sein muß, und schon darum rufe ich die verlorengegangenen Gefährten uns wieder ins Gedächtnis.

In den 1983 verfaßten Postscripta versuche ich in aller Kürze informierend zu ergänzen oder ich schreibe die elende Geschichte der Vernachlässigung fort.

Charles Sealsfield
Tokeah oder Die weiße Rose

Die Lektüre der Jugend schenkt einem Bilder, Vorstellungen von Welt, die später, selbst durch den Augenschein, nie ganz korrigiert werden: Sie ruhen in uns als die Gewinste erster Phantasiefahrten, und sie werden, wieder aufgerufen, rasch die Sehnsucht wecken.

Wenn ich an den üppigsten, verwunschensten Wald denke, den ich je durchwandert habe, dann ist es der, den James Fenimore Cooper geschildert hat, und darum waren mir die Wälder Stifters, die ich Jahre danach kennenlernte, vertraut. Wenn ich über eine gefährdete, gesprungene Ehe nachdenke, über eine beunruhigte Häuslichkeit, dann fällt mir Ibsens ›Nora‹ ein: Ich hatte das Stück als Zehnjähriger gelesen, ohne es zu begreifen, doch mit dem unaussprechlichen Gefühl, daß diese Unsicherheit, die mich ergriff, zum Leben gehören müsse.

Solche Erfahrungen lassen sich nicht ersetzen: Sie sind, nehme ich an, die Gründe aller intellektuellen Erinnerung – flüchtige Bilder, die niemals fliehen. Hartnäckige Vorurteile, die durch vorsichtige Urteile Jahrzehnte darauf sogar bekräftigt werden. Die politisierenden, handelnden Männergestalten, die meine Kindheit aufrührten, waren aus dem ›Kajütenbuch‹ Sealsfields gestiegen, Leute, die seltsam abgehackt sprachen und die ein wenig den Burschen um Siegismund Rüstig glichen, nur daß die Trapper, Offiziere und Kapitäne Sealsfields eine ungleich schwierigere Rede führten, die zu entschlüsseln mir selten gelang. Was sie hingegen trieben, das war leicht einzusehen, was ihnen zustieß, wie sie kämpften, Häuser bauten, Familien gründeten.

Es war eine alte Ausgabe des ›Kajütenbuches‹, sie war mir von meiner Großmutter geschenkt worden und offenbar war sie illustriert gewesen, denn als ich unlängst Sealsfields amerikanische Romane las, stellten sich unverzüglich Figurinen ein, deren Kostüme mir wohlbekannt, deren Posen – dieser an eine riesenhafte Sykomore gelehnt, jener in einem Einbaum über das Ruder gebeugt – so festgelegt waren, daß ich sie nie hätte ersinnen können. Es waren die vergessen gewesenen Vor-Bilder.

Ich ackerte mich, um Sealsfield zu erkunden, durch die Biographie Castles, die vor Kenntnis strotzt und an Fußnoten erstickt, und stieß auf einen Schriftsteller, dessen Leben mich aufregte: einer, der wahrhaft geflohen war, nicht allein vor seiner Vergangenheit, seinen Angehörigen, seiner gesicherten Existenz – das haben manche versucht; vielmehr war er so weit von sich fortgelaufen, daß hinter dem Namen Sealsfield niemand mehr den Namen Postl vermutet, hinter dem Amerikaner, der in der Schweiz seinen Lebensabend verbrachte – ein erfolgreicher Poet –, keiner den einstigen Ordenssekretär der Prager Kreuzherren. Erst durch den Nachlaß offenbarte sich die Herkunft des schreibenden Republikaners, der ein Bauernsohn aus Mähren gewesen war.

›Das Kajütenbuch‹ ist weithin bekannt, wird immer neu aufgelegt, und es gibt albern gestrichene Fassungen für die Kinder. Einer seiner ersten großen Romane, ›Tokeah oder Die weiße Rose‹ (1829) – 1833 unter dem Titel ›Der Legitime und die Republikaner‹ –, ist vor einiger Zeit in der Manesse-Bibliothek erschienen. Noch erzählt Sealsfield nicht in jenem Stakkato des wechselnden Ich, das er meisterhaft beherrschte: ein perspektiventoller Realismus, der den Leser in der direkten Rede überfällt. In ›Tokeah‹ ist der Einfluß Coopers deutlich, und wer will, mag dieses Buch vor oder nach Coopers Roman ›Conanchet oder die Beweinte von Wish-Ton-Wish‹ lesen: Dann stellen sich Parallelen auch im Tonfall ein, die jedoch nie ins Plagiat ausarten – die Temperamente und die Anschauungen sind zu verschieden. Sealsfield ist der politischere Kopf. Wo immer Männer sich bei ihm unterhalten, werden sie den Lauf der Ereignisse mit dem Sinn für zeitgeschichtliche Zusammenhänge kommentieren. Dadurch werden die Dialoge gelegentlich deklamatorisch; sie retten sich nur durch die Leidenschaft des Erzähltons und durch Akkuratesse und Beschwingtheit der Naturschilderung.

Es führte zu weit, ›Tokeah‹ zu referieren. Im Kern ist es ein Gleichnis vom vereinbarten Unvereinbaren. Tokeah, Häuptling eines sterbenden Stammes, ist Pflegevater des weißen Mädchens Rose, das er als Kleinkind vor dem Tod errettet hat und das er zusammen mit seiner natürlichen Tochter erzieht. Das Mädchen wächst im Ritual der Horde auf, kann sich dennoch nie ganz einfügen, und wäre ihre »rote Schwester« nicht, so wäre sie einsam und ausgestoßen. Den Pflegevater fürchtet und verehrt sie in einem. Jede Berührung mit Weißen bringt sie durcheinander, und je älter sie wird, desto weiter entgleitet sie dem Lebensbereich ihres Stammes. Sie findet ihren Vater wieder. Man entreißt sie Tokeah.

In dieser Schlußszene zeigt sich, was Sealsfield für ein außerordentlicher und selbst im Effektvollen unbestechlicher Schriftsteller war: Der alte Häuptling bricht förmlich auseinander, er entpuppt sich in seiner übermäßigen Qual als »Wilder«, den die weißen Leute, die durchaus Mitleid mit ihm haben, verabscheuen: Ihnen ist das Ritual des Leides fremd, dem sich der alte Mann nicht fügen will und das er, hassend, zerstört. Er wird zur »Bestie«, weil er zu besitzen trachtet, was er durch Liebe erobert hat und was ihm durch Geburt und Herkommen nicht gehören kann.

Einige der Betrachter ahnen den Konflikt. Sie suchen nach Erläuterungen, aber sie scheitern am Elementaren, das Tokeah verkörpert. Er hat die Weißen seit eh und je gehaßt. Sie haben ihm sein Land geraubt; er hat sich ihnen nicht zu widersetzen verstanden. Die weiße Rose war ihm die eigene Antwort auf den Haß gewesen. Nachdem er sie verloren hat, sucht er den Tod. Sein Haß ist ebenso sinnlos geworden wie seine Liebe.

Das hört sich ein bißchen nach Kolportage an. Und Sealsfield wollte gewiß »exotische Romane« zur Unterhaltung und Belehrung vieler verfassen. Plattem Exotismus huldigte er nie. Er war, wie Cooper, von dem Auftrag besessen, die abenteuerliche Realität seiner Jahrzehnte zu fassen, die Entstehungsgeschichte einer Nation mitzuteilen – deshalb waren ihm ethnographische Korrektheit und psychologische Raffinesse gleich wichtig. Bei Cooper weht um die Helden bereits Legende; oder, im letzten Teil des Lederstrumpfes, das Spinnradmärchen eines sich konsolidierenden Bürgertums – Sealsfield ist rauher, er berichtet gehetzter und bisweilen verworrener. Er ist auch nicht so sicher in seinen Mitteln wie Cooper. Er kann, drängt ihn die Erzählung weiter, ins allzu Skizzenhafte verfallen. Sein Kunstmittel, die beredte Atemlosigkeit, wird zur Notlösung, in einigen Dialogen gar unfreiwillig komisch.

Spricht man von den deutschen Realisten des neunzehnten Jahrhunderts, wird er oft vergessen. Weil er »Indianerbücher«, Abenteuerromane geschrieben hat? Die Amerikaner schätzen ihn als einen Protokollanten ihres Aufbruchs. Doch er hat seine Bücher in seiner Muttersprache geschrieben und erst danach übertragen. Er hat sich als »freier Amerikaner« einen Grabstein setzen lassen, ein Mann mit fremdem Namen, ein Verehrer Coopers und Walter Scotts, aber auch ein Zeitgenosse Fontanes und Kellers, ein Landsmann Stifters, was man seiner Sprache abhören kann: Ihre penible Naturseligkeit und trockene, witzige Seelenkunde sind der Romantik entwachsen. Die scheinbar romantischen Sujets bedeuteten für Sealsfield die Wirklichkeit seiner Flucht aus der Enge seiner Erziehung und seines Landes in die Unabsehbarkeit einer neuen Geschichte, von der er, mit Talent und Sympathie, einige Stücke aufschrieb.

Eine Stunde darauf verließen die Indianer das Bayou in demselben Kanu, in dem sie gekommen waren. Sie fuhren den Mississippi hinauf und schossen dann in die Mündung des Red Rivers hinein, auf dem sie ihre Fahrt fortsetzten. Am zehnten Tag nach ihrer Abfahrt befanden sie sich, immer aufwärtssteigend, auf der Hochebene, wo die westlichen Grenzen von Louisiana und Arkansas mit den östlichen Mexikos zusammenstoßen. Vor ihnen lagen die noch immer mit Schnee bedeckten Häupter der Ozarkgebirge, jenseits derer ungeheure Steppen sich gegen die Felsengebirge oder Rocky Mountains dehnen. Die Sonne sank soeben hinter die Schneeberge, als sie an dem westlichen Ende des langen Tafelfelsens landeten, der, wie bekannt, am linken Ufer des roten Flusses wallartig, einem ungeheuren Würfel gleich, emporsteigt. Als sie ihr Kanu verlassen hatten, gingen sie einem Felsen zu, der sich unfern dem Ufer in der öden Salzsteppe erhebt und in dessen Mitte sich eine Grotte befindet, einem gemauerten Gewölbe nicht unähnlich. Da schlugen sie ihr Nachtquartier auf. Dieser Felsen bildet die imaginäre Grenzlinie, die die Pawnees des Toyaskstammes, die Consas und die Osagen für ihre Jagdreviere sich gesetzt haben. Der junge Häuptling befahl den Seinigen, ein Feuer anzuzünden; denn der alte Mann, aus dem heißen Klima Louisianas gekommen, zitterte vor Kälte. Nachdem sie ihr sparsames Nachtmahl eingenommen hatten, streckte sich der alte Häuptling mit seinen Oconees vor dem Feuer nieder und entschlief. El Sol horchte noch einer Legende, die einer seiner Comanchees erzählte, als ein ferner Laut an seine Ohren schlug. Die drei Krieger sprangen zugleich auf ihre Füße und streckten ihre Köpfe in der Richtung des Luftzuges, der den Laut an ihre Ohren brachte.

»Hunde!« murmelte der junge Comanchee, »sie knurren gegen einen Feind, der ihnen eine Wunde schlug, wenn es in seiner Macht stand, sie zu vernichten«, und indem er die drei Schläfer aufweckte, flog er dem Ufer zu, wo sie das Kanu gelassen hatten. Er winkte dem Miko und seinen Oconees einzusteigen, während er selbst mit seinen Comanchees an dem schmalen, längs dem Wasser sich hinabwindenden Rande fortschlich. Das Kanu war ungefähr eine halbe Meile den Strom hinabgeglitten, als es hielt und der junge Häuptling mit seinen beiden Gefährten einstieg, nachdem sie zuvor mehrere Äste und Zweige des aus den Felsenritzen aufgeschossenen Gebüsches abgebrochen hatten. Sie fuhren den Strom bis zum Ende des Tafelfelsens hinab, wo der junge Comanchee den alten Häuptling ließ und sich mit den übrigen Wilden längs dem Felsen der Steppe zuschlich. Eine Truppe von zwanzig bis fünfundzwanzig Pferden hielt am Fuße des Felsens. Einige der Wilden waren abgesessen und untersuchten die Lagerstätte, die unsere Indianer kurz zuvor innehatten, und indem sie die aus der Grotte führenden Fußstapfen, im Mondlichte auf der Erde fortkriechend, maßen und verfolgten, war es zweifelhaft, ob es wirklich Menschen oder Amphibien waren, die im nächtlichen Zeitvertreibe sich aus den wässerigen Tiefen an das Land gestohlen hatten. Die Hälfte der Wilden hielt noch immer auf ihren Pferden.

Der junge Häuptling hatte mit der gespanntesten Aufmerksamkeit jede Bewegung seiner Feinde beobachtet, und sein Ohr an den Felsen haltend, stand er wie eine Marmorstatue. Auf einmal jedoch winkte er seinen Gefährten, und die fünf Indianer krochen nun mit solcher Sicherheit und Behendigkeit durch die Salzsteppe an die zurückgebliebenen Wilden heran, daß auch das geübteste Ohr nicht das leiseste Geräusch zu vernehmen imstande gewesen wäre. Bloß eine sanfte Wellenhöhe trennte sie noch von ihren Feinden. El Sol horchte; einzelne Laute schlugen im Zuge des scharfen Nordwestwindes an sein Ohr. Eine Weile hielt er, dann richtete er sich auf seine Knie, sah hinauf zur silbernen Mondscheibe, die nun aus einer Schneewolke trat und die dunkeln Gestalten der Wilden in ihrem vollen Umrisse erkennen ließ. Langsam seinen Stutzen richtend, gab er seinen Gefährten ein Zeichen, und im nächsten Augenblicke stürzten fünf Wilde zu Boden. Ein fürchterliches Geheul schallte durch die Lüfte. Schnell wie der Blitz war der Mexikaner auf die entsetzten Feinde herangestürzt, die mit einem zweiten fürchterlichen Geheul davonsprengten. Nur auf Grund der außerordentlichen Behendigkeit des jungen Häuptlings und seiner Comanchees konnte es gelingen, ein halbes Dutzend der halbwilden Rosse zu fangen. So schnell jedoch waren ihre Bewegungen gewesen, daß die Zügel oder vielmehr Stricke der Pferde beinahe aus den Händen ihrer Feinde in die ihrigen fielen; die übrigen Tiere bäumten sich entsetzt, wieherten nochmals und brachen dann in die weite, wüste Nacht der Steppe.

Die Comanchees waren auf die Rücken der erbeuteten Pferde gesprungen und rasch dem Ufer zugesprengt. Sie hatten aber kaum ihr Kanu bestiegen, ihre Pferde im Strome nach sich ziehend, als die Kugeln und Pfeile ihrer nachsetzenden Feinde um ihre Ohren zu pfeifen und zu schwirren begannen.

»Will mein Sohn dem Miko versprechen, ein guter Vater der Oconees zu sein?« fragte der alte Häuptling mit einer hohlen Stimme, während noch immer einzelne Kugeln an ihnen vorüberpfiffen.

»Ein Vater und ein Bruder«, versetzte der Comanchee. »Aber warum diese Frage, mein Vater? Mein Vater wird sich lange mit seinen Kindern freuen!«

»Will El Sol es bei dem großen Geiste versprechen?« wiederholte der alte Mann dringender und in einem röchelnd hohlen Tone.

»Er will es«, erwiderte der junge Häuptling.

»Will er versprechen, Tokeah und seinen Vater inmitten der Gräber seines Volkes, der großen Comanchees, zu begraben?«

»Er will«, sprach El Sol, unwillkürlich schaudernd.

»Sie werden seinen und seines Vaters Leib dann nicht verspotten können«, stöhnte er, »aber es ist der Wille des großen Geistes, daß Tokeah die Länder der Comanchees nicht sehen soll; er ist verdammt, auf dem Lande der Weißen zu sterben.«

Er röchelte, murmelte noch einige abgebrochene Worte in die Ohren seiner Oconees, die in das wildeste Schmerzensgeheul ausbrachen, und El Sol umfing ihn, der in Todeszuckungen noch krampfhaft den Sarg auf seine Brust drückte. Allmählich lösten sich seine Arme, und er fiel entseelt in das Kanu zurück. Eine Kugel hatte ihn zwischen Nacken und Hals durchbohrt. Das Leben war gewichen. Der junge Häuptling warf sich in stummem Schmerze auf die Leiche. Das Kanu war schon lange an dem jenseitigen Ufer, und noch immer lag er bewußtlos über den Körper hingestreckt, bis ihn endlich das leise Flüstern seiner Getreuen auf die Gefahr aufmerksam machte; dann lud er den Körper auf seine Schultern, legte ihn über den Rücken des Pferdes, sprang selbst darauf und zog so mit seinen trauernden Gefährten dem Wigwam der Pawnees des Toyaskstammes zu, wo sie am folgenden Tage unter dem erschütternden Todesgesange der Wilden ihren Einzug hielten.

PS: Nichts hat sich an der Einschätzung der Leser und Kritiker geändert: Sealsfield bleibt eine »Randerscheinung« – da helfen auch die Neuausgaben einiger seiner Werke nicht.

Božena Němcová
Die Großmutter

Dieses Buch war einer der Begleiter meiner Kindheit. Ich habe seine Stimme im Ohr: wie aus einem Zeitalter, von dem man annimmt, es grenze ans Paradies an. Es sind Rede und Gestalt der Großmutter, der Babička, die sich mir eingeprägt haben; wenn ich in dem Buch lese, erinnere ich mich an die reichen Ebenen Böhmens, die Flüsse und an einige, von weißen Mauern umfaßte Landsitze, die oft auf Anhöhen erbaut waren – die Schlösser Kafkas und der Němcová.

Diese Erzählung wird im Vaterland der Němcová, der Tschechoslowakei, geliebt; verehrt als einer der unübersehbaren Gipfel nationaler Literatur. In Deutschland hat sie sich nie durchzusetzen vermocht, obwohl seit 1950 im Manesse Verlag eine neue Ausgabe vorliegt, übersetzt von Hanna und Peter Demetz, der ein liebevolles, zur Lektüre anreizendes Nachwort schrieb.

Baut die Mentalität der Großmutter Barrieren? Wir können es uns nicht vorstellen. Zwar ist das Zeitalter, in dem sie lebte und durch das sie unvergleichlich belebt wurde, für immer entschwunden; zwar begreifen wir dieses wunderschöne, wärmende Matriarchat nicht mehr ganz, und auch die Divergenzen der Stände sind uns wenigstens in den Nuancen nicht mehr faßbar – dennoch meinen wir, daß solche Großmütter nie aussterben, daß sie noch immer familiäre Zentren bilden und jenes Zuhause verkörpern, das Kindern und Kindeskindern eine unverlierbare Reserve bleibt.

Aber wir sprechen von Literatur, mehr noch, von Poesie. Zudem von einem zauberreichen Stück Natur. Demetz bemerkt in seinem Nachwort, wie stark hier Gestalt und Natur einander verbunden sind. Die menschliche Handlung lebt aus der natürlichen: die Feste der Jahreszeiten bestimmen den Rhythmus des Daseins. Und die Existenz der Großmutter ist in alledem ein unverrückbarer Akzent. Die humane Ordnung, die diesem Gewirk übergestülpt ist, scheint am fragwürdigsten: das Dorf, die Dörfler und das Schloß, die Fürstin samt ihren Domestiken. Sie berühren sich an vielen

Stellen; ebenbürtig sind sie sich nur in zwei Gestalten: der Großmutter und der Fürstin. Hier verwischen sich, in Großmut und in unausgesprochenem Adel, die Grenzen. Sie werden deutlich nur in der Aktion und in der Sprache. Auf seiten der Großmutter handelt eine Gabe mit, die ihr eingeboren ist, selbstverständlich die Natur einbezieht, alle ihre unsichtbaren, doch allezeit spürbaren Zwischenbereiche: den Aberglauben, die Stimmen von Gottes Geschöpfen; die Fürstin wiederum ist eingebunden in das Abstraktum der übernommenen Macht, die erst bricht, wenn Unheil ihre Familie anrührt – dann treten Adlige und Dörflerin zusammen und spielen, wie gegen Ende der Erzählung, da die Tochter der Fürstin stirbt, ihre Würde aus.

Es soll nicht so aussehen, als bestünde die Geschichte allein aus dieser sich manchmal aufhebenden Antithese. Božena Němcová gab schreibend einer Erinnerung nach, die das Volk meint: eine Gemeinschaft und ihr soziales Gefälle, das anschaulich wird weniger in Positionen denn in Verhaltensweisen. Hatte sie Kritik an der Gesellschaft üben wollen, dann tat sie es mit sensiblen, dichterischen Mitteln.

Von selbst wird die Großmutter zur eigentlichen Herrscherin, und nicht die Herrin des Schlosses. Der kleine Kosmos des Dorfes dreht sich um sie. Sie kann heilen und beschwören. Sie waltet gütig über dem Unvermögen der Liebenden. Ihre Erinnerung spiegelt die Landschaft und die geordnete Farbigkeit der Trachten. Sie hat nichts als sich selbst – und die Mühsal ihres Lebens war offenbar groß –, und sie öffnet ihr Ich, das so lebendig und lauschend ist, entschlossen und unterschiedslos allen.

Wer dieses Buch kennt, wird es nicht vergessen. Wer es als Kind gelesen hat, lebt mit ihm, als wäre es ein altersloser Ratgeber. Die Lebhaftigkeit seiner Sprache steckt an, und die Bräuche, die beschrieben werden, gleichen den Riten, von denen wir glauben, sie steckten, verschüttet, in uns allen. Die Großmutter ist eine jener Figuren, nach denen wir unser Leben lang Heimweh haben.

Es könnte den Anschein haben – und dem will ich vorbeugen –, als habe Božena Němcová damals, 1855, eine Idylle schreiben wollen. Im Gegenteil. Sie ging von Voraussetzungen aus, die dem Buch, wüßte man sie nicht, kaum anzumerken sind. Sie trachtete die tschechische Literatur nicht nur zu erneuern, sondern auch von Einflüssen zu befreien. Sie mühte sich um ein nationales Epos. Das ist ihr (ich kenne tschechische Babičkas) geradezu körperhaft gelungen. Sie schuf eine Figur, die nicht allein den Tschechen, sondern wohl allen slawischen Völkern als ehrwürdige Mitte ihres Lebens gilt: die große Mutter. Und das hat sie in ihrer Schilderung ohne Geschwollenheiten, ohne jegliches Pathos vermocht: mit der humorvollen Akkuratesse begabter Menschenschöpfer.

Auch ist ein Teil ihrer eigenen Kindheit der Erzählung eingeschmolzen. Sie wurde 1820 in Wien geboren und verbrachte ihre Kindheit in der Obhut ihrer Großmutter in Ratibor; dort arbeiteten ihre Eltern als Dienerehepaar bei der Herzogin von Sagan. Mit siebzehn Jahren heiratete sie den um vieles älteren Zollbeamten Josef Němec, wird Mutter von vier Kindern und führt eine wortlos-unglückliche Ehe. Die Bekanntschaft mit dem Dramatiker Tyl löste ihre Begabung; er preist ihr das Wesen der Volksdichtung und deren die Kunstpoesie aufreizende Kraft. Sie veröffentlicht volkskundliche Skizzen, Märchen, einen Aufruf an die tschechischen Frauen und, 1853, ihre erste Erzählung: ›Baruška‹.

Es wird ihrem Wirken nicht an chauvinistischen Zügen gemangelt haben, wie es damals in der jungen tschechischen Literatur (und auch in der russischen) gang und gäbe und, zugestanden, auch notwendig war. Man eliminierte ebenso gewaltsam wie von Eigenständigem überzeugt fremde Einflüsse. Um so mehr zu bewundern bleibt die gelöste Erzählfreude dieser Frau, die die robuste Rhetorik ihrer Anfänge nicht auf ihre Figuren und Handlungen überträgt, sondern mit höchster Feinfühligkeit Charaktere nachzeichnet: eine Kunst, die später Franz Kafka mit Recht rühmte. 1850 zog Božena Němcová, nachdem ihr Mann nach Ungarn versetzt worden war, nach Prag; ihr ältester Sohn starb, Krankheiten zehrten an ihr, auch unglückselige Liebesverhältnisse – sie war ein unruhiger Geist. Mit zweiundvierzig Jahren starb sie.

Einige Partien in der ›Babička‹, besonders die kostbaren Detailschilderungen (von Kleidern, Geräten), erinnern an Stifter, und die Atmosphäre des Schlosses erinnert an die des Rosenhauses im ›Nachsommer‹. Aber das verliert sich, je tiefer der Geist der Babička in die Bezirke des Schlosses einzudringen vermag, sie niemals bestimmt, doch im Kleinen anregt. Die Beziehungen zwischen Dorf und Schloß werden durch das Verhältnis Babička-Fürstin eigentümlich humorvoll: Die Adlige wird nicht herabgewürdigt – wie aus einfachen, überschaubaren Mythen gewachsen, wird ihr aber die Großmutter gleichgestellt. (Max Brod regte zu einem Vergleich zwischen Kafkas ›Schloß‹ und der ›Babička‹ an, und Peter Demetz folgt ihm, indem er nachweist, daß bei der Němcová noch »ein Wort der Liebe«, gesagt von der Großmutter, genüge, das Schloß zu öffnen . . .)

Es ist meisterhaft, wie diese Schriftstellerin die Unüberbrückbarkeit zweier Lebenssphären in Sprache und Aktion verdeutlicht und vor diesem, keineswegs allein dem Biedermeier verhafteten Hintergrund das Bildnis der Großmutter errichtet, die sich dieser Gegensätze bewußt ist, sie aus einem überkommenen Formensinn auch einhält und gleichwohl, aus einem reicheren Wissen schöpfend, sie überspielt. Die Großmutter zieht die Menschen an sich, selbst die gewittrigen, gefährdeten Naturen, wie die Kindesmörderin Viktoria, deren Finsternisse ebenso ein Geschenk Gottes sind wie die Helligkeiten, die den Weg der alten Frau umgeben.

Für mich zählt die Schilderung von Babičkas Tod zu jenen wenigen epischen Szenen, die wegen der überlegenen Bescheidenheit ihrer stilistischen Mittel und ihrer herzhaften Imagination von langer Dauer sind: »Großmutter fühlte wohl, daß ihr letztes Stündlein nahe, deshalb brachte sie als gute Hausfrau alle ihre Angelegenheiten in Ordnung. Zuerst versöhnte sie sich mit Gott und der Welt, dann verteilte sie ihr geringes Eigentum. Jeder bekam sein Andenken . . . Auch die stumme Kreatur, die Katzen und Hunde, rief sie zu sich, streichelte sie und ließ sich von Sultan die Hand lecken.«

Erwägt man das gehetzte Leben der Němcová, dann erscheint einem ihr schönstes Werk als ein Zeugnis der Sehnsucht, die sich stillte an den Bildern der Kindheit, dabei aller Erfahrung eingedenk, die ein rastloses und oft rastlos suchendes Leben einheimst.

Meine Großmutter hatte einen Sohn und zwei Töchter. Die älteste Tochter lebte lange Jahre in Wien bei Freunden und heiratete von dort. Darauf trat die andere Tochter an ihre Stelle. Auch der Sohn, ein Handwerker, war selbständig; ihm war durch Heirat ein kleines Haus in der Stadt zugefallen. Großmutter lebte in einem Dorf in den Bergen an der schlesischen Grenze; sie wohnte dort ganz behaglich in einem Häuschen mit der alten Betty, die gleichen Alters war und schon bei ihren Eltern gedient hatte.

Großmutter war gar nicht einsam in ihrem Häuschen. Alle Einwohner des Dorfes waren ihr Brüder und Schwestern; sie wiederum war ihnen Mutter und Beraterin, und es wurde keine Taufe, keine Hochzeit und kein Begräbnis gehalten, an dem Großmutter nicht teilgenommen hätte.

Da plötzlich erhielt Großmutter einen Brief aus Wien, von ihrer Ältesten. Die schrieb darin, ihr Mann hätte Dienste bei einer Fürstin genommen, die ein großes Gut in Böhmen besäße, und zwar nur wenige Meilen von jenem Bergdorf entfernt, in dem Großmutter lebte. Auf dieses Gut wollte sie, die Tochter, nun mit ihrer ganzen Familie übersiedeln; ihr Mann allerdings würde nur während der Sommermonate hinüberkommen, wenn die Fürstin auf ihren Gütern weilte. Der Brief schloß mit der innigen Bitte, Großmutter sollte doch für immer zu Tochter und Enkelkindern ziehen und bei ihnen, die ihr so freudig entgegensahen, ihr Ausgedinge haben. Da begann Großmutter zu weinen: sie wußte nicht, was tun. Ihr Herz zog sie zu ihrer Tochter und zu den Enkelkindern, die sie noch gar nicht kannte; lange Gewohnheit fesselte sie an ihr kleines Haus und an die guten Freunde im Dorf! Aber Blut ist ein ganz eigener Saft; des Herzens Sehnsucht siegte über der Jahre Gewohnheit, und Großmutter entschloß sich zu reisen. Sie übergab ihr Häuschen, mit allem, was darin war, der alten Betty und fügte hinzu: »Ich weiß ja nicht, wie's mir dort behagen wird und ob ich nicht doch lieber einst hier bei euch sterbe.«

Eines Tages hielt ein Wagen vor der Schwelle, und Wenzel, der Kutscher, lud darauf Großmutters gemalte Truhe, dazu das Spinnrad, von dem sie nicht lassen wollte, ein Körbchen mit vier flaumigen Hühnchen, einen Sack mit zwei vierfarbigen Kätzchen und zu guter Letzt auch Großmutter selbst, die vor lauter Tränen den Weg nicht sah. Begleitet von den Segenswünschen ihrer Freunde, trat sie so die Reise zur Tochter an.

Das war ein Warten! Das war eine Freude auf der »Alten Bleiche«! So nannte nämlich der Volksmund das einsame Gehöft in jenem reizenden Tal, das Frau Proschek – Großmutters ältester Tochter – zur Wohnung angewiesen war. Alle Augenblicke liefen die Kinder auf den Weg, um zu sehen, ob Wenzel nicht schon daherkutschiert käme, und jedem, der vorbeikam, erzählten sie: »Heute kommt unsere Großmutter!« Auch einander fragten sie in einem fort: »Wie sieht denn unsere Großmutter eigentlich aus?«

Zwar kannten sie verschiedene Großmütter; ihre Bilder aber mischten sich in ihren Gedanken, und sie wußten keine, der sie ihre eigene Großmutter hätten zur Seite stellen können. Da endlich kommt der Wagen vors Gehöft geholpert! »Großmutter ist da!« hallt es durch das ganze Haus; Herr Proschek, seine Frau, Betka, einen Säugling im Arm, die Kinder, zwei große Hunde, Sultan und Tyrl, sie alle stürzen vors Tor, um Großmutter willkommen zu heißen.

Und da steigt auch schon eine Frau in weißer Haube und Bauerntracht vom Wagen. Die Kinder bleiben wie angewurzelt stehen und lassen kein Auge von ihr. Der Vater drückt ihr die Hände, Mutter umarmt sie weinend, Großmutter wiederum küßt sie, unter Tränen, auf beide Wangen. Betka hebt ihr das Wickelkind entgegen, die pausbäckige kleine Adele, und Großmutter lächelt ihr zu, nennt sie ihren kleinen Liebling und schlägt das Zeichen des Kreuzes über sie. Dann aber sieht sie sich nach den anderen Kindern um und ruft mit der allerherzlichsten Stimme: »Meine Goldkinder! Meine Täubchen! Wie habe ich mich gefreut, euch zu sehen!« Die Kinder aber schlagen die Augen nieder und stehen, wie vom Blitz gerührt, jedes an seinem Ort, und erst auf ein Wort der Mutter heben sie ihre Wangen der Großmutter zum Kusse entgegen. Sie waren keines einzigen Wortes fähig! Wie kam denn das alles? *Die* Großmutter war ja ganz anders als alle Großmütter, die sie kannten! So eine Großmutter hatten sie ihr Lebtag noch nicht gesehen! Und wohin sich Großmutter auch nun wandte, die Kinder spazierten im Kreise um sie und visitierten sie von Kopf bis Fuß.

Nun bewundern sie die dunkle Pelzjacke mit den langen Rüschen am Rücken, das faltige, mit einem breiten Bande gesäumte grüne Wollmieder, sie bestaunen das rotgeblümte Kopftuch, das Großmutter flachgeknotet unter der weißen Leinenhaube trägt; ja, sie hocken sich sogar nieder, um die roten Zwickel an Großmutters weißen Strümpfen und die schwarzen Pantöffelchen aus der Nähe prüfen zu können. Der kleine Wilhelm zupft an den farbigen Troddeln der Manteltasche, die Großmutter in den Händen hält, und Johann, der ältere der beiden Knaben, lüpft ganz leise das weiß- und rotkarierte Umschlagtuch, denn er hat darunter etwas Hartes entdeckt. Es ist Großmutters große Börse. Johann will nun gar zu gerne wissen, was darinnen ist, aber Barunka, die Älteste, schiebt ihn beiseite und flüstert ihm zu: »Wart' oder ich sag's, was du tust!« Aber sie flüstert dies wohl allzu laut, denn es ist über den ganzen Hof hin zu hören.

Und so mußte es auch Großmutter gehört haben: Sie ließ ab von ihrem Gespräch mit der Tochter, griff in die Börse und sagte: »Seht nur, was ich euch alles mitgebracht hab'!« Und schon kramte sie den Inhalt auf den Schoß: einen Rosenkranz, ein Messer, ein paar Brotrinden, eine Rolle Zwirn, zwei Marzipanpferdchen und zwei Puppen. Pferdchen und Puppen waren für die Kinder bestimmt; sobald sie ihnen die Geschenke zugeschoben hatte, fügte sie hinzu: »Und hier hat euch Großmutter noch etwas mitgebracht!« und holte aus ihrem Beutel Äpfel und bemalte Ostereier, befreite die Kätzchen aus dem Sack und die kleinen Hühner aus dem Körbchen. Das war eine Freude! Das war ein Jubel! Großmutter war doch die beste Großmutter auf der ganzen Welt! »Dies sind gescheckte Frühlingskätzchen«, sagte sie, »das sind gute Mäusefänger und auch sonst nützlich im Haus! Auch die Hühnchen sind gezähmt, und wenn Barunka sie nur noch ein wenig abrichtet, dann folgen sie ihr wie kleine Hunde.« Da vergaßen die Kinder alle Scheu und fragten gleich nach dem und jenem und waren mit Großmutter ein Herz und eine Seele. Frau Proschek ermahnte sie zwar, sie sollten die alte Frau doch zu Atem kommen lassen und ihr ein bißchen Ruhe gönnen, aber Großmutter sagte: »Gönn' uns doch die Freud', Resl, wir sind doch so froh, daß wir einander endlich haben!«, und die Kinder waren brav und folgsam. Eines saß auf ihren Knien, das andere stand hinter ihr auf der Gartenbank; Barunka, die Älteste, sah ihr nur immerfort ins Gesicht. Dem einen schien es wunderbar, daß Großmutters Haare weiß wie Schnee waren; dem anderen wieder, daß Großmutter runzlige Hände hatte, und das dritte sagte: »Aber Großmutter, Ihr habt ja nur vier Zähne!« Großmutter lächelte nur, strich Barunka durch das dunkelbraune Haar und sagte: »Ich bin halt schon alt. Seid ihr erst einmal so alt wie ich, dann schaut ihr auch ganz anders aus.« Aber die Kinder konnten das gar nicht begreifen, daß ihre weißen, glatten Händchen auch einmal so runzlig sein würden wie Großmutters greise Hände.

PS: Von den Tschechen wird dieser Roman geliebt wie kaum ein anderer. Von uns wird er unterschätzt. Aber einige wenige Getreue, unter ihnen der Germanist Peter Demetz, lassen keine Gelegenheit aus, ihn zu rühmen. Vielleicht hilft es doch.

Ellen Key
Das Jahrhundert des Kindes

Im Jahre 1902 erschien dieses noch heute lesenswerte Buch, das, unter Beifall und Schmähung, den Kindern die Krone des angebrochenen Jahrhunderts reichte. Die Hoffnung Ellen Keys trog. Ihre ekstatische Intelligenz offenbarte zwar vieles, das von Psychologie und Soziologie später gefordert und bestätigt wurde, doch die Freiheit des kindlichen Individuums, um derentwillen sie ihre Streitschrift veröffentlicht hatte, sollte weniger geachtet werden denn je. Das zwanzigste Jahrhundert entdeckte die »Brauchbarkeit und Lenkbarkeit« des Kindes in der Masse. Autoritäre Staaten zwangen Zehnjährige in Organisationen, die sie der Familie entzogen, und alles Spiel bekam ein einziges Ziel: dem Staat zu dienen. Kindern wurden Waffen in die Hände gedrückt. Und selbst die Kirchen, denen Ellen Key vorgeworfen hatte, sie entmachteten und entstellten die infantile Phantasie, verstärkten eher ihren Einfluß. Bisher war unser Jahrhundert alles andere als das eines des Kindes. Es gab Jahrfünfte des Teenagers, erfunden und ausgewertet von einer verkaufspsychologisch wohl beratenen Industrie. Und es gab, immer wieder, den Aufstand der Halbwüchsigen gegen die narbige Moral der Älteren. Dies alles spricht gegen die Erwartungen der Schriftstellerin Ellen Key.

Warum hatte ›Das Jahrhundert des Kindes‹ die ganze zivilisierte Welt von damals zu erregen vermocht? Vermutlich, weil es aus der Erfahrung gedacht worden war, weil eine kluge Emanzipierte, die selbst jahrelang an Schulen gearbeitet hatte, die Gesellschaft um des Kindes willen zu verändern wünschte – und die Gesellschaft, betroffen von solcher unschicklichen Offenheit, setzte sich zur Wehr. Andererseits war die Ideologie, von der Ellen Key zehrte, gerade zeitgemäß, Nietzsche etwa oder die Abstammungs- und Rassenforschungen von Darwin, Galton, Spencer und Maudsley. Wer wollte nicht Stammvater einer besseren Rasse, Nährmutter eines edleren Stammes sein? Der Übermensch wirft seinen gewaltigen Schatten, den wenige Jahrzehnte später mordlüsterne Zwerge als den ihren ausgeben werden. Zu groß für ihre Ideen, doch nicht zu groß für ihre Untaten.

Derartige Exaltation macht das Buch stellenweise unlesbar oder lächerlich. Dort jedoch, wo Ellen Key von aller überheblichen Anschauung abläßt und sich der Stellung des Kindes in der Gemeinschaft zuwendet, packt es zu und ist, was einen erschreckt, aktuell geblieben. Ellen Keys Ausgangspunkt ist banal: der Fanfarenstoß für den hellen Herrenmut verhallt im Labyrinth der sozialen Realität, die sie zwar attackiert, doch mit dem Wunsch, sie ließe sich gleichsam biologisch umordnen. Hier widerspricht sie sich: Ihr Freigeist ereifert sich gegen jeden staatlichen oder klerikalen Druck, Zwänge widern sie. Was sie verlangt, ist eine Demokratie von unten, bereits erfahren vom Kind in der Familie, und nicht ein Regiment von oben, gebärdete es sich auch demokratisch: Die Radikalität des Einzelwesens ist seine Stärke; davon sollte alle Erziehung ausgehen.

Der Hintergrund dieser pädagogischen Aggression bleibt in Ellen Keys Buch immer deutlich: Es ist der Kampf um die Rechte der Frau, ein »Teil des Klassenkampfes«, wie sie schreibt. Die gewonnenen Rechte der Frau schließen neue Freiheiten für das Kind ein. Freilich ahnte sie damals schon, daß die neuen Freiheiten der Frau dem Kind wiederum würden schaden können. Denn die eine Freiheit entzieht der anderen etwas.

»... Und vielleicht werden erst, wenn der Krieg der Frauen gegen die Frauen ordentlich in Gang gekommen ist, die Frauenrechtlerinnen einsehen, daß das Problem der Frauenarbeiter komplizierter ist, als sie geahnt, solange sie es, wie bis jetzt, nur aus dem Gesichtspunkt der Frau auf Selbstversorgung betrachtet haben. Sie werden dann möglicherweise verstehen, daß der Individualismus, losgelöst vom Solidaritätsgefühl, zum sozialen Kampfe führt, Klasse gegen Klasse, Geschlecht gegen Geschlecht, Ledige gegen Verheiratete, Junge gegen Alte, und daß die Frau nur im Zusammenhang mit der Umgestaltung ihres Ganzen zu ihrem vollen Rechte in die Freiheit gelangen kann, ohne daß das Recht der anderen dadurch verletzt wird!«

Die Entschiedenheit der Planung wird zur Prophetie. Ellen Key ahnte zukünftige Neurosen: den Auszug der Mütter aus der Familie, die Schlüsselkinder, die Feiertäglichkeit des Vaters: »Es bedarf ungeheurer Kräfte, um einem einzigen Kinde gerecht zu werden. Das bedeutet durchaus nicht, dem Kinde jede seiner Stunden zu geben. Aber es bedeutet, daß unsere Seele von dem Kind erfüllt sei ... Darum kann die Mutter, wenn sie ihren wesentlichen Teil den Kindern geben will, gesellschaftlichen Aufgaben nur ihre gelegentliche Tätigkeit widmen; und darum sollte sie während der wichtigsten Erziehungsjahre gänzlich von der Erwerbsarbeit befreit sein.«

Die allgemeine ökonomische Entwicklung macht solche Forderungen zunichte; bedacht sollten sie dennoch werden, wenngleich sich Ellen Key in einem anderen Buch, in dem sie schwärmerisch Rahel Varnhagen porträtiert, vom Gegenbild verführen läßt: Hier bewegt eine Frau Gesellschaft, mit aller Souveränität und Empfindlichkeit, die ihr zu Gebote steht, durchaus emanzipiert und von der Familie frei – bis hin zu den gefährlichen Versäumnissen, die Ellen Key in diesem Falle dem Genius verzieh. Spricht sich da aus, was das Pamphlet geschickt überdeckt: die Verachtung der Frau, die sich dem patriarchalischen System gebeugt hatte, die sich formen ließ nach des Mannes Bilde, bis sie die Häuslichkeit verschlang, und die nun, aufmuckend, dem Spott preisgegeben ist?

Sie übertreibt. Das Kind wird für sie zum Keim eines besseren Menschenbildes. Darum sind ihre Ratschläge oft heftig und nicht zu verwirklichen. Die Schulen, in die ihre Kinder gehen sollen, gewähren alle Freiheit der Wahl, doch die Jahreszeiten regieren zum Beispiel den Mathematik-Unterricht: Wenn's kalt ist, rechne man besser, folglich solle man es im Sommer bleiben lassen. Einige Absätze nach dem kuriosen Lernkalendarium liest man dann eine einleuchtende Erläuterung der lernenden Freiheit: »Wenn jeder frei das tun darf, was er am besten kann, dann wird er sich oft verlockt fühlen, sich auch etwas in dem zu versuchen, was andere können. So wird die Einseitigkeit natürlich korrigiert, aber nicht wie jetzt schonungslos durch die Walze des ›harmonischen Bildungsideals‹ abgeplattet werden.«

Man hat, sechzig Jahre nach Erscheinen dieses Buches, dem befehdeten »Bildungsideal« längst nicht überall abgeschworen. Harmonie bedeutet für manche Pädagogen eine Ideengestalt aus ausgeleierter Konvention und autoritärer Utopie. Oft genug auch wird Lehre durch Glauben ersetzt, wogegen sich Ellen Key unwillig gewandt hat: »Den schwersten Grundschaden des noch immer herrschenden Religionsunterrichtes hat schon Kant hervorgehoben, nämlich daß man, solange die Lehre der Kirche der Moral zugrunde gelegt wird, unrichtige Motive seines Handelns erhält: nicht, weil Gott ein Ding verboten hat, sondern weil es an und für sich unrecht ist, muß es vermieden werden ... Und zu diesem Gesichtspunkt Kants kommt noch der, daß eine Anschauung, nach der der Mensch außerstande ist, aus eigener Kraft Gutes zu tun ... ethisch schwächend ist.« Diese Frau hatte Mut, sie forderte die Starken, die Wortführer ihrer Zeit heraus.

In ihrer Jugend hatte sie erfahren, wie notwendig es ist, sich aus eigener Kraft eine Welt zu bauen: Das Vermögen ihres Vaters, der ein schwedischer Politiker und Landbesitzer war, brach zusammen; sie wurde Lehrerin in Stockholm und war weitere zwanzig Jahre in der Arbeiterbildung tätig. Fünfzig Jahre alt war sie, als sie das ›Jahrhundert des Kindes‹ schrieb. Es war die Summe ihrer durch Kampf und Hohn bestärkten wie verzerrten Erfahrungen. Sie ließ nicht ab: Sie schrieb Bücher über »Liebe und Ehe«, über »Mißbrauchte Frauenkraft«, über »Persönlichkeit und Schönheit«. Das geistige Europa applaudierte ihr. Rilke wechselte mit ihr Briefe, und sie lud ihn 1904 nach Schweden ein. 1926 starb sie, schon vergessen, und längst hatten die Zeiterfahrungen viele ihrer von Nietzsche inspirierten Gedanken überholt.

Sie war weniger eine Suffragette als eine Ekstatikerin der Vernunft. Sie glaubte an eine Reinigung des Menschenbildes durch die Kenntnis des Menschen. Sie predigte die Seele, konnte die Teufel aber nicht austreiben, und einen, den »Übermenschen«, hätschelte sie blind. Was ihre Bücher trotz allem lesenswert hielt, ist die ungetrübte Jugend ihrer Stimme. Man begreift, daß nicht wenige ihr verfielen, zu einer Zeit, als die grauen Bärte noch ein Wahrzeichen der Macht waren.

Wer vor die Aufgabe gestellt würde, mit einem Federmesser einen Urwald zu fällen, müßte vermutlich dieselbe Ohnmacht der Verzweiflung empfinden, die den Reformeiferer vor dem bestehenden Schulsystem ergreift – diesem undurchdringlichen Dickicht von Thorheit, Vorurteilen und Mißgriffen, wo jeder Punkt sich zum Angriff eignet, aber jeder Angriff mit den zu Gebote stehenden Mitteln fruchtlos bleibt.

Der Schule der Jetztzeit ist etwas gelungen, das nach den Naturgesetzen unmöglich sein soll: die Vernichtung eines einmal vorhanden gewesenen Stoffes. Der Kenntnisdrang, die Selbstthätigkeit und die Beobachtungsgabe, die die Kinder dorthin mitbringen, sind nach Schluß der Schulzeit in der Regel verschwunden, ohne sich in Kenntnisse oder Interessen umgesetzt zu haben. Das ist das Resultat, wenn die Kinder ungefähr vom sechsten bis zum achtzehnten Jahre ihr Leben auf Schulbänken damit zugebracht haben, Stunde für Stunde, Monat für Monat, Semester für Semester Kenntnisse zuerst in Theelöffel-, dann in Dessertlöffel- und schließlich in Eßlöffelportionen einzunehmen, Mixturen, die der Lehrer oft aus Darstellungen aus vierter oder fünfter Hand zusammengebraut hat.

Und nach der Schule kommt oft eine weitere Studienzeit, in der der einzige Unterschied in der »Methode« darin besteht, daß die Mixtur jetzt mit dem Schöpflöffel zugemessen wird.

Wenn die Jugend diesem Regime entrinnt, ist die geistige Eßlust und Verdauungsfähigkeit bei einigen so zerstört worden, daß ihnen für immer die Fähigkeit fehlt, wirkliche Nahrung aufzunehmen, andere wieder retten sich von all diesen Unwirklichkeiten auf das Gebiet der Wirklichkeit, indem sie die Bücher in die Ecke werfen und sich irgend einer Aufgabe des praktischen Lebens widmen; in beiden Fällen sind die Studienjahre so ziemlich vergeudet. Bei denen, die weitergehen, sind die Kenntnisse gewöhnlich auf Kosten des Persönlichen erworben: der Aneignung, des Vermögens der Reflexion, der Beobachtung, der Phantasie. Und ist es jemandem gelungen, all dies zu bewahren, so ist es gewöhnlich auf Kosten der Gründlichkeit der Kenntnisse geschehen. Eine geringere Intelligenz oder eine geringere Arbeitskraft, oder ein geringeres Aneignungsvermögen als die Natur ihnen zugedacht, das ist gewöhnlich das Resultat der zehn, zwölf Schuljahre; und es liegt eine tiefe Weisheit in dem französischen Witz: Sie sagen, daß Sie nie in die Schule gegangen sind – und sind doch so stockdumm?

Die Fälle, in denen Schulstudien nicht schaden, sondern im Gegenteil teilweise nützen, sind diejenigen, wo keine regelmäßige Schulzeit hinter dem Schüler liegt, sondern lange Ruhezeiten oder Zeiten des Privatunterrichts, oder gar kein Unterricht überhaupt, sondern bloß Selbststudium. Beinahe jede hervorragende weibliche Persönlichkeit in den letzten 50 Jahren ist eine solche Autodidaktin oder ein unregelmäßig unterrichtetes Mädchen gewesen, das daher in seinen Kenntnissen vielleicht große Lücken gehabt hat, aber desto mehr Frische und Fülle in der weiteren Aneignung von Kenntnissen und in der Art, das Angeeignete zu brauchen.

Heute ist es jedoch noch so, daß, wie laut auch die Familien über die Schulen klagen, sie doch nicht eingesehen haben, daß sie ihre Ansprüche an die »allgemeine Bildung« ändern müssen, bevor ein vernünftiges Schulsystem – d.h. ein in allem von dem jetzigen verschiedenes – zustande kommen kann. Die sehr wenig zahlreichen Privatschulen, die sich in gewissem Maße von dem allgemeinen Systeme unterscheiden, sind Schwalben, die, weit davon entfernt, Sommer zu machen, das Schicksal der zu früh gekommenen Vögel teilen!

Solange die Schule eine Idee repräsentieren, einen abstrakten Begriff bilden soll, so wie die »Familie«, der »Staat« u. s. w., so lange wird sie – ganz wie die Familie und der Staat – die denselben angehörigen Individuen unterdrücken. Erst wenn man einsieht, daß »die Schule« ebenso wenig wie »die Familie« und »der Staat« eine höhere Idee oder etwas Größeres repräsentiert, als gerade die Anzahl Individuen, aus denen sie gebildet wird, und daß sie – ebenso wenig wie die Familie und der Staat – eine andere »Pflicht«, ein anderes »Recht« oder eine andere »Aufgabe« hat, als jedem einzelnen dieser Individuen so viel Entwickelung und Glück als möglich zu schaffen – erst dann ist der Anfang gemacht, daß Vernunft in die Schulfrage kommt. Die Schule wird dann ganz einfach das geistige Speisehaus, in dem die Eltern und Lehrer den für jedes Kind geeigneten Speisezettel entwerfen. Die Schule muß das Recht haben, zu bestimmen, was sie in ihr Menu aufnehmen kann, aber die Eltern haben das Recht, für ihre Kinder unter den von der Schule aufgenommenen geistigen Nahrungsstoffen zu wählen.

Bevor nicht das Phantom der »allgemeinen Bildung« aus den Schulplänen und den Elternköpfen vertrieben ist und die Bildung des Individuums die Wirklichkeit wird, die an ihre Stelle tritt, wird man vergebens Reformpläne entwerfen.

PS: Bücher, die bei ihrem Erscheinen einen solchen Wirbel machten wie ›Das Jahrhundert des Kindes‹ fallen häufig hinter ihren sprichwörtlich gewordenen Ruhm zurück, verenden als Schlagwort. Wer wollte heute unser zur Neige gehendes Jahrhundert noch als eines des Kindes verstehen. Als traurige Reminiszenz an einen Aufbruch, der keiner war, läßt sich das Buch noch immer lesen.

Fritz Mauthner
Prager Jugendjahre

In Parodiensammlungen stößt man noch auf den Namen Fritz Mauthner. Vielleicht ist auch der Sprachphilosoph nicht ganz in Vergessenheit geraten, denn unlängst wurden im Rundfunk Aphorismen aus seinem »Wörterbuch der Philosophie« zitiert. Es wäre kein Wunder, entdeckte man ihn wieder: Mauthner, von Ernst Mach beeinflußt, hat in seiner ›Kritik der Sprache‹ durchaus den Grund gelegt für den etwas scheinheilig unterkühlten Begriff »Texte«. Er hat der Sprache, die aus amtlichen Mündern, aus versteinerten Gesinnungen schlüpfte, nie getraut. Er hat den Jargon untersucht – warum er dies tat, erzählt er im ersten Band seiner Autobiographie. Er kam 1918 bei Georg Müller in München heraus, fünf Jahre vor seinem Tode; ein zweiter Band ist offenbar nicht erschienen.

Mauthner begann der Sprache zu mißtrauen, weil er mit zwei, gar mit drei Sprachen aufwuchs. Er wurde 1849 in Horzitz bei Königsgrätz geboren, noch innerhalb des tschechischen Sprachgebiets, wenngleich, wie er anmerkte, die Honoratioren sich bemüßigt fühlten, Deutsch zu sprechen. Er kam aus einer jüdischen Familie, die dem Glauben der Väter radikal entwachsen war. Sein Großvater hatte sich ein Gut gekauft und gab sich in solchem Maße dem Dasein eines Landjunkers hin, daß den beiden Söhnen nichts vom Vermögen blieb. Sie arbeiteten als Kaufleute, waren bald wohlhabend, und Fritz Mauthner war von einem Lebensstil umgeben, der das Deutsche förderte, Tschechisch als »Ammensprache« ansah und das Judentum nahezu vergessen hatte.

Freilich hörte der Knabe bei Verwandten auch Jiddisch, was ihn entsetzlich anmutete und an das »Kuchelböhmisch« erinnerte, das ihn als Fünfjährigen zur ersten etymologischen Überlegung angeregt hatte. Das inmitten tschechischen Sprachflusses gehörte Wort »hantuch« brachte ihn auf den Gedanken, daß dies ein Tuch für die Hand sei; von da an ließ ihn das Sprachdenken, das Denken mit der und durch die Sprache keine Ruhe mehr. Ich selbst habe in Brünn als

Kind noch diese Mixtur aus zwei Sprachen gehört, komische, schnellgeredete Verbindungen von deutschem Jargon und unvollkommenem Tschechisch. Es war schauerlich lustig und forderte zur Nachahmung, zu Neubildungen heraus – ein Satz etwa wie dieser: »Na gangu teppicho kleppat.«

Mauthner erzählt ausführlich davon. In die Mitte seiner Erinnerungen hat er die Schul-Erlebnisse gerückt. Sie waren bedrückend gewesen, und sie hatten ihm bis ins Mannesalter keine Ruhe gelassen. Das Stichwort »Schule« in seinem philosophischen Wörterbuch könnte bis heute eine Fundgrube für Schulreformer sein. Er hat nicht nur die Schwächen des damaligen Schulbetriebs bedacht: diese niederschmetternde Atmosphäre aus Kuratel und Paukerei; er hat auch bis ins Detail Änderungen vorgeschlagen.

Zu Beginn war er einem »Hofmeister« in die Lehre gegeben, einem Hauslehrer, der, wie es sich später herausstellte, recht unkundig gewesen sein muß: Das Kind konnte nicht sogleich das Gymnasium, sondern mußte drei Jahre die Klippschule besuchen – Jahre, die ihm betrüblich anhingen. Der Vater war nur um der Bildung der fünf Kinder wegen nach Prag gezogen, und dort meldete er den wachen, eigensinnigen Fritz auf dem berühmten Piaristengymnasium an, das in so manchem prominenten Lebenslauf seine Rolle spielt.

Mauthner bekennt, daß er faul geworden sei durch die Ignoranz und Trägheit der Lehrer, die sich weniger um das Fortkommen der Schüler, denn um ihr weltliches (und geistliches?) Wohlergehen gekümmert hätten. Er schont die Piaristen in seinen Schilderungen nicht, er verhöhnt ihre Neigung zur Völlerei: »Bei den Piaristen sorgte schon die Körperlichkeit der Lehrer dafür, das Göttliche zum Spott werden zu lassen ... Namentlich die drei Hauptlehrer des Untergymnasiums waren Kolosse, hätten Modelle für Grützner werden können. Der eine hatte ein rohes, erschreckend gemeines Knechtsgesicht, der zweite feine, aber lüsterne Pfaffenzüge, der dritte sah so apathisch aus, als hätte er anstatt sechzig Schüler sechzig Pflastersteine vor sich, die er in die Erde rammen müßte.«

Die Reminiszenzen an die Prager Jugend sind beispielhaft knapp: gleichsam ein Kommentar zu einigen Lebensdaten, gewiß anschaulich, aber nie sich in Beiläufigkeiten verheddernd. Eben durch diesen Zug von raffender Präzision wird auch die politische Problematik deutlich: Das Kind erlebt den Preußen-Einzug des Jahres 1866 mit und freut sich über ihn, der nationalen Tradition des Elternhauses ergeben. Erst allmählich revidiert er sich durch Erlebnisse auf deutscher wie auf tschechischer Seite, zumal er sich, der Piaristen überdrüssig, aufs deutsche Kleinseitner Gymnasium hatte schmuggeln können, wo ihm die Lehrer, bis auf einen, mehr behagten. Dieser eine, ein Rheinländer, verekelte ihm die Sympathie für Preußen, während der heftig aufflackernde tschechische Nationalismus ihm gleichermaßen zu denken gab; dies wiederum hat sich in einer polemischen Erzählung niedergeschlagen, ›Die böhmische Handschrift‹, wo er sich über die Begeisterung der Tschechen mokiert, die bedenkenlos eine Fälschung als poetisches Dokument der Nationalpoesie annehmen und kommentieren (es handelt sich um die bis heute umstrittene ›Königinhofer Handschrift‹).

Mauthner hat an der Prager Universität Jura und Philosophie gehört. Nebenher hatte er zu schreiben begonnen: vor allem in den deutschen ›Prager Blättern‹. Sein erstes Buch, Sonette, wurde als Privatdruck veröffentlicht – ein einziges Exemplar fand seinen Käufer, einen jungen Schriftsteller in Berlin.

Gegen Ende des Buches meldete sich der Sprachphilosoph Mauthner dringlich zu Wort, die Erinnerungen an die Studentenzeit verdrängend. Er zitiert den an Maximilian Harden gerichteten, 1904 veröffentlichten Brief über »Die Herkunft des Sprachkritischen Gedankens«, in dem die uns erstaunlich nahen Sätze stehen: »Die Gleichung von ›ich weiß‹ und ›ich habe gesehen‹ (auch etymologisch in so vielen Sprachen begründet) stellte der Sprachkritischen Idee ihre letzte Aufgabe: in einer Kritik der allgemeinen Grammatik auch die Gegensätze von Substantiven und Verben – das heißt: von Dingen und Handlungen – aufzulösen, in die Widersprüche der Zeitbegriffe hineinzuleuchten und an die Stelle einer Kritik der reinen Vernunft eine Kritik der Sprache zu setzen ... Unser Wissen, unser Denken ist nur Sprache, die praktisch in der Wirklichkeit orientiert, die aber so wenig zur Welterkenntnis geeignet ist, wie das Bewußtsein ein Organ für sich selber hat.« Derartige Sätze unterstützten die Versuche Heißenbüttels, selbst Franz Mons.

Mauthner ist bald nach seines Vaters Tod nach Deutschland gegangen; der wachsende Nationalitätenzwist verstimmte ihn. Er war Redakteur an Berliner Zeitungen und ließ sich vor dem ersten Weltkrieg in Meersburg am Bodensee nieder, wo er vor allem an seiner Sprachlehre und an seiner Bibliothek der Philosophen arbeitete.

In seinen Erzählungen und Romanen zeigt es sich, daß dieser Schriftsteller, der mit Zartsinn und Akkuratesse über Sprache nachdachte, aller die Wörter befreienden Phantasie entriet. Nur der Polemiker und Satiriker hatte Ahnung von solcher Befreiung, so wenn er in ›Schmock oder Die literarische Karriere der Gegenwart‹ (1888) sich vergnügt und böse der Literaten annimmt und ihnen Rezepte für ihren Aufstieg verschreibt. Hat sich da viel geändert? Nach siebzig Jahren sind an diversen Leiterchen die Sprossen nicht gebrochen.

Mauthner starb 1923 in Meersburg. In seinen Jugenderinnerungen verbinden sich sein schriftstellerisches Können und Wollen ohne Zwang. Ein Essayist, ein von der Sprache Besessener und Heimgesuchter erzählt. »Die Sprache ist ein Werkzeug, mit dem sich die Wirklichkeit nicht fassen läßt«: Seltsam, daß in seinem Bericht sehr oft die Wirklichkeit die Sprache faßt.

Ich werde mir auf dem Kleinseitner Gymnasium wohl anfangs einige Mühe gegeben haben, den Vorsprung einzuholen, den die Schüler der besseren Anstalt vor uns Piaristenzöglingen voraus hatten; denn ich blieb auch drüben immer einer der sogenannten Vorzugsschüler, wenn ich auch niemals Primus geworden bin. Ich gedenke auch mit herzlicher Dankbarkeit einiger meiner Lehrer. Aber auch von der guten weltlichen Schule hatte ich keinen rechten Vorteil mehr; das Verbrechen (jawohl, ich wiederhole das zornige Wort), das an mir durch den Raub dreier Jahre verübt worden war, trug die Hauptschuld. Gewiß, ich war nach meiner individuellen Anlage zu altklug für die Schule; doch auch als Musterschüler wäre ich zu alt gewesen für den langsamen Betrieb des Unterrichts. In den bar zu zahlenden Examenkenntnissen stand ich sicherlich weit hinter dem Primus zurück; aber die Polyhistorie, die ich mir durch mein wahlloses Lesen verschafft hatte, hatte mich der Schule früh entwachsen lassen. Wenn Sehnsucht nach strenger Wissenschaft, wenn Sehnsucht nach Welterkenntnis reif macht für die Universität, so gehörte ich zu siebzehn Jahren nicht mehr auf das Gymnasium.

Schon auf dem Piaristengymnasium widmete ich ja meine müßige Zeit nicht nur dem Lesen von Romanen und andern Räubergeschichten. Ich war seit jeher von einer wunderlichen Leidenschaft besessen, heimlich zu lernen, wovon ich erfuhr, daß andere es gelernt hatten. Man wird nach dieser Erklärung besser begreifen, warum ich immer wieder darüber klage, daß ich bei allem Unterricht niemals eine Anleitung gehabt habe. Meine Leidenschaft, die entlegensten Dinge zu lernen, wurde verspottet, und so schämte ich mich bald meiner Wißbegierde. Ich stellte mir die tollsten Aufgaben. Dazu rechne ich nicht, daß ich etwa von meinem zwölften Jahre ab heimlich Französisch, Englisch und Italienisch trieb. Auf unsern österreichischen Gymnasien wurden die modernen Sprachen (wie gesagt) nicht obligatorisch gelehrt; ich ging zwar einmal in die italienische und viel später in eine französische Privatstunde, aber was ich da gewann, hätte eine Katze bequem auf dem Schwanze forttragen können. Wenn ich heute einige moderne Sprachen geläufig lesen kann, so verdanke ich das meiner heimlichen Leidenschaft. Ich ging ja allsonntäglich nach dem Trödelmarkte der Judenstadt und da kaufte ich mir eine englische und eine französische Grammatik; die italienische stibitzte ich einem meiner Brüder fort; mit Hilfe dieser Grammatiken und einiger Wörterbücher brachte ich es mit der Zeit so weit, daß ich Shakespeare, den älteren Dumas und Manzoni recht gut lesen konnte. Das waren freilich keine tollen Dinge. Aber in meinem fünfzehnten Jahre hatte ich auch Sanskrit und die Hieroglyphen zu studieren angefangen. Ich verschaffte mir ein gelehrtes Sanskritwerk und glaubte die letzten Welträtsel zu lösen, als ich mit angestrengtem Fleiße die heiligen Buchstaben nachmalte und die Paradigmen auswendig lernte. Ganz wertlos war freilich auch diese Mühe nicht für mich, da ich dreißig Jahre später doch an manches mir Geläufige anknüpfen konnte, als ich – um Panini zu verstehen – ein bißchen Sanskrit ernsthaft treiben mußte. Und kurz vor meinem Abgange vom Piaristengymnasium lieh ich mir aus der königlichen Bibliothek Uhlemanns Ägyptologie, um mich im Hieroglyphenschreiben zu üben und Altägyptisch »sprechen« zu lernen. Das konnte ich aber nicht ganz heimlich anfangen. Ein Buch aus der königlichen Bibliothek bekam ich nur, wenn der Leihzettel vom Gymnasialdirektor unterschrieben war. Da wäre es mir beinahe schlecht gegangen. Als der Direktor in seiner »Zelle« den Zettel unterschreiben sollte, mochte ihm der Titel des Buches aufgefallen sein. Er buchstabierte: Ägyptologie. »Für wen willst du das Buch haben?« Ich antwortete ehrlich, das Buch wäre für mich selbst. Da zankte mich der Direktor so tüchtig aus, als es seine Faulheit nur irgend zuließ; ich sollte nicht lügen; noch niemals hätte ein sechzehnjähriger Bub so ein Buch verlangt; am Ende enthielte es gar heidnische Unsittlichkeiten. Aus Faulheit gab er mir doch seine Unterschrift.

Nicht nur dieser Botokude, auch andere Lehrer, meine Mitschüler und nicht zuletzt meine Nächsten fanden diese Beschäftigung mit schwer kontrollierbaren Philologien komisch, sobald ich mich nicht genug hütete und mein Geheimnis verriet. Vielleicht war ich aber in meiner diebischen Heimlichkeit auch allzu empfindlich; vielleicht witterte ich Verkennung, wo nur eine gutmütige Neckerei vorlag oder ein berechtigter Spott, wie ich ihn jetzt selbst übe. Übrigens wäre zu Spott noch mehr Veranlassung gewesen, wenn die Spötter nur gewußt hätten, mit wie übermäßigen Hoffnungen ich an diese Studien heranging; und wie führungslos und oft hilflos ich auf diesen fremden Gebieten umherirrte. Ich versuchte sogar Chinesisch zu lernen; da gelangte ich aber nicht einmal an die allerersten Anfänge heran; das Zeichnen der Schrift wurde mir zu schwer.

Für solche Allotria hatte ich auf dem Kleinseitner Gymnasium keine Zeit mehr. Zwar die Stunden, die der weitere Weg kostete – der wundervolle Weg an der Teynkirche vorbei und am alten Rathaus, über den kleinen Ring und die Jesuitengasse, über die herrliche Nepomukbrücke und die untere Spornergasse – machten dem jungen Burschen nicht viel aus.

Aber die Zeit war gekommen; es war Mode in unserer Klasse, oder wenigstens in einem kleinen Kreise von Gleichgesinnten, sich zu verlieben und zu dichten. Ich schwärmte besonders für die Musikschülerinnen, die ich täglich auf meinem Schulwege traf; zwei oder drei von ihnen kannte ich persönlich, für die übrigen schwärmte ich noch viel ausgiebiger. Das Schwärmen war nicht zeitraubend, das Gedichtemachen desto mehr. Bei mir fing es damals ernsthaft an. Bis dahin hatte ich nur mit den tschechischen Kollegen um die Wette gereimt, um ihnen Hochachtung für die deutsche Sprache abzuzwingen. Auf den Einfall, dieses Ziel durch einen Hinweis auf Goethe zu erreichen, kam ich nicht. Außer diesen pädagogischen Sonetten hatte ich nur gelegentlich Epigramme geschmiedet. Jetzt aber wurde nicht mehr für die Kameraden gedichtet, sondern für die Unsterblichkeit. Man drückte noch die Schulbank, hatte sie noch für einige Jahre zu drücken, war aber der Mann, durch Verse die Welt zu erobern und nebenbei durch den Inhalt der Verse die Welt auf den Kopf zu stellen: die Könige und die Priester zu verjagen. Wir Dichter, Schauspieler und Weltverbesserer fanden uns aus verschiedenen Klassen zusammen und gründeten einen heimlichen Verein.

Es war eine der ersten Enttäuschungen meines Lebens, die wahrscheinlich, die ich am schwersten trug, da ich erfahren sollte, daß es diesen Dichtern und Weltverbesserern, ja selbst den Schauspielern, nicht so heiliger Ernst um unsere Sache war, wie – ich muß es so sagen – wie mir. Zwei Dichter lasen einige kaum abgeänderte Gedichte von Bürger und sogar von Goethe als ihre eigenen Erzeugnisse vor; ertappt, behauptete einer, er habe unsere Belesenheit auf die Probe stellen wollen. Ein Schauspieler hatte einmal die Stirn, eine kleine Rolle, weil sie zu klein war, abzulehnen. Der Weltverbesserer tastete unser Vereinsvermögen an oder wurde doch dieser Tat verdächtigt; von zwei Gulden und vierzig Kreuzern fehlte beinahe die Hälfte. Ich soll der Wildeste gewesen sein, wenn es galt, einen solchen »Ehrlosen« aus dem Verein zu entfernen. Immer wieder glaubte ich, jetzt wären wir Idealisten ganz unter uns; und immer wieder störten Realitäten.

Wir spielten Theater, tranken Bier und vergeudeten furchtbar viel Zeit. Auch gaben wir eine Zeitung heraus, die in der einzigen Handschrift, in welcher sie zu lesen war, noch heute in meinem Besitze ist. Es muß zum Schreien gewesen sein. Meine Darstellung des Mephisto gab zu Kritiken und Antikritiken Anlaß. Wir spielten für gewöhnlich nur solche Szenen, in welchen Männer allein auftraten, aus Schiller und Körner. Nur einmal, für das Stiftungsfest, wurde ein Akt der Jungfrau von Orleans einstudiert. Die Jungfrau wurde heiß umworben. Aber unsere Grundsätze duldeten nichts Ungebührliches; wenn doch etwas Ungebührliches passiert sein sollte, so müßte es gegen unsere Grundsätze passiert sein.

Ich darf sagen, daß meine Grundsätze besonders rigoristisch waren und daß ich in diesem Vereine mit kindischer Altklugheit eine Weltfrage nach der andern zu lösen suchte. Meine freien Vorträge stürmten den Himmel und machten Eindruck, trotzdem ich ein elender Sprecher war (und geblieben bin); meine Beiträge für die Zeitschrift waren weise, phantastisch und dumm. Meine Kritiken der Theaterspielerei waren unerbittlich streng. Der den Liebhaber in Körners Zriny gespielt hatte, forderte mich einmal für eine solche Kritik; aber er schwankte so lange zwischen Pistolen und krummen Säbeln (Zriny!), daß die Sache gütlich beigelegt werden konnte.

Mein Interesse für den Verein nahm ein jähes Ende, als ich die Entdeckung machte, daß die meisten von uns ihre Beiträge für die Zeitschrift abgeschrieben hatten; sie stahlen wie die Raben; merkwürdig nur, daß sie immer so dummes Zeug stahlen. Ich verlangte ein furchtbares Gericht über die Schuldigen; und als ich meinen Willen gegen die Mehrheit nicht durchsetzen konnte, legte ich meine zahlreichen Ämter nieder und trat aus.

Ich hatte es ehrlich gemeint. Jetzt war ich wieder ganz einsam und dichtete im größten Stile drauf los. Auch übersetzte ich aus allen möglichen Sprachen. Daß ich Heines Lieder ins Altgriechische zu übersetzen versucht habe, ist schon berichtet worden; ich übersetzte aber auch den angeblich Homerischen Froschmäusler ins Deutsche und ganze Dramen von Sophokles. Ich übersetzte aus den modernen Sprachen, sobald ich das Original entziffern konnte. Ich übersetzte aus dem Sanskrit. Nur aus dem Ägyptischen übersetzte ich nicht; mich hielt wahrscheinlich ein guter Instinkt zurück.

Doch ich dichtete auch selbständig; meine Vorbilder waren sicherlich, wenn ich aufmerksam zurückblicke, Byron und Lenau. Am weitesten gedieh ein großes phantastisches Epos ›Merlin‹; ich benützte die Legende, der berühmte Zauberer wäre der Sohn des Teufels und einer Nonne gewesen, zu einer verwegenen Komposition; Merlin war der Sohn der Nonne Maria und des unheiligen Geistes; Merlin war nach dem Willen des Schicksals auf die Welt gekommen, um das Christentum zu vernichten; seine Aufgabe scheitert daran, daß Merlin Jesus Christus lieben muß, sobald er ihn gesehen hat. Auch der Entwurf zu einem Drama ›Ahasverus und Christus‹ stammt aus nicht viel späterer Zeit; das Drama war viel kirchenfeindlicher als das Epos; Ahasverus liebt und versteht Jesus tiefer und besser als die andern (ich werde wohl unbewußt von Goethe und von Hebbel allerlei angenommen haben); da er nach der Kreuzigung Zeuge wird, wie Petrus und Paulus um das geistige Gewand des Heilands würfeln, beschließt er aus eigener Kraft: so lange zu leben, bis das Christentum vernichtet ist.

Ich habe durchgeblättert, was von diesen und andern alten Plänen noch vorhanden ist; noch vorhanden, weil ich selten so ordnungsliebend war, wertlose Papiere ins Feuer zu werfen. Wertlos, ja; starke Anläufe wechseln mit platten Gemeinplätzen ab, kühne Gedanken mit elenden Geistreichigkeiten; und dichterische Gestaltungskraft fehlt vielleicht. Und dennoch: wenn ich einen verständigen Lehrer gehabt hätte, wenn ich in meinem achtzehnten Jahre einem Lehrer mich hätte anvertrauen dürfen, ihm diese Entwürfe zeigen dürfen, der Mann hätte sagen müssen: dieser Bursche gehört nicht mehr auf die Schulbank.

PS: Der Sprachforscher Mauthner ist durchaus wieder im Gespräch. Sein Erinnerungsbuch hingegen, ein einzigartiges Zeugnis für das Leben im Prag der Jahrhundertwende, wurde, als ich es bei S. Fischer wieder veröffentlichte, wenig beachtet. Das ist zu bedauern, denn ich wüßte wenig Bücher, die so scharfsichtig die europäische Misere analysieren.

Sonja Kowalewsky: Erinnerungen an meine Kindheit

In allen Kindheitserinnerungen, die ich kenne, gibt es Augenblicke der Unruhe, dem Autor nicht unbedingt offenbar, manchmal auch überspielt – die Unruhe, die Ungeduld dessen, der vor ein geschlossenes Tor tritt. Er versucht es zu öffnen, er zwingt sein Gedächtnis über die Schwelle, und doch kann er sich nur verlassen auf die Berichte von Zeugen, die ihm den Bezirk hinter dem Tor schildern. Er ist, als Kind, hinter dem Tor gewesen, aber er weiß es nicht mehr: die Erinnerung setzt ihm eine Grenze. Bisweilen gelingt es der gepeinigten Erinnerung, einige Schritte hineinzugehen: Szenen gleiten vorüber, die vergessen waren. Wer sie befragt, ist nicht sicher, ob hier nicht die Phantasie die Reminiszenz narrt. Sonja Kowalewsky beginnt mit einem solchen Gedanken ihre Erinnerungen: »Zu gern möchte ich wissen, ob wohl jemand genau den Augenblick in seinem Leben feststellen kann, da er zum erstenmal sein eigenes Ich empfand, der erste Schimmer eines bewußten Lebens in ihm auftauchte. Ich möchte es so gerne wissen, weil es mir selbst nicht möglich ist.« So legt sie, gleich zu Beginn, ein Zeugnis ab von der schwanken Verläßlichkeit des Erinnerns.

Die Erinnerungsstücke dieser erstaunlichen Frau haben mich mit ihrem festen Zauber gefangengenommen. Sonja Kowalewsky war mir, als historische Gestalt, nur aus Dostojewskij-Biographien bekannt gewesen; ich hörte ihre Stimme unvoreingenommen; über ihr Leben mußte ich nachschlagen.

Ich konnte nicht feststellen, ob ihr Buch, das 1893 von der Zeitschrift ›Literaturnyja sotschinenija‹ zum erstenmal veröffentlicht wurde, dann in Schweden und 1895 in einer Übertragung von I. F. Hapgood in England erschien, damals schon ins Deutsche übersetzt wurde. Der Verlag Gustav Kiepenheuer in Weimar brachte das 13. bis 18. Tausend der Übersetzung von Louise Flachs-Fokschaneanu 1963 heraus.

Über die Autorin war viel zu erfahren, denn sie war zu ihrer Zeit, in der zweiten Hälfte des vergangenen Jahrhunderts, eine berühmte Frau, ein mathematisches Talent, dem die wissenschaftliche Männerwelt nach einigem Zögern den Lorbeer reichte. 1850 kam sie in Moskau zur Welt, ihr Vater war ein russischer General, ihre Mutter stammte aus der deutschen Adelsfamilie Schubert – von den ersten fünfzehn Jahren ihres Lebens, von den Gestalten, die ihre Kindheit begleiteten, erzählt sie in ihrem Buch. Mit achtzehn Jahren gelang ihr die Flucht aus der schönen Behaglichkeit des Elternhauses, die sie liebte und fürchtete, deren verschlafene Geselligkeit ihrem kühnen Temperament widersprach. Sie heiratete (was unter russischen Bürgermädchen anscheinend gang und gäbe war) nur, um der väterlichen Fuchtel zu entrinnen.

Ihr Mann, der ein geachteter Paläontologe wurde, studierte mit ihr gemeinsam, sie hörte in Heidelberg bei Helmholtz und in Berlin bei dem Mathematiker Weierstraß, der sie förderte und dessen Schüler, der Schwede M. G. Mittag-Leffler, der inzwischen prominenten Frau 1889 eine Professur an der Universität Stockholm verschaffte; das war ein unerhörtes Ereignis, Sonja Kowalewsky war eine der ersten Frauen, die hinter einem Katheder standen. Die Ehe zerbrach, ihr Mann nahm sich das Leben; ihrer beider Tochter hat von dem gespannten Ungestüm der Mutter und von der zunehmend defensiven Melancholie des Vaters in einem Aufsatz berichtet. 1888 verlieh die Französische Akademie der ersten Mathematik-Professorin den Borodin-Preis und verdoppelte die mit ihm verbundene Geldsumme, da die eingereichte Arbeit die Erwartung der Preisrichter übertraf. Kurz vor ihrem Tod, im Jahre 1891, wählte sie die Petersburger Akademie der Wissenschaften zu ihrem Mitglied; so kehrte sie, die die Sehnsucht nach Rußland quälte, in Ehren heim.

Die Daten dieser Karriere provozieren das Porträt einer ehrgeizigen maskulinen Suffragette – doch sie muß eine schöne, von ihren Freunden bewunderte, begehrte Frau gewesen sein. Ein anderes, etwas brüchiges, höchst liebenswertes Bildnis steigt aus den Erinnerungen, deren Stil, wie der Verlag mit Recht vermerkt, an Turgenjew erinnert: eine Schrift in Pastell, weiträumig und von einer melodischen Leidenschaft, die selbst im Zorn nicht birst. Die ersten Kinderjahre verbrachte sie in Moskau, dann zog die Familie auf ihr Gut in der Nähe von Witebsk, in eine Abgeschiedenheit, die nur selten von Besuchen durchbrochen wurde. Sonja war ein widerspenstiges, von der eleganten Mutter beiseite geschobenes Kind, während die Schwester, Anjuta, gehätschelt und gefördert wurde. Alle scheue Neigung Sonjas galt dem Vater, der die Erziehung der Kinder freilich seiner Frau, den Gouvernanten und den Hauslehrern überließ. Erst später wandte er sich dem schwierigen Mädchen entschiedener zu, doch da war sie nicht mehr zu gewinnen, da phantasierte die Unruhe schon verlockende Fremde, Erfolg ohne väterliche Hilfe.

Auf der Höhe ihres Ruhms hat sich Sonja Kowalewsky in das Vaterhaus zurückgedacht. Die kindlichen Ärgernisse verwischen sich, werden freundlich aufgehellt, der Vater, der sie manchmal verständnislos strafte, rückt ihr sehr nah, die Mutter hingegen bleibt in einer kühlen, fast schrillen Ferne. Das Leben auf dem Gut und die Reisen nach Petersburg, die Besuche kauziger Onkels, die Sympathien und Antipathien für Erzieher – dies alles, das sie schmerzen könnte, beruhigt sich in einer graziösen Versöhnung. Neben dem Vater tritt die Schwester Anjuta am deutlichsten auf diese Bühne, deren Salons wir von Tschechow und Turgenjew, von Dostojewskij und Gogol kennen: durch schwere Portieren leicht verdüsterte Zimmer, in denen die Einsamkeit von der Hysterie gewürgt wird.

Anjuta, das Vorzugskind, setzt sich, nach der Bekanntschaft mit einem rebellierenden Seminaristen, von dem Geist des Elternhauses ab und beginnt zu schreiben. Eine ihrer Erzählungen schickt sie an Dostojewskij, der sie in seiner Zeitschrift ›Epócha‹ druckte. Für Sonja rückte Anjuta in die unerreichbaren Regionen der Freiheit auf; den Eltern wurde das Ereignis verheimlicht, und als es der Vater doch entdeckte, zürnte er der Tochter, die zum Widerwärtigsten avancierte, was er sich vorzustellen vermochte: Sie war eine Schreiberin geworden. Dennoch gestattete er es, daß die Mädchen bei ihrem nächsten Aufenthalt in Petersburg Dostojewskij kennenlernten. Mehrfach besuchte der Dichter die Mädchen und ihre Mutter, es entspann sich eine wilde, unausgesprochene Schwärmerei, Backfischrivalität endete in durchschluchzten Nächten.

Das Dostojewskij-Kapitel ist das poetisch reichste dieses ohnedies an Poesie reichen Buches: Die ungebärdigen Backfische bewegen sich in einem Raum sanftester Korrektur, weit fort im Grunde, unerreichbar, es ist, als habe nachträglich eine einsichtige, doch auch ungerührte Hand ihre wilden Gedanken geordnet: Sonja, die die Pathétique spielt, und Dostojewskij, dem sie gilt, der hinter einem Vorhang Anjuta seine Liebe gesteht. Nichts wird aus allem, fast nichts: Dostojewskijs Erzählung des Delinquenten, der den Tod erwartet, taucht im ›Idiot‹ wieder auf, und seine ironische Entschlossenheit, die epileptischen Anfälle keiner Gesellschaft zuzumuten, geht als Heldenstück in Sonjas Erinnerungen ein. Die Liebesschwüre und -gedanken sind rasch verblaßt: Anjuta heiratet einen französischen Barrikadenkämpfer, Sonja wird eine gefeierte Gelehrte, nur der Rhythmus der Heimreise, nach der Begegnung mit dem Dichter, wird sich in ihnen beiden bewahrt haben:

»Als wir abreisten, war es schon April. In Petersburg herrschte noch strenger Frost, und es war unangenehm kalt. In Witebsk begegneten wir schon dem Frühling, der seit zwei, drei Tagen überall im Lande eingezogen war. Fast alle Bäche und Flüsse waren über die Ufer getreten und bildeten riesige Seen ... Ich erinnere mich noch genau, wie wir in später Abendstunde durch die Fichtenwälder fuhren. Meine Schwester und ich konnten nicht schlafen, schweigend saßen wir da und ließen noch einmal die Eindrücke und Erlebnisse der letzten Monate an uns vorüberziehen. Gierig sogen wir den frischen Frühlingsduft ein, von dem die Luft durchtränkt war; unser beider Herzen waren erfüllt von unruhiger Erwartung.«

Zu Beginn unserer Bekanntschaft mit Dostojewskij war Anjuta liebend gern bereit gewesen, an den Tagen, wo Dostojewskij kommen wollte, auf jedes Vergnügen, auf jede Einladung zu verzichten, und sobald er ins Zimmer getreten war, hatte sie nur noch Augen für ihn. Nun aber änderte sich alles völlig. Kam Fjodor

Michailowitsch gerade zu einer Stunde, wo wir Besuch hatten, so ließ sich Anjuta nicht im geringsten in ihrer Unterhaltung mit dem oder jenem stören. Lud man sie für einen Abend, an dem Dostojewskij hatte kommen wollen, ein, so schrieb sie ihm mit einigen entschuldigenden Worten ab. Am nächsten Tag stürmte er wütend in unsere Wohnung, Anjuta tat, als merkte sie nichts von dem Zustand, in dem er sich befand, griff nach ihrer Handarbeit und begann zu sticken. Darüber erboste sich Dostojewskij noch mehr, er setzte sich in eine Ecke und schwieg beharrlich. Meine Schwester sagte ebenfalls keinen Ton.

»So lassen Sie doch dieses dumme Sticken!« sagte Fjodor Michailowitsch, der nicht mehr an sich halten konnte, und riß ihr die Stickerei aus der Hand.

Meine Schwester kreuzte gelassen die Arme über die Brust und schwieg.

»Wo sind Sie gestern gewesen?« fragte er zornig.

»Auf dem Ball«, antwortete Anjuta gelangweilt.

»Haben Sie getanzt?«

»Aber natürlich.«

»Mit dem Vetterchen?«

»Mit ihm und anderen.«

»Und so etwas gefällt Ihnen?« setzte Dostojewskij sein Verhör fort.

Anjuta zuckte die Achseln. »Wenn man nichts Besseres vorhat«, antwortete sie, »kann man sich auch damit die Zeit vertreiben.« Und sie nahm ihre Handarbeit wieder auf.

Dostojewskij blickte sie einige Augenblicke schweigend an. »Sie sind ein törichtes, oberflächliches Mädchen, nichts weiter!« meinte er schließlich.

Auf diese Art und Weise verliefen häufig ihre Unterhaltungen.

Das Thema, das ständig wieder auftauchte und immer wieder neuen Streit entbrennen ließ, war der Nihilismus. Bis weit über Mitternacht pflegten sie oft darüber zu diskutieren. Und je länger sie sprachen und je mehr sie sich erhitzten, desto kühnere Ansichten äußerten sie, Ansichten, die weit extremer waren als jene, die sie in Wirklichkeit hegten.

»Die gesamte heutige Jugend hat ein Brett vor dem Kopf und ist geistig unentwickelt«, rief Dostojewskij einmal aus. »Ein Paar Lackstiefel sind ihnen mehr wert als der ganze Puschkin.«

»Puschkin ist in der Tat schon ein wenig veraltet«, entgegnete gelassen meine Schwester, genau wissend, daß nichts Dostojewskij so in Wut versetzen konnte wie eine unehrerbietige Bemerkung über Puschkin.

Außer sich vor Zorn, griff Dostojewskij nach seinem Hut und erklärte feierlich beim Weggehen: »Es ist völlig zwecklos, mit einer Nihilistin zu streiten! Nie mehr wird mein Fuß dieses Haus betreten!« Aber selbstverständlich kam er am nächsten Tag wieder, als wenn nichts geschehen wäre.

Während sich dem äußeren Anschein nach die Beziehungen zwischen Dostojewskij und meiner Schwester immer mehr verschlechterten, wurde meine Zuneigung zu ihm immer stärker. Von Tag zu Tag nahm meine Bewunderung zu, und ich verfiel völlig seinem Einfluß. Meine Verehrung entging ihm natürlich nicht, und er schien daran Gefallen zu finden; wenigstens stellte er mich stets meiner Schwester als Vorbild hin. Wenn Dostojewskij einen tiefen Gedanken aussprach oder ein geniales Paradox äußerte, das allem Herkömmlichen ins Gesicht schlug, gab meine Schwester vor, davon nichts zu verstehen. Meine Augen jedoch glänzten vor Begeisterung, während sie, um ihn zu ärgern, mit ein paar seichten, geringschätzigen Bemerkungen darauf antwortete.

»Sie haben eine erbärmlich kleine, unbedeutende Seele«, brauste Fjodor Michailowitsch auf. »Was aber

Ihr Schwesterchen anbelangt, welch ein Unterschied! Zwar ist sie noch ein Kind, aber sie, sie versteht mich, weil sie eine zartbesaitete Seele hat.«

Ich wurde vor Freude ganz rot. Wahrlich, ich hätte mich in Stücke reißen lassen, um zu beweisen, wie sehr ich ihn verstand. Im Grunde war ich recht zufrieden, daß Dostojewskij bei weitem nicht mehr so heiß für meine Schwester schwärmte, als es anfangs der Fall gewesen war. Ich schämte mich dieser Empfindung sehr, ja ich warf mir vor, so etwas wie einen Verrat an meiner Schwester zu üben; um mein Gewissen zu beruhigen, versuchte ich diese heimliche Sünde durch verdoppelte Zärtlichkeit auszugleichen. All diese Gewissensbisse hinderten mich jedoch nicht daran, jedesmal insgeheim zu frohlocken, wenn Anjuta und Dostojewskij sich zankten.

Fjodor Michailowitsch nannte mich seine Freundin; in meiner Naivität glaubte ich, ihn besser zu verstehen und ihm teurer zu sein als meine Schwester. Er lobte sogar mein Aussehen, wobei er Anjutas Schönheit herabsetzte.

»Sie halten sich für sehr hübsch?« sagte er zu meiner Schwester. »Aber Ihre Schwester wird einmal viel hübscher als Sie werden. Sie hat ein ausdrucksvolleres Gesicht und Zigeuneraugen. Aber Sie, Sie sind nichts weiter als eine hübsche kleine Deutsche.«

Anjuta lächelte verächtlich; aber ich berauschte mich an diesen Worten, war es mir doch etwas völlig Neues, daß jemand meine Schönheit pries.

›Sollte das vielleicht zutreffen?‹ sagte ich mir klopfenden Herzens. Und ganz ernsthaft machte ich mir Gedanken, wie ich hätte verhüten können, daß meine Schwester sich nicht durch die offensichtliche Bevorzugung meiner Person durch Dostojewskij gekränkt fühlte. Ich war sehr begierig darauf zu erfahren, was Anjuta wohl darüber dachte und ob auch sie glaubte, daß ich später einmal hübsch werden würde. Vor allem interessierte mich diese letzte Frage.

In Petersburg schliefen wir Schwestern in ein und demselben Zimmer, und abends, wenn wir uns auskleideten, fanden unsere vertraulichsten Gespräche statt.

Wie gewöhnlich stand Anjuta vor dem Spiegel, kämmte ihr langes blondes Haar und flocht es für die Nacht zu zwei Zöpfen. Dafür brauchte sie längere Zeit, denn ihr Haar war sehr dicht und fein wie Seide; auch fand sie Gefallen daran, den Kamm recht sorgsam durch ihr Haar zu führen. Ich saß dann immer schon im Nachtgewand auf meinem Bett, die hochgezogenen Knie mit meinen Händen umfassend, und sann darüber nach, wie ich am besten das Gespräch auf das mich interessierende Thema bringen konnte.

»Was für komische Sachen hat doch heute wieder Fjodor Michailowitsch gesagt«, begann ich schließlich mit der gleichgültigsten Miene der Welt.

»Was für Sachen denn?« fragte meine Schwester zerstreut; offensichtlich hatte sie diese für mich so wichtige Unterhaltung völlig vergessen.

»Nun, als er meinte, ich hätte Zigeuneraugen und würde einmal hübsch werden«, sagte ich und fühlte, wie ich bis zu den Ohren rot wurde.

Anjuta ließ die Hand mit dem Kamm sinken und wandte mit einer anmutigen Drehung des Halses mir ihr Gesicht zu.

»Ach, du glaubst, daß Fjodor Michailowitsch dich hübsch findet, hübscher als mich?« fragte sie mit spöttischer Miene und einem rätselhaften Blick.

Mit diesem seltsamen Lächeln, diesen grünen spöttischen Augen, diesem blonden, aufgelösten Haar kam sie mir weiß Gott wie eine Nixe vor. Der große Spiegel neben ihr, der gegenüber meinem Bett stand, zeigte mir meine eigene kleine, dunkelhaarige Gestalt, und so konnte ich zwischen uns beiden einen Vergleich ziehen, der, wie ich mir gestehen mußte, nicht sehr schmeichelhaft für mich ausfiel; doch aufgebracht durch ihren kalten, überheblichen Ton, war ich keineswegs bereit, mich zu ergeben.

»Die Geschmäcker sind eben verschieden«, versetzte ich bissig.

»Ja, es gibt komische Geschmäcker«, erwiderte Anjuta ruhig und fuhr fort, ihr Haar zu kämmen.

Die Kerze war längst gelöscht, und noch immer grübelte ich, das Gesicht ins Kissen gedrückt, über die gleiche Frage nach.

›Aber vielleicht hat Fjodor Michailowitsch solch einen komischen Geschmack, und er findet mich in der Tat hübscher als Anjuta.‹ Und ganz mechanisch, nach kindlicher Gewohnheit, begann ich still für mich ein Gebet zu sprechen:

›Lieber Gott, mach, daß alle Menschen von Anjuta entzückt sind, nur mach, daß ich in den Augen Fjodor Michailowitschs stets die Hübscheste bin!‹

Indessen sollten meine diesbezüglichen Träume schon in allernächster Zeit grausam enttäuscht werden.

Dostojewskij ermunterte uns des öfteren dazu, alle künstlerischen Anlagen in uns zu entwickeln, so auch die musikalische Begabung. Bisher hatte ich ohne Begeisterung, aber auch ohne Widerwillen Klavierspielen gelernt, so wie es bei allen kleinen Mädchen der Fall ist. Ich hatte von Natur aus kein besonders musikalisches Gehör mitbekommen. Da ich aber vom fünften Lebensjahr an täglich anderthalb Stunden Tonleitern und andere Übungen spielen mußte, besaß ich bereits im Alter von dreizehn Jahren eine gewisse Fingerfertigkeit, einen ziemlich guten Anschlag und eine große Gewandtheit im Notenlesen.

Wir hatten noch nicht lange mit Dostojewskij verkehrt, da spielte ich ihm einmal ein Stück vor, das ich besonders gut beherrschte: Variationen über ein russisches Volkslied. Fjodor Michailowitsch war kein eigentlicher Musikliebhaber. Er gehörte zu jenen Menschen, bei denen der musikalische Genuß von subjektiven Faktoren abhängig ist. Oft ruft die beste musikalische Darbietung bei ihnen nur ein krampfhaft unterdrücktes Gähnen hervor. Ein andermal rührt sie ein im Hofe quietschender Leierkasten zu Tränen.

Als ich damals spielte, befand sich Fjodor Michailowitsch in einer sehr weichen, melancholischen Stimmung, und mein Spiel begeisterte ihn deshalb über alle Maßen. Wie immer in solchen Fällen erging er sich in den überschwenglichsten Lobeserhebungen. Ich hätte Talent, Seele und weiß Gott was noch alles.

Seit diesem Tage widmete ich mich verständlicherweise mit größter Leidenschaft der Musik. Ich bat meine Mutter, mich zu einem guten Lehrer zu schikken, und brachte während unseres ganzen Petersburger Aufenthaltes jede freie Minute am Klavier zu, so daß ich in diesen drei Monaten tatsächlich erstaunliche Fortschritte machte.

Ich kam darauf, für Dostojewskij eine musikalische Überraschung vorzubereiten. Er hatte einmal davon gesprochen, daß er unter allen musikalischen Werken am meisten Beethovens ›Grande Sonate pathétique‹ schätzte, weil sie ihn stets in ein Reich jenseits seiner selbst entrückte. Obgleich diese Sonate weit schwieriger war als alles, was ich bisher gespielt hatte, entschloß ich mich dazu, sie um jeden Preis einzuüben; und nachdem ich viel Zeit und Mühe dafür aufgewandt hatte, war ich tatsächlich imstande, sie einigermaßen gut vorzutragen. Nun hieß es nur noch eine günstige Gelegenheit abzuwarten, um Dostojewskij damit zu erfreuen. Eine solche Gelegenheit ergab sich bald.

Wir blieben nur noch fünf oder sechs Tage in Petersburg. Meine Mutter und sämtliche Tantchen waren beim schwedischen Gesandten, einem alten Freund unserer Familie, zu einem großen Diner eingeladen. Anjuta, des Herumkutschierens und der vielen Einladungen müde, entschuldigte sich mit Kopfschmerzen. Wir waren ganz allein zu Hause. An diesem Abend besuchte uns Dostojewskij.

Die bevorstehende Abreise, das Gefühl, ungestört für sich zu sein, und das Bewußtsein, daß ein solcher Abend nicht bald wiederkehren würde, versetzte uns in eine seltsam gehobene Stimmung. Fjodor Michailowitsch, wiewohl auch diesmal ein wenig nervös und sonderbar, war doch weit weniger gereizt als in den letzten Tagen, ja sogar ausgesprochen sanft und zärtlich gestimmt.

In der Tat, es war ein selten günstiger Augenblick, ihm seine Lieblingssonate vorzuspielen; schon im voraus freute ich mich darauf, welches Vergnügen ich ihm bereiten würde.

Ich schlug die ersten Akkorde an. Die Schwierigkeiten dieser Sonate, die Notwendigkeit, auf jede Kleinigkeit zu achten, die Angst, danebenzugreifen, nahmen meine Aufmerksamkeit so völlig in Anspruch, daß ich von dem, was um mich geschah, nicht das Geringste wahrnahm. Ich hatte die Sonate beendet und war überzeugt, gut gespielt zu haben. In den Händen fühlte ich eine Müdigkeit, aber eine sehr angenehme, hervorgerufen durch das musikalische Erlebnis sowie durch das erhebende Gefühl, eine Aufgabe befriedigend erfüllt zu haben. Und nun erwartete ich das meiner Ansicht nach wohlverdiente Lob. Aber alles blieb still. Ich wandte mich um: Das Zimmer war leer.

Mein Herz setzte aus. Ich wußte nicht, was ich denken sollte; mit einem bangen Vorgefühl ging ich ins Nebenzimmer. Auch hier entdeckte ich niemand. Ich hob eine Portiere hoch: In dem kleinen, verwinkelten

Salon nebenan gewahrte ich Fjodor Michailowitsch und Anjuta. Und, mein Gott, was mußte ich sehen!

Sie saßen auf einem kleinen Sofa dicht nebeneinander, das Zimmer war von einer Tischlampe mit einem großen Schirm nur schwach beleuchtet; das Gesicht meiner Schwester konnte ich nicht erkennen, da es im Schatten lag; Dostojewskijs Gesicht dagegen erkannte ich deutlich. Er sah bleich und verwirrt aus. Er hielt Anjutas Hand umfaßt, neigte sich ihr zu und sprach mit leiser, etwas heiserer Stimme, die ich so sehr liebte, leidenschaftlich auf sie ein.

»Anna Wassiliewna, mein Täubchen, begreifen Sie doch, von dem Augenblick an, da ich Sie erstmals gesehen habe, liebte ich Sie; ja, schon ehe ich Sie sah, allein durch Ihre Briefe, habe ich Ihr Wesen schon erahnt. Und meine Empfindungen sind nicht die eines Freundes, nein, ich liebe Sie mit aller Leidenschaft, von ganzem Herzen ...«

Vor meinen Augen wurde es Nacht. Ein bitteres Gefühl grenzenloser Verlassenheit, furchtbarster Kränkung überfiel mich. Mein Blut, das mir vorher ins Herz geströmt war, schoß mir nun ins Hirn. Ich ließ die Portiere fallen und floh aus dem Zimmer; hinter mir hörte ich noch das Poltern eines Stuhles, den ich unvorsichtigerweise umgestoßen hatte.

»Bist du's Sonja?« rief meine Schwester erschrocken.

Aber ich antwortete nicht, sondern rannte weiter und hielt erst an, als ich am anderen Ende des langen Korridors unser Schlafzimmer erreicht hatte. Ohne die Kerze anzuzünden, riß ich mein Kleid herunter, warf mich noch halb angezogen aufs Bett und verkroch mich unter die Decke.

Eine einzige Angst beherrschte mich in diesem Augenblick: Meine Schwester könnte kommen und mich in den Salon zurückholen. Weder ihren noch Dostojewskijs Anblick hätte ich jetzt zu ertragen vermocht.

Noch nie in meinem Leben war meine Seele von solch einem Gefühl der Bitterkeit, der Scham und der Schande erfüllt gewesen. Bis zu dieser Stunde hatte ich mir nie, selbst nicht in den heimlichsten Gedanken, über meine Empfindung Dostojewskij gegenüber Rechenschaft gegeben und es mir nie eingestanden, daß ich ihn liebte.

PS: Diese klugen, leidenschaftlichen Memoiren gab ich bei S. Fischer wieder heraus. Inzwischen erschienen sie auch als Taschenbuch – es ist eines jener Werke, das, so scheint es mir, wieder gefunden wurde.

Gustav Falke
Die Stadt mit den goldenen Türmen

Seine Poesie verendete in den Lesebüchern. Dort, wo unverdrossen starrsinnige Bauern hinter Pflügen einhertrotten, wo die Großmütter den Enkeln die Herrlichkeit der Heimat rühmen, wo das Bürgertum unangefochten besteht, dämmern auch seine Schnitterinnen, Hausfrauen, rotwangigen Kinder, blaßlippigen Mägdelein dahin. Es war sein Ruhm; er hat ein bißchen mehr verdient.

Freilich ist dies eine Frage der Interpretation, mehr noch: eines Reinigungsprozesses. Gustav Falkes Generation spielt in der Literaturgeschichte eine unglückliche Rolle. Sie skandierte, gefühlvoll, Übergänge, sie rebellierte zaghaft im Gehrock, und die untergangslüsternen Prophezeiungen einiger Außenseiter wurden von ihr ins Heimelige umgeschrieben. Diese Poeten waren musikalisch, aber über die Hausmusik reichte es kaum hinaus. Sie waren »modern«, aber mit Reputation. Sie schätzten die Stille, die Demut, sie wanderten auf Feldwegen, obgleich sie in Städten wohnten, sie fristeten in aller Bescheidenheit ihr Dasein als Musiklehrer, Studienrat, Pensionär –, in ihren Gedichten hingegen residierten sie als Überpatriarchen. Ihr Gefühl war oft reicher als ihr Wortschatz, ihre Nachahmungsgabe stärker als ihre Imagination. Später nannte man sie Eklektizisten und tat sie schleunig ab mit aller ihrer getarnten und verschönten Qual. Der Goldschnitt war ihr Signum; Frivolität konnten sich nur die Begabtesten leisten. Die Prüderie verwackelte das Liebesgedicht, der Anstand billigte das Interieur.

Gustav Falke gehört mit Carl Busse, Hugo Salus und Ludwig Jacobowski zu den erfolgreichen Lyrikern der Jahrhundertwende: sie alle überschwärmten feinsinnig die Realität, der Naturalismus streifte sie nur; was sie versuchten, war die Rettung der Wirklichkeit ins Wohlgesagte: die Empfindung saugt in ihren Versen die Wirklichkeit auf, verändert und verweichlicht sie. Falke hat eine Handvoll bildkräftiger Gedichte geschrieben, Landschaftsbeschreibungen, in denen

Blick und Wort gelassen ausruhen; das Geflirr der Impressionisten kann die strengen Zellen sprengen:

Einsamer Weg längs Graben und Wall,
winzigsten Lebens Widerhall:
Mückengesumm
und im Grase die Grille.
Reifender Halme weiches Gewelle,
drüber die flammende Mittagshelle
und ringsum
die Stille – die Stille –

Falke hat sich selbst nie überschätzt; seine Freundschaften mit Liliencron und Dehmel mochten ihn beflügelt haben, übertrieben hat er sie und sich nie. Er war stolz darauf, von Kritikern als »moderner Dichter« angesprochen zu werden, das wog seine Verbindungen zur Vergangenheit und seine korrekte Einschätzung der Leserschaft auf. Schon lernten die Schulkinder seine Verse auswendig. Schon begann der schleichende Tod, das plappernde Sterben seiner Poesie. Er war zufrieden.

Diese Generation besaß die Gabe, sich ins Gegebene zu schicken. Solange das Gegebene bürgerlich war, hielt man es unbefragt für schicklich. Auf dem Kanapee träumte man dann von der Macht, und hinterm Ofen wurden die Metaphern kühn. Das Unangemessene wurde niemals an der täglichen Umgebung gemessen. Die wilhelminische Krankheit breitete sich, ohne auf größeren Widerstand zu stoßen, aus. Die Wörter plusterten sich auf und wurden hohl. Das, was man als Beispiel hinschrieb, die verwurzelte, spätgotische Bürgerlichkeit, fand keine Begründungen mehr, nur noch Apologeten und stille Sänger, die sich am Überholten erquickten.

Widerlegen die Werke von Fontane, Raabe, dem jungen Hauptmann, Storm, Liliencron, Bierbaum einen solchen Zeitrahmen? Sie bekräftigen ihn, meine ich, eher, indem sie sich von ihm lösen oder ihn auch als kritisch aufgelockerten Hintergrund bewahren. Bei der zweiten Garnitur offenbart sich die tiefe, unheilbare Verwundung: Falke hatte durchaus Grund, die sozialen, geistigen Umstände zu attackieren, seine Jugend war trostlos, sein Mannesalter ärmlich – er schrieb wie unter einem Zwang: das aufgedunsene, von der Romantik versehrte Wortmaterial wird ohne Argwohn hingenommen.

Auch in seiner Autobiographie ›Die Stadt mit den goldenen Türmen‹. Eben deshalb halte ich sie für ein wichtiges Zeugnis des deutschen Kleinbürgertums der Jahrhundertwende. Falke beschönigt die Erinnerungsstücke nicht; er wertet sie auf – und entwertet sie zugleich – durch eine betuliche, spannungslose, dem seelischen Diminutiv huldigende Sprache. Die Spannung zwischen Sprache und erinnertem Ereignis macht sich bisweilen in Unsicherheiten des Tonfalls bemerkbar: hier will das Ereignis nicht werden, was es sein soll: ein freundliches Bild.

Falke stammte aus Lübeck. 22 Jahre nach ihm wurde Thomas Mann dort geboren, und Geibel verbrachte, als Falke seine ersten Gedichte schrieb, seine letzten Jahre in seiner Vaterstadt. Vergleiche wären reizvoll, weil Falke überdies in einem ähnlichen Milieu aufwuchs wie die Brüder Mann. Der Niedergang der Falkeschen Familie war allerdings viel jäher und die vorhergegangene Repräsentanz ohne ausgespielten Glanz. Falke erzählt von dem Sturz, als müsse er in einem Traktat die Lehre für andere, Gelehrigere, daraus ziehen. Ab und zu bricht er aus, und dann endlich begreift man die Härte dieses Lebens:

Falke hatte seinen Vater nicht mehr gekannt. Sein Stiefvater, eine bemerkenswerte, in ihrer Lottrigkeit große Figur, hat wenig Interesse an der Fortführung des Geschäfts. Er renommiert, säuft und angelt. Er scherzt sich durchs Leben, seine natürliche Bonhomie zur Geltung bringend, bis er in einer Anstalt landet. Ihn porträtiert Falke mit gleichsam verdutzter Sympathie und wachsendem mitleidigem Befremden. Die Zentralgestalt, die Mutter, mißrät ihm zum Klischee: ihre Tugend, ihre Trauer schließen alle Wirklichkeit aus. Er polstert poetisch ihr Elend. Sich selbst verschont er nicht. Sein Knabenbildnis hat schwächliche, auch unangenehme Züge, der Jüngling im Hamburger Buchladen und hernach in einem Städtchen im Harz treibt in störrischer Sanftmut dahin, seine Liebeleien sind fromm gesäuselt, und der Einbruch von Sinnlichkeit wird wortreich kaschiert. Plötzlich jedoch – man hat sich an die herzliche Gleichförmigkeit des

Stils gewöhnt – reißt die Szenerie auf, die Sätze werden hart und scharf, und man sieht den Buchhandlungsgehilfen betrunken in einem Freundeskreis, seinen ganzen Abscheu (aus Liebeskummer, Einsamkeit und Armut) ihnen ins Gesicht schleudernd; eine Duellforderung ist die Folge, sie kann umgangen werden, nicht aber die stumme Aufforderung der Stadt, sie zu verlassen, damit die Gemütlichkeit wieder einkehre.

Falke wird Klavierlehrer in Hamburg, er war es 26 Jahre lang, bis ihn die Stadt Hamburg 1903 mit einem Ehrensold auszeichnete. Langsam schaffte er sich hoch, die ersten Gedichtbände bringen ihm Anerkennung, nun schreibt er auch, des Geldes wegen, Romane, er hat geheiratet, die Familie wächst. Schmerzte ihn seine alle Höhen kappende Zufriedenheit nicht? Zog ihn der Freisinn Liliencrons nicht an? Er hält alle Schatten von sich, um eines bescheidenen Lichtes willen, das er mühsam in seinen Besitz gebracht hat und in dessen Schein sein Leben schließt: »... kleine, bescheidene Feder, die sich nie groß gedünkt, die aber immer in Liebe, Zärtlichkeit und Dank getaucht war ...«

Hat er sich selbst dieses schmale Glück vorgelogen und es, dem Geschmack der Zeit folgend, nachgeschrieben? Dieses Buch widerlegt einen derartigen Verdacht. Zwar hat er sich durchbeißen müssen, aber stets auf einem Terrain, das bürgerlich ausstaffiert war, nie »tief unten«. Er war dem bürgerlichen Ritual verpflichtet, das ihn dazu nötigte, die kleinen Worte der Rebellion vorzuziehen: nur so konnte er zurückfinden in den behaglichen Anstand, der seine Heimat gewesen war. Er wollte nicht verlorengehen wie sein Stiefvater, der ihn, ausgebrochen aus der Anstalt, zerlumpt und entstellt, in Hamburg besucht (es ist eine der eindrucksvollsten Partien des Buches): »Ich aber – mußte den Kampf zwischen Sehnsucht und Pflicht weiterkämpfen.«

Einfach wäre es, dieser Literatur zu bescheinigen, sie lebe aus zweiter Hand. Falke war gefesselt. Vielleicht wußte er es, vielleicht begnügte er sich darum so ausdrücklich. Die zweite Hand war für ihn die erste. Er hatte sich entschieden. Und das schenkt seinen Lebenserinnerungen die Würde, um die er zeitlebens rang.

Liliencron wollte kommen. Wir hatten uns nach seinen Gedichten und vor allem nach seinem ›Mäzen‹ ein Bild von ihm gemacht: Besitzer von neunundneunzig Gütern, unermeßlich reich, Aristokrat, Offizier, groß und breitschultrig, und wir sahen nach dem Wagen aus, in dem er vorfahren würde, vielleicht vierspännig.

»Wenn er sich nur vorher anmelden würde«, meinte meine Frau, der ein so hoher Besuch doch einige Beklemmungen machte. Auch ich war nicht ohne Bedenken. Wie würde er sich geben? Würde er sein wie seine Briefe, seine Bücher? Wir hatten schriftlich manches vertrauliche Wort gewechselt; würde ich nun dem reichen Freiherrn gegenüber mündlich denselben Ton finden?

Eines Tages, als wir von einem Spaziergang zurückkehrten, fanden wir auf dem Fußboden seine Visitenkarte; er hatte sie unter die Tür geschoben.

Detlev Freiherr von Liliencron; darüber die Freiherrnkrone.

Auf der Rückseite aber stand mit Blei in seiner großen energischen Handschrift: »Komme morgen wieder.«

»Weißt du – eigentlich bin ich ganz froh«, sagte meine Frau. »Nun können wir uns doch wenigstens etwas vorbereiten. Aber hoffentlich kommt er nicht nachmittags, wenn du nicht zu Hause bist. Das wäre schrecklich! Auf keinen Fall empfange ich ihn allein. Dann mußt du zu Hause bleiben.«

»Das geht doch nicht, Schatz.«

»Dann gehe ich auch aus oder schließe einfach ab.«

Es half mir nichts, ich mußte ihr versprechen, daheim zu bleiben. Am anderen Tag warteten wir von Stunde zu Stunde, aber er kam nicht. Als wir uns jedoch gerade vor unsere Mittagsuppe setzten, klingelte es.

»Das ist er!« rief meine Frau, und ein komisches Entsetzen malte sich in ihrem Gesicht.

Es klingelte zum zweitenmal.

»Soll ich die Suppe wieder hinausbringen?«

Aber da hatte das kleine Morgenmädchen schon geöffnet; eine schnarrende Stimme wurde auf dem Korridor laut, kurz, offiziersmäßig, ein Scharren und Schnüffeln – die Tür wurde geöffnet, und herein schoß ein kleiner, gelber Teckel, an einer Leine festgehalten.

Ich ging dem Besuch ein paar Schritte entgegen.

Er streckte uns beide Hände entgegen.

»Entschuldigen Sie, gnädige Frau, wenn ich Ihnen in die Suppe falle. – Männe, willst du! Aber lassen Sie sich nicht stören. Bitte, ruhig Ihre Suppe zu essen. – Männe!«

Der Teckel schoß unter alle Stühle und rumorte entsetzlich umher, während sein Herr vergeblich an der Leine zerrte.

Das war also der Freiherr von Liliencron! Ein kleiner, hagerer Mann in langem Lodenrock, der ihm bis auf die Füße fiel, mit einem kleinen, grünen Hute, den er unter den linken Arm geklemmt hatte, und mit einer hellen, krähenden Stimme.

Ich lud ihn ein, abzulegen, aber er wehrte ab.

»Nein, nein, ich will gleich wieder gehen. Sie sollen Ihre Suppe essen. Kartoffelsuppe? Herrlich! Herrlich!

Kantüffelsupp', Kantüffelsupp',
Den ganzen Tag Kantüffelsupp'!«

Er legte nicht ab, nahm keinen Stuhl an, drückte uns nur wiederholt die Hände und nannte mich: »Mein Poet.«

»Wann treffe ich Sie morgen zu Hause?« fragte er.

»Zu jeder Stunde bin ich für Sie da«, antwortete ich.

»Vortrefflich! Dann hole ich Sie ab zu einem Spaziergang. Gnädige Frau erlauben, daß ich Ihren Herrn Gemahl entführe. Um vier Uhr? Ist Ihnen das recht?«

Ich bejahte.

»Aber nun die Suppe, die Suppe! Männe! Willst du her!«

Ein Handkuß, ein Händedruck, und draußen war er. Und die Kartoffelsuppe war noch heiß.

Wir sahen uns an und lachten.

Ich hatte mit einer gewissen Enttäuschung zu kämpfen. Ich hatte mir ein Bild von ihm gemacht, so stolz, so edel, wie nur ein begeisterter Backfisch sich seinen Ritter träumt. Und dieser kleine, hagere, quecksilberne Mann mit der krähenden Stimme entsprach so gar nicht diesem Bilde.

Am anderen Tag trat er in derselben turbulenten Weise bei uns ein; nur seinen Teckel hatte er zu Hause gelassen.

Ein Handkuß, ein »gnädige Frau«, und eins zwei drei hatte er mich meinen vier Wänden entführt.

Er äußerte den Wunsch, nach der »blauen Brücke« zu gehen, die hinter Horn über die Bille führt. Hier liegt jenseits eine Reihe alter Patrizierhäuser, Sommerwohnungen, in dunklen, verträumten Gärten, die wollte er wiedersehen; er sei früher viel dort spazieren gegangen und liebe diese Gegend. Ich vernahm zum erstenmal, daß er schon früher in Hamburg gewohnt habe und hier durchaus nicht fremd sei; ja es zeigte sich bald, daß er besser Bescheid wußte als ich selbst.

Die Natur lag noch im Winterkleid. Die Bille war zwar frei von Eis, aber der Erdboden war hart gefroren, und auf den kahlen Feldern und auf den Wegen und an den Gräben lagen Reste schmutzigen Schnees. Es war aber eine stille, klare Luft, in der sich gut spazierte, und wir wurden bald warm vom Gehen und Sprechen.

Was war er für ein prächtiger Erzähler! Er erzählte von Conrad und Bierbaum, den er seinen Otto Julius nannte, von Max Halbe, vom Liederkönig Hugo Wolff, von Karl Henkell und Conradi, »diesem ganz

Genialen«, die ich alle aus ›Der Gesellschaft‹ schon kannte, und führte mich in einer halben Stunde durch die ganze moderne Literatur.

Ich hatte Muße, sein Gesicht zu studieren, das mir, je länger ich es ansah, immer schöner erscheinen wollte: das feste, energische Kinn, die hübsche Nase, die wunderbarsten Augen, die einmal aufblitzten und ein andermal wie hinter trüben Schleiern versanken. Als wir an den winterlichen Gärten hingingen, wußte er mir von den dunkel und einsam daliegenden Häusern allerlei zu erzählen; von einem kannte er den Namen des einstigen Besitzers, an ein andres wußte er eine Anekdote anzuknüpfen, ein drittes begeisterte ihn zu einem Loblied auf das Empire, und ein viertes schien er bei einem persönlichen Besuch bis in alle Räume kennen gelernt zu haben.

»Sehen Sie!« rief er und faßte mich am Arm. »Dort das Zimmer rechts im Erdgeschoß! Sehen Sie's? Neben den schwarzen Zypressen? Da starb sie.«

»Wer?«

»So ein süßes Mädel, wie sie war«, fuhr er fort, ohne auf meine Frage zu achten. »Augen, wie der Abendstern, und so ganz kleine weiße Hände. Und küssen konnte sie!«

Es schien mir indiskret, weiter nach diesem süßen Mädel zu fragen; ich starrte auf das stumme Fenster neben den schwarzen Zypressen, und Haus und Erzähler kamen mir rätselhaft, wunderlich vor. Was mochte er alles erlebt haben?

Bei einem anderen Landhaus, dessen Winterschlaf zwei Bronzelöwen zu bewachen schienen, rief er: »So müssen wir Dichter wohnen! Statt dessen lassen sie uns hungern! Zweimalhunderttausend Mark jährlich. Der Teutsche rauft sich ja wohl die Haare aus. Waas? Tweemalhunertdusend Mark? Kartoffeln sollt Ihr fressen und uns unsere Geburtstagskarmen dichten!«

Ich lachte. Er aber fing ernsthaft an zu prophezeien: »Passen Sie auf, passen Sie auf! Es kommt! Conrad zeigt es ihnen, dieser Riese, dieses Genie!«

So ließ er seinem Temperament die Zügel; ich konnte ihm nur staunend zuhören, und mir war wunderlich zu Sinn.

War das der Dichter, dessen Verse mich so im Innersten gepackt hatten wie nach Goethe noch keiner? War das Timmo Boje Tetje aus dem ›Mäzen‹, der glückliche Erbe Wulff Gadendorps?

»Sehen Sie, dort, das einsame Bäumchen auf dem Deich? Ist es nicht rührend?«

Ich hatte kaum Zeit hinzusehen, als er schon wieder rief: »Falke, Falke!« Er stieß mich mit den Ellenbogen in die Seite. »Haben Sie gesehen, was die lütje Deern für Augen machte? Die liebt Sie jetzt.«

›Verrückter Kerl!‹ dachte ich denn doch respektlos und lachte. Die Kleine, ein flachsblondes Arbeiterkind, die uns im Vorübergehen angeschielt hatte, kicherte hinter unserem Rücken. Er drehte mich um: »Ist sie nicht entzückend?«

Ich fand es keineswegs, widersprach aber nicht.

»Ihre herrliche Frau! Was hat sie für gütige Augen!« sagte er unvermittelt.

So sprang er von einem aufs andere, und als wir uns nach drei Stunden in der Nähe meiner Wohnung trennten, hatte ich einen wirren Haufen von Eindrükken und Stimmungen empfangen, ohne daß ich eigentlich etwas Rechtes in der Hand hielt; nur die Empfindung hatte ich, daß wir uns näher gekommen waren und daß ich ihm gefallen hatte. Eine Einladung, den Tee bei uns zu trinken, hatte er abgeschlagen; er wolle diesen Abend eine Wohnung in Altona mieten und erst noch ein paar Minuten bei seinem alten Vater vorsprechen, der hier ganz in der Nähe in einem alten Patrizierhause wohne.

»Nun?« fragte meine Frau, als ich etwas ermüdet wieder bei ihr eintrat.

»Ein wunderlicher Mensch«, sagte ich. »Aber höchst interessant. Und wir sind schon gute Freunde.«

Sie wollte mehr wissen, und ob er denn nichts von sich selbst erzählt habe. Aber ich konnte ihr nichts mitteilen, als daß er ganz in unserer Nähe in einem alten Patrizierhause einen Vater wohnen habe und daß er sich in Altona eine Wohnung mieten wolle.

»Dann ist es doch wohl nichts mit seinen Gütern?« meinte sie.

»Die liegen wohl im Monde«, sagte ich.

PS: Auch der Lyriker Falke wird nun schon von den Anthologisten übersehen. Sein Name verschwindet wie die flach eingeritzte Schrift auf einem Grabstein. Ob dem eine Neuausgabe seiner Erinnerungen abhelfen könnte? Ich zweifle daran.

Ludwig Derleth
Auswahl aus dem Werk

In Thomas Manns ›Doktor Faustus‹ erscheint, in den Schilderungen der Münchner Gesellschaft, ein eigenartiger, von Prophetien gerüttelter Mann mit Namen Daniel zur Höhe, »ein in geistlich hochgeschlossenes Schwarz gekleideter hagerer Dreißiger mit Raubvogelprofil ... seine Dichterträume galten einer in blutigen Feldzügen dem reinen Geist unterworfenen, von ihm in Schrecken und Züchten gehaltenen Welt, wie er es in seinem, ich glaube einzigen Werk, den schon vor dem Kriege auf Büttenpapier erschienenen ›Proklamationen‹ beschrieben hatte ... ›Soldaten!‹ schloß die Dichtung, ›ich überliefere euch zur Plünderung – die Welt!‹ ... Autor und Werk erfreuten sich ernstlichen Ansehens, und meine Antipathie gegen beide war ihrer selbst nicht so ganz sicher.«

Dieses halb mokante, halb ratlose Porträt meint den Dichter Ludwig Derleth, der in der Tat 1904 bei der Insel das Bändchen ›Proklamationen‹ herausgegeben hatte, der freilich – wovon dann bei Thomas Mann nicht mehr die Rede sein kann – ein ganzes Leben lang an einem einzigen, umfangreichen, sein Denken und Wünschen umschließenden Werk schrieb, dem ›Fränkischen Koran‹, der bis heute nicht vollständig erschienen ist, stets nur in »Fragmenten«, wie sie diesem romantischen Geist angemessen waren.

Es gibt viele Zeugnisse über ihn, nicht nur das widerspenstig-ironische von Thomas Mann. Hans Urs von Balthasar, Robert Boehringer, Carl Jakob Burckhardt, Friedrich Heer, Erwin Jaeckle, Theodor Lessing, Karl Muth, Karl Wolfskehl und Friedrich Wolters haben für ihn Zeugnis abgelegt, sein Werk zu deuten sich bemüht, Stefan George hat ihn in einem zweistrophigen Gedicht »abgebildet«. Die vor allem dem George-Kreis sich verpflichtet fühlende Castrum Peregrini Presse hat ihm 1958 ein überaus materialreiches Gedenkbuch gewidmet. Dennoch ist dieser wahrhaft katholische Autor zu einem allgemeineren Andenken nie gelangt.

Derleth, 1870 im fränkischen Gerolzhofen geboren, war

eine Zeitlang Gymnasialprofessor für alte Sprachen, ehe er, besessen von dem Traum einer epochalen Denkdichtung, seinen Beruf aufgab. In seinen frühen Jahren hatte er Umgang mit Stefan George, war befreundet mit dem Bildhauer Kolbe, wurde gefördert von Harry Graf Kessler, der Derleths erste Gedichte im ›Pan‹ publizierte. Die ›Proklamationen‹ schienen den jungen Mann in der literarischen Öffentlichkeit festzulegen: Eine durchaus George verwandte, aber aufs Wohl und Wehe der Kirche, der Ekklesia, fixierte Militanz, die dem Weltgeist unnachsichtig Rache schwor. Dies in einer bewegten, von barocken Vorbildern getragenen Sprache.

Noch hoffte Derleth, seine lodernden Aufforderungen würden ihm, gleich George (was ihn von George endgültig entfernte), »Jünger« zubringen. In denselben Jahren aber wandte er sich, enttäuscht, schon den unendlichen Rhythmen des ›Fränkischen Koran‹ zu, die ihn bis zu seinem Ende begleiteten. Er reiste viel. Seine getreuesten Begleiter waren zwei Frauen, seine Schwester Anna Maria und die Schwester des Bildhauers Ulrich, Christine, der er diktierte, und die er, mit 57 Jahren, in Rom heiratete. Von 1925 an lebte Derleth im Ausland, in Rom, in Perchtolsdorf bei Wien und, die letzten beiden Jahrzehnte seines Lebens bis zu seinem Tod im Jahre 1955, in San Pietro de Stabio im Tessin. Dort fand kaum mehr jemand zu ihm. Sein Werk wurde ihm zur reichen, unendliche Antworten gebenden, die Vergangenheiten raffenden Einsiedelei.

Es ist schwierig, den ›Fränkischen Koran‹ zu erläutern, da, wie gesagt, bisher nur Teile vorliegen und die »Auswahl« wohl ein Bildnis des Mannes gewährt, doch nur einen kärglichen Einblick in sein hypertrophes Oeuvre, dessen Vollendung er fast vierzig Jahre seines Lebens widmete. Die formale Variabilität des ›Fränkischen Koran‹ ist erstaunlich, sie bezeugt eine schöpferische Kraft des Erinnerns und eigensinnigen Verschmelzens in einen allem übergeordneten Plan.

Dieser Plan ist, die »sinnvolle Dramaturgie des Weltgeschehens« (worauf auch Walter Warnach in einer Interpretation hinweist) in einem ausholenden wie einholenden »Gedicht« (Prosa, rhythmische Prosa, Verse wechseln einander ununterbrochen ab) aufleuchten zu lassen. Das offenbart sich nicht allein im Handeln des Menschen, sondern in der Existenz von Landschaften, deren paradiesischer Grund in diesem Werk am stärksten spricht. Hier verliert sich alle die Poesie störende, für den Plan notwendige »Weltanschauung«:

> Der Garten schlummert
> berauscht von goldenem Honigseim.
> Schläfrig von der Pfeife des Pan
> auf einem Teppich von reifem Ährengolde
> liegt hier leibhaftig liebes Glück und blinzelt
> und sieht dich mit zyanenfarbenen Augen an.

Nicht, daß je in den ›Fränkischen Koran‹ der Geist des Traktates einzöge. Dazu war Derleth zu kämpferisch, seine Phantasie, seine Gedanken waren zu aufsässig. Was gelegentlich bestürzt, ist die ungeheuerliche Anhäufung von Mythologemen, ein Geröllhaufen der Geschichte, der unter den Augen des »Weltheilandes« keine Ordnung findet, philosophische wie poetische nicht.

Sieht man Derleths Werk innerhalb jener Versuche, den christlichen Glauben in die Literatur zu holen, dann erst wird seine Größe und Exzentrik deutlich: Da wird, was der Kirche im Lauf der Geschichte verlorenging, was die Jahrhunderte zerrieben hatten, in worttrunkener Gewaltsamkeit nachgeholt: Die Hoffnung auf einen neuen Himmel und eine neue Erde – Christus »blüht« nicht mehr in den Herzen der Christen. Die Erfahrung, die Derleth aufgibt, ist die der Mystiker, die der unmittelbaren Kommunikation. Er bereichert sie durch das Erlebnis einer sich an diesem Ereignis beschwingenden und regenerierenden Welt.

Warnach zitiert einen Satz aus dem 1946 in Bern veröffentlichten ›Tod des Thanatos‹: »Ich bitte euch im Namen des allbarmherzigen Gottes, daß ihr der armen, schönen, verschmähten Menschheit Jesu zu Hilfe ziehet und den König des Paradieses aus der Nacht seines Kreuzes in den blühenden Garten der Welt herabnehmet, in Balsam seine Wunden waschet, mit dem eigenen warmen Herzen aus der Kälte des Todes ihn erwecket, die Marterwerkzeuge austauschet in sichtbare Zeichen seiner überköniglichen Macht.« In der neueren evangelischen Theologie, bei Paul Schütz, finden solche Gedanken manche Entsprechung.

Der geradezu enzyklopädische Anspruch seines Werkes verliert sich im Fragmentarischen. Aus einem Meer von Nach- und Gegenklängen steigen hin und wieder kleine Inseln selbstverlorener Poesie. Sie zu finden, macht Mühe. Was an diesem Leben erstaunt, über literarische Kritik hinaus, ist das geschichtliche Exempel, das dem Willen zur Zeitentzogenheit widerspricht. Noch einmal, wie bei George, bricht der Symbolismus in unser Jahrhundert hinein, verschwistert sich mit den hysterischen Wachträumen Nietzsches und verliert seinen achtenswerten Kampf gegen eine Welt, die die Stigmata des esoterischen Einzelgängers nicht mehr erkennen kann. Was sie hinterlassen, ist Unruhe und Ergebung in kleinem Kreise; ob sie weiterwirken werden, wissen wir nicht.

Und da sie in die Einfriedung eines Gestütes traten, trug gerade der Sohn eines Karawanenführers ein Kameljunges vorüber, das eben zartflaumig und wollig aus dem Leib seiner toten Mutter geschält war. Und der Heilige wandte sich an seine Jünger und sprach:

Wie möchte das Leben seine unsterblichen Wege gehen, wenn es nicht von dem Stachel des Todes getrieben würde. Wenn es keinen Tod gäbe, dann gäbe es auch nicht dieses unbändige Ganze von Verwesung und ewiger Verjüngung, das in seinen Teilen wie in seinem Umfang unendliche, universale Bild der Erscheinungswelt.

Aus dem Leben hervorgegangen und unsterblich ist auch der Tod. Aber erst als der unlichte Gütige aus dem dunklen Schoße des Werdens trat, nahm er den Namen des Todes an. Keiner hat ihn gesehen, und doch reden die Menschen von ihm wie von einem Löwen, der in der Hürde des Lebens würgt.

Nur wer mit einem unsterblichen Auge das Trugbild des Todes überwindet, weiß, daß der Tod nur die zeitliche Beschränkung des Individuums aufhebt, nicht es selbst, nicht die ewig-zeugsame Natur des Menschen.

Im Lichte der universalen Analogien enthüllt sich ihm das Schicksal der Seele, er weiß, daß die gesteigerte Kraft jedes einzelnen Seelenkosmos stark genug ist, den Inhalt des Diesseits, das ganze ungeheure komplizierte Gewebe der geschichtlichen Begebenheiten in das jenseitige Bewußtsein hinüberzunehmen.

Und ich suchte die alten Zeiten zu erkunden und hörte, was die im Wanderflug der Jahre wachsende Sage berichtet und was kunstreiche Völker an schönen Erdichtungen der Nachwelt überliefert haben ... doch nie verstand man dem schmerzenden Übel zu gebieten, lehrte man nur die schwelende unterirdische Flamme zu verhehlen, wußte man nur die Wunde zu verbinden, aber nicht zu heilen.

Und vergebens habe ich nach dem Arzte gesucht,
der zur Ledigung des Leides, zur Heilung des Siechtums,
zur Überwindung des Todes gekommen ist.

Grausam schaltet der Tod
und verschont nicht den köstlichen Mischkrug
und verschüttet den Wein,
eh er die Schale zerbricht.

Ein Psalm zu singen unter dem Sternenhimmel,
wenn die Trompeten von der gefallenen Feste schmettern
und rings die Scheiterhaufenrosen aufglühn,
hingeworfen auf das Bahrtuch der Nacht:
Nicht einen Namensschmuck von kurzer Dauer

soll erhalten, wer fällt.
Ehre hat er genug,
daß seinen Plan dichte die Geschichte.
Ihm sinkt das schwere Leid,
und seine Tat geht leuchtend vor ihm her,
und seine Fackel trägt ihm vor der Tod,
wenn er den Weg zu dem Gerichte geht.
Caesi nobis.
Selig die Toten, die von Hohn, Sturm, Hunger, Unfällen, Niederlagen und Unbestand der Glücksgestirne ausruhen
im nicht abnehmenden Glanze des Ruhmes, den ihre Taten um sie gegossen haben.
Von edlen Frauen im Tode gewaschen und gepflegt zur Grablegung, wo im schicksallosen Hause von Lorbeer umgrünt die heilige Stille auf den Gelassen lagert.
Die erste Nacht im güldenen sakralen Raum der Krypta Venus Genitrix.
Der Leichnam in unzugangbare Steinwände der Granitberge eingelassen und geschlossen über der Menschenerde bei den Adlern.
Von unschädlicher Flamme getränkt und unversehrt in der hoffenden Seele, – so erwarten sie die Auferstehung.

Horch, Planetengsänge neuer Himmel
und neuer Erden!
Eines neuen Welttags Stunde schlägt in meinem Herzen.

Das Kleid der Sterblichkeit habe ich abgelegt.
Eure Toten mögt ihr in Mitternachtsvigilien betrauern.
Ich singe die Hochzeitshymnen meiner Unsterblichen.

Todesgötter behüten mich,
die Gefahr selber hat sich versöhnt und sieht mich an
goldig und warm wie zärtliche Tigermutteraugen.

Einsam und allein in der Wüste des Seins
bin ich der Löwe der unbetretenen Öde,
der Sphinx des Abends,
der seine goldenen Mähnen schüttelt,
vor dessen Brüllen
die Gestirne des Himmelsabgrunds zittern.

Es war an einer einsamen Stelle des Gartens. Ein erstarrtes Bild der Klage stand der Fels im grauen Wolkenschleier. Im Schatten einer Eibe schluchzte eine Quelle, und sie war schwarz wie das Wasser, in welchem Iblis sein Richtschwert wusch.

Da überkam mich die Furcht, als stünde ich an jener Scheide, die keiner überschreitet, der noch einmal am holden Licht des Lebens sich weiden will.

Und ich sah ihn selbst, des Lebens schwarzen Schergen, der gleich dem Diebe bei Nachtzeit kommt und heimlich die Schatzkammer des jungen Lebens bricht, vor dem auch Siegende sich fürchten, der flüchtende Scharen mit Sensen mäht.

Ungern gesehn und nie willkommen,
nicht zu beschmeicheln und nicht zu bezwingen,
den Göttern selbst verhaßt erscheint er,
unleidlich den Ewig-Leuchtenden
ein Löser der Einigungen, ein Verwüster Elysiums,
ein Zerstörer der Glanzwelten, ein Schnitter der Freuden,
ein Sämann bittrer Saaten.

Aus schattigem Rauche reckte sich das Gebild, und sein Auge, funkelnd und finster in düstrer Glut entglimmend, war dicht auf mich gerichtet. Mir war, als ob ein Spaten mir im Herzen schürfe. Da schrie es in mir:

»Brich nicht den zarten Blumenschaft, ich will nicht scheiden, eh sich mein Höchstes die süße Freude aus den tiefsten Wurzeln des Lebens trank. Ich habe nicht Zeit zu sterben.

Doch komme wieder, wenn mir dein Anblick frommt, und reiche mir den kühlen Heiltrank, der das Fieber des Lebens stillt, den süßen Mohnsaft, der in die Schale des Vergessens träufelt.«

Da schwand des schwarzen Eingangs schattenhafter Schließer gleich einem Nebelgespenst vor den Pfeilen der Frühe. Ein Nachtraubvogel entfaltete seine Schwingen über der verlassenen Stätte und flog den dunkelnden Wäldern zu.

Da war mir, als träte ein Seraph in saphirner Rüstung
mir zu Seite, und es hauchte über mich weg,
blies in die Schwüle der nachtgeborenen Gedanken
wie frischer Bergwind in die Glut des Föhns.
Die Tore des Ostens öffneten sich,
auf goldgeschirrten Rossen sprengte
durch die Dämmerung der junge Tag,
und über mir zwei Aare,
die des Hügels Felsenhaupt vorüberrauschten,
Und ich warf mich nieder,
heil und unbeschädigt erhob sich meine Seele im Gebete.

In der anderen Nacht war mir, als ob ganz nahe ein weißer Meeradler über mich hinwegschösse. Und da ich mich aufrichtete, sah ich den Fischer, der sinnend, gespenstisch nebelgrau und fahl auf den überhängenden Klippen saß, und Haar und Bart flatterten im Winde, der Rauch und Schaum und Schatten zu rascherem Laufe trieb. Und ich sah die endlos grauende Flut des Sansara, die Welle auf Welle Jahrhunderte in Jahrhunderte wälzt.

Schaum der Woge, Schaum der Welle,
keine Göttin stieg hervor.

Und dreimal hörte ich durch die Nacht die Stimme
so stark wie Ruf des Löwen durch den Felsengang:
»Was strickst du, Fischer in der Finsternis?«

Und dreimal hörte ich die Antwort:
»Ich stricke Netze, die den Tod erbeuten!«

PS: Mit Einzelgängern, beharrlichen Erkundern von Sackgassen haben wir uns stets schwer getan. Derleth bekam es schon zu Lebzeiten zu spüren. Es könnte aber sein, daß er, der Natur und ihren elbischen Wesen verfallen, heute auf mehr Verständnis stößt.

Rudolf Kassner
Buch der Erinnerung

Diesem Denker kann man verfallen. Aber er läßt es nicht zu, daß man dabei bleibt. So bewegt man sich, lesend, zu ihm hin und von ihm fort. Er entschlüsselt Rätsel und gibt neue auf. Er schreibt eine Sprache, die unendlich kraftvoll und wahrsichtig ist, die aber das Dunkel, die metaphorische Magie nicht scheut. Allmählich beginnt man zu erkennen, was man ihm verdankt: die Erklärung unseres eigenen Ausgangspunktes, des neunzehnten Jahrhunderts, das er in seinem bedeutendsten Buch beschwor, indem er die Schwächen des Säkulums aus der Fülle des Vorhergehenden begriff und seine Stärke in der entschiedenen Wendung ins Unvorhergesehene, Freie erkannte: Nach einem Zeitalter der Bindungen begann jetzt die Epoche der reflektierten Unbehaustheit. Lange vor den klagenden Apologeten dieses Zustandes hatte er das, klaglos und gerecht, niedergeschrieben.

Kassner ging ins Vergangene, ohne daß er dem Heimweh nachgab. Das unterschied ihn von allen anderen: er gewann Neues hinzu und schenkte dem Alten die Form, die ihm gebührte. Seine kulturphilosophischen Schriften allein würden als Ausweis seiner Einzigartigkeit genügen. Doch gab er der Psychologie eigenwillige Impulse, als er seine Bücher über Physiognomik veröffentlichte. Und seine theologischen Denkbilder beunruhigten das Christentum. Er hat viel über den Begriff der Grenze philosophiert; nichts charakterisiert ihn mehr als dies.

Rudolf Kassner ist 1959 in Sierre im Wallis gestorben. Er ist alt geworden, 86 Jahre. Und er hat sein Dasein als Zeugenschaft aufgefaßt, was seine Essays an Gesichtern und Gesichten erfüllt. Kassner litt seit frühester Kindheit an einer schweren Lähmung, die ihn jedoch nicht daran hinderte zu studieren und später weit zu reisen. Bald sammelten sich Freunde um ihn; nicht wenige hielten (und halten) ihn für den umfassendsten Geist seiner Epoche. So wäre leicht zu vermuten, daß er in lehrender Strenge erstarrte. Doch Kassner vermochte zu spielen: sein Denken bedurfte eines hingegebenen Spielsinns (er liebte, vor allen anderen, Lawrence Sterne). Das hebt seine Gedanken in eine befreiende Heiterkeit. Und eben darum auch, nicht weil sie ihn ganz umfangen hielt, beschrieb er oft die für ihn vielgestaltige Melancholie.

Rilke hat ihm die achte Duineser Elegie gewidmet; Kassner hatte wohl als erster die gedrängte Projektion von Hofmannsthals ›Andreas‹ zu werten verstanden. In seiner Jugend, die er in Wien verbrachte, hatte der mährische Großbürgersohn mit Houston Stewart Chamberlain verkehrt, und ihn hat er später mit kritisch-gerechter Gelassenheit porträtiert. Wie sich Kassner überhaupt in seinen beiden Erinnerungsbüchern – dem ›Buch der Erinnerung‹, das 1954 in veränderter zweiter Auflage bei Rentsch in Zürich herauskam, und dem ›Umgang der Jahre‹, 1949 – als ein mitreißender Menschenschilderer erweist.

Nie verwischt die erinnernde Emphase die Konturen, nie beschönigt seine Güte, aber nie auch gibt er seiner Schärfe so sehr nach, daß sie das Bildnis auflösen könnte. Er ist, auch sich selbst gegenüber, von unerbittlicher Aufrichtigkeit. Diese Haltung bestimmt schon die ersten Stücke seines ›Buches der Erinnerung‹, wo er sich in seine Kindheit versenkt und die Gestalten entferntester Vergangenheit ruft. Die »Legende« von den acht Brüdern Kassner wird mit alttestamentarischer Bitternis und Ungerührtheit erzählt.

Kassner berichtet von den Mythen der Kindheit, den Träumen, Gerüchen, Figurenfluchten und den ausweglosen Ängsten ohne die Überheblichkeit des Gereiften. Er versetzt sich zurück. Was er jetzt, da er schreibt, weiß, ist die Vielschichtigkeit und Zwiespältigkeit der Seele. Solche Erfahrung redet unaufdringlich mit.

Dilthey oder Treitschke sind mir durch die Medaillons Kassners gegenwärtiger geworden. Er hat beide Gelehrten nicht gemocht. Die physiognomische Analyse Diltheys ist von kalter Klarsicht: für Kassner war »Gesichtsausdruck« wahrhaftig Ausdruck, Ausprägung eines Ganzen. Seine natürliche Würde hütete ihn vor Fahrlässigkeiten oder bloßer Boshaftigkeit. Retuschen jedoch nahm er niemals vor. Über die Duse und über Rilke hat er mehrfach geschrieben. Die Schauspielerin war für ihn ein Wesen des Äußersten; was er bewunderte, war ihre Gabe, das Extrem zu fassen, wie ohnedies die Fassung einer Gestalt ihm überaus wichtig war; in anderem Maße war sie für ihn auch bei Rilke bestimmend.

In keinem der Stücke spricht sich Kassner so bekennend aus wie in der Widmung an die Prinzessin Maria von Thurn und Taxis-Hohenlohe, deren Gast, auf dem mährischen Schloß Lautschin, er häufig gewesen war. In ihr spiegelt sich ihm wesenhaft ein untergehendes Europa, das er geliebt hat, dem er nicht nachweint. In ihr bildet sich ihm, der er selbst ein Kind der österreichischen Monarchie gewesen war, unverkennbar der habsburgische Geist aus, der im Adel international und polyglott gewesen sei, durchs Höfische jedoch ans Land gebunden. Kassner meint das Höfische des Goetheschen Tasso, von dem her die Beziehungen des Adels zur Kunst einzusehen seien. Solche Bemerkungen werden mit derart traumwandlerischer Sicherheit gesetzt, daß man vor ihrer blitzenden Genauigkeit einen Moment lang erschrickt.

So hat Kassner immer wieder seine Freunde (und nicht nur sie, auch die Epochen, die historischen Gestalten, die er beschrieb) gesehen: eingebettet in ein System von zeitlichem Zuspruch und Widerspruch, getragen von Bilderströmen, und endlich: die Gestalt für sich, sie wiederum eingeflochten in alles Beschworene, dessen Magie er zu erläutern verstand.

Es gibt Bücher, die im Leser einen Platz eingenommen haben, der von nichts bestritten werden kann; die mit einem wachsen. Kassners ›Buch der Erinnerung‹ und sein ›Neunzehntes Jahrhundert‹ zählen für mich dazu. Sie haben etwas zutiefst Unanfechtbares, weil sie alle Anfechtungen ihres Autors in sich bewahren als das Grundmuster, auf dem Gedanken sich erhärten. Wer diesen Geist kennenlernen will, der soll bei seinen ›Erinnerungen‹ beginnen. Dort spricht er mit jener poetischen Anschaulichkeit, die in seinen philosophischen Schriften sich verlieren kann unter der ungeheuren Anstrengung, die Fülle der Gedanken im Satz zu bändigen. Aber auch da sind die Gewaltsamkeit, die Dunkelheit, das Dröhnen der Wörter nichts anderes als das Produkt eines unbedingten Charakters.

Es wird behauptet, was manchem vielleicht einen Trost bedeuten mag, daß wir uns heute in einem Zustand der Krise befinden, der vorbeizugehen pflege. Da aber im Begriff der Krise nichts über deren Dauer enthalten ist, so darf es nicht als ausgeschlossen gelten, daß wir durch einige Jahrhunderte nicht aus ihr herauskommen. Und so bliebe dann nur noch die eine Frage zur Beantwortung offen, ob ein solcher Dauerzustand überhaupt noch Krise genannt werden dürfe, deutlicher: ob darin nicht nur alte Typen ausgestorben erscheinen, sondern auch Ansätze zur Bildung neuer sich aufweisen ließen, denn das sichere Kennzeichen einer geschichtlichen oder gesellschaftlichen Krise bleibt der Untergang alter und die Geburt neuer Typen. Je schwerer sich eine solche Geburt vollzieht, oder auch: je undeutlicher sich die neuen Typen unserem Sinne darbieten, um so länger, möchte man sagen, werde eine Krise dauern.

Innerhalb des verhältnismäßig sehr engen Zirkels, den in Europa die sogenannte Gesellschaft bildete, hat es zwei Erscheinungen, Typen, gegeben, die heute im Aussterben sind. Erstens den Mann von Welt, wie er genannt wurde, ein Produkt des 18. Jahrhunderts, das den *honnête homme* des 17. abgelöst hat. Was soll auch dieser Mann von Welt im Zeitalter des Radio und der Flugzeuge? Mußte *Welt* nicht dem zweifellos umfangreicheren *Kosmos*, der geruch-, geschmack- und auch gottlos ist, nur mit etwas Benzingestank hier und dort, geopfert werden? Zweitens, mit dem Mann von Welt eng verbunden, die große Dame. Davon dürfte es in Europa nur noch sehr wenige Exemplare geben. Auch sie ist dem Untergang geweiht, da Schutzgebiete innerhalb des Gesellschaftlich-Sittlichen nun einmal nicht abzustecken sind.

Jede Erscheinung ist bedingt, und der Reiz, der Zauber, die leichte Form einer solchen liegt darin: alle

Bedingungen mühelos zu tragen und somit zu erfüllen. Es hat sicherlich niemals etwas Bedingteres gegeben als eben den Mann von Welt oder die große Dame. Und einer Epoche wie der unseren, die das Abschieben und Abwälzen mit großer Virtuosität zu handhaben weiß und in gegebenen Fällen dem Geheimnis die Anonymität vorzieht, mußten beide fremd bleiben oder darin ihre Wurzeln verlieren.

Marie von Thurn und Taxis, geborene Prinzessin von Hohenlohe, deren Erinnerungen an Rainer Maria Rilke ebenso wie die an die eigene Kindheit und Jugend einen großen Leserkreis schnell zu gewinnen wußten, war zunächst einmal das, was man eben große Dame nennt, sie war es im eminenten Sinne und hat wohl auf alle Menschen, die ihr nahekamen, als solche gewirkt. Als Österreicherin jenes größeren Österreichs, das durch den Weltkrieg zerstört wurde und trotz politischen Unzulänglichkeiten, ja vielleicht gerade darum als deren Begleiterscheinung, mehr Typen auszubilden verstand als irgendein anderes Land in Europa, ja darin, in der Typenbildung, einen unverkennbaren Segen anzeigte für den, der Österreich so sah, wie es wirklich war, wurde sie in Venedig geboren, als es noch zu Österreich gehörte. Diese Tatsache, ferner die Jugendjahre in Duino, Sagrado und im Toskanischen, die enge Verbundenheit durch ihre Mutter aus dem Geschlechte der della Torre, welches Aquileja seine Patriarchen und Mailand eine Reihe von Herzögen gegeben hatte, mit dem Hof des Grafen von Chambord, auch die Beziehung zum Rom Pius' IX. durch ihren Onkel, den Kardinal Hohenlohe, haben ihr Wesen mehr bestimmt als später Wien oder die »böhmischen Wälder«, wie sie sich gerne ausdrückte. Italien war ihr nicht wie sonst Deutschen Sehnsucht und Flucht, sondern Erinnerung. Ich denke der Stunde, da ich an ihren Krankenstuhl auf der unvergleichlichen Terrasse des Lautschiner Schlosses herantrat, um mich nach ihrem Befinden zu erkundigen – es war wenige Jahre vor dem Tode –, und sie mir zur Antwort gab, sie habe schon den ganzen Morgen nur einen einzigen Gedanken, und dieser Gedanke sei Geschmack, Geruch, Gefühl, Erinnerung, Sehnsucht und Seligkeit, alles, alles zusammen: die Weintrauben im Herbst an der Ziegelmauer in Sagrado, da sie ein Kind gewesen, und dazu der Geruch der Lorbeerbüsche mit der Sonne darauf und der von brennendem Holz. Das alles habe ihr so deutlich ihre Kindheit zurückgebracht, daß sie nur noch eines daneben zu fühlen vermöge, die Angst, sich aufwachend davon trennen zu müssen. »Und sehen Sie, das ist das Glück, das ist wirklich das Glück. Es gibt kein anderes.«

Sie sagte das mit großer Leidenschaft, mit einer gewissen Heftigkeit und jähen Eindringlichkeit.

Zur »Welt« in dem eben angegebenen Sinn gehört wesentlich Geschmack, gehört der Geschmack als Bestimmung. Wo Welt wirklich vorhanden ist oder im Augenblick herrscht, stellt er sich ganz von selbst ein und kann gar nicht entbehrt werden. Das 18. Jahrhundert hat beide kreiert, eben weil sie zusammengehören und das eine ohne das andere nicht zum Vorschein gekommen wäre.

»Doktor, Sie werden zugeben, daß Ibsen da und dort sehr geschmacklos sein kann«, sagte sie mir einmal zu einer Zeit, da es nicht an Leuten fehlte, die den norwegischen Dichter neben Shakespeare stellen zu dürfen meinten. Vielleicht neigte ich vor mehr als einem Menschenalter auch zur Ansicht, daß man für das »Tiefe« oder »Sublime« oder wie immer man das nennen wolle, was bei jungen Menschen damals einen so starken Eindruck hinterließ, Geschmacklosigkeiten wie etwa die Wildente auf dem Dachboden der Werleschen Wohnung und der dort nach Kaninchen jagende alte Leutnant Gregers Werle und so weiter hinnehmen müsse. In Wirklichkeit sind sie nicht nur nicht oder nur mit Widerwillen hinzunehmen, sondern der unmittelbarste Ausdruck von etwas sehr Konstruiertem, Zusammengedachtem, ja Krudem und ein Zeichen dafür, daß wohl eine außerordentliche Kenntnis des Theaters, ja eine sehr ausgesprochene Gerissenheit im Verkehr mit dem Publikum und sehr viel weniger Welt im Großen oder Kleinen vorliege, als man damals meinte. So viel zum Zusammenhang von Welt und Geschmack.

Indem Marie von Thurn und Taxis für den Geschmack eintrat, tat sie es nicht aus Ziererei oder Ästhetizismus, sondern aus Weltgefühl.

Das Bürgertum im alten Österreich der zweiten Hälfte des 19. Jahrhunderts war liberal, der Adel hingegen in seinen besten Vertretern mehr oder weniger international. Doch war dieses Inter- oder Übernationale durch das Höfische gebunden, wodurch es sich etwa vom russischen Internationalismus unterschied. Bei Marie von Thurn und Taxis war das Höfische völlig natürlich und angeboren. Es hätte sie, will das sagen, niemals in einen Gegensatz zum Natürlichen, zum Natürlich-Menschlichen bringen können. Was auch damit zusammengehen mag, daß ihre Beziehung zur Natur ganz und gar die des südlichen Menschen war, Genuß von Farbe und Linie, ein Geschmack von den Dingen, und nicht aus dem Gefühl der Distanz und Entfremdung des Städters oder Bürgers kam. So hatte sie kein Organ für Rousseau, für dessen Bedeutung in der Geistesgeschichte, für dessen großartige Rhetorik, sondern spürte in ihm immer nur das Lakaienhafte, die nicht zu verdeckenden Bas-fonds von Gewöhnlichkeit, welche dadurch, daß er sie da und dort eingesteht, keineswegs verschwindet. Von deutschen Erzählern liebte sie am meisten Eduard von Keyserling, dessen ›Schwüle Tage‹ in ihrer Übersetzung in einer der großen französischen Zeitungen erschienen sind.

Von hier aus, sagen wir es so: vom Höfischen, genauer: vom Höfischen des Goetheschen ›Torquato Tasso‹ ist ihre Beziehung zur Kunst einzusehen, die etwas sehr Lebendiges, Wesenhaftes war. Rilke schreibt kurz nach dem Weltkrieg in einem seiner Briefe an gleichgültig wen – der Brief war nicht an die Fürstin gerichtet, auch nicht an mich –, daß er, daß die Menschen jetzt, da der Weltkrieg einmal geschehen, nicht mehr so nach Venedig werden gehen können wie vor dem Kriege: um des Schönen willen oder um damit sich selbst und das Schöne vom anderen, das sie zu Hause gelassen, herauszuheben. Das habe, so will der Satz, den ich nicht zu zitieren vermag, da mir der Brief nicht mehr vorliegt, verstanden werden, von nun an aufgehört, das werde nie mehr wiederkehren, es dürfe in aller Zukunft nichts mehr isoliert oder in seiner Isoliertheit hingenommen und genossen werden, alles gehöre zusammen, das Häßlichste und das Schönste, jetzt nach dem furchtbarsten Erwachen. Nur dieses sei jetzt da und liege über den Menschen, und daneben gelte kein Ziel, kein Ideal, keine Absonderung im Namen eines besonderen Zieles oder Ideals. Auf mich hat dieses Aperçu Rilkes Eindruck gemacht. Ich fand darin etwas von dem Grundgefühl der ›Duineser Elegien‹ wieder, die, vor dem Weltkrieg begonnen, erst nach ihm vollendet werden konnten.

Die Fürstin aber wollte den Satz Rilkes, den ich ihr vorlas, nicht recht gelten lassen. Ihre Welt war, wie gesagt, die Welt des Goetheschen ›Tasso‹, und hinter dieser steht im Glanz goldiger Luft die Welt Platons mit ihren Antithesen von Schönheit und Wahrheit, von Dichter und Leben, mit der Schönheit als dem ewigen Erlebnis der Seele, was alles auch durch das furchtbarste Zeitereignis nicht geändert werden könne.

Sie wußte den halben Dante auswendig, viel von Petrarca, von Torquato Tasso, Racine. Dichtung war für sie etwas Gegebenes, durch Einflößung Mitgeteiltes, die Seele Erziehendes, ein Kanon der Seele, möchte man sagen. Mit dem, was darin Erlebnis genannt wird, mit dem Humor oder der Ironie des Modernen, mit dem an den Grenzen Schwebenden, nur an den Grenzen sich Behauptenden alles Dichterischen von heute wußte sie nicht viel anzufangen. Darum war sie auch dem eigentlich Lyrischen mehr zugetan als dem Dramatischen und wollte nicht recht das durchaus Ungenügende solcher Dramen wie der ›Gioconda‹ oder der ›Francesca da Rimini‹ des d'Annunzio einsehen, worin die Handlung zwischen den Reden der Personen vor sich geht und vom Lyrischen erstickt wird.

Beides war in ihr stark entwickelt: das Gehör und das Gesicht. Durch beide Kanäle wußte ihre Seele Freude und Entzücken einzuziehen. Wir haben einmal die ganze ›Divina Commedia‹ italienisch zusammen gelesen in einem meiner vielen Lautschiner Sommer. Ihr Gefühl für das Wort, für dessen Fleisch und Haut, für jede Nuance der Vokale und Konsonanten war erstaunlich. So konnte sie Racine so genießen, wie es sein soll: Vers für Vers, Wort für Wort, Silbe für Silbe. Ich glaube, ihrem Auge waren die meisten Bilder in den Galerien Europas mit allen Farben immer gegenwärtig. Menschen, bei denen Auge und Ohr ganz zusammengehen, zeichnen sich durch die männliche Einbildungskraft aus. Bei Marie von Thurn und Taxis ist es bei dem mehr weiblichen Enthusiasmus geblieben, der ihr im höchsten Grade eignete und die Stelle der schöpferischen Imagination einnahm.

PS: Sicher ist Kassner kein Autor, der viele erreicht. Aber er hat beharrliche und verständige Leser. Seit einiger Zeit erscheint sein vielbändiges Gesamtwerk.

Robert Walser
Gedichte

Allmählich sammeln sich Freunde um das Werk des Schweizer Poeten Robert Walser; bei Kossodo erscheint, nun unter der Federführung Jochen Grevens, die Gesamtausgabe: die geliebten Kleinen Stücke, Worthauch, Spazierstocketüden, auch die Romane ›Geschwister Tanner‹, ›Jakob von Gunten‹ und ›Der Gehülfe‹. Martin Walser hat unlängst über ihn geschrieben: voller begreifender Zuneigung, wie über einen viel älteren Bruder, den die Familie mißverstand – ein schwarzes Schaf, das sich weiß geschrieben hat. Nur über die Gedichte Robert Walsers wird wenig gesprochen, sie hat die wiederentdeckende Liebe noch nicht erreicht.

Walser selbst hat es gewußt. Auf einem seiner Spaziergänge mit Carl Seelig klagte er, daß man seine Verse übersehe, daß sie sich, fürs allgemeine Urteil, im Schatten Hesses hielten, obwohl es damals schon Fürsprecher gab. Ich denke an das ausführliche, freundschaftlich werbende Vorwort Seeligs zu dem Band ›Gedichte‹, der 1944 im Verlag Benno Schwabe, Basel, herauskam. Walser war da schon seit 11 Jahren Insasse der Nervenheilanstalt Herisau und blieb es bis zu seinem Tode im Dezember 1956. Er hatte aufgehört zu schreiben, doch er hing an seinen Büchern, bejammerte ihr ungerühmtes Schicksal, und manchmal schien es, als wolle er sich noch einmal aus der erduldeten Öde aufschwingen, um sich in der Arbeit wiederzufinden.

Seelig zitiert das Gedicht »Was fiel mir ein?«, das kurz vor dem dauernden Dämmern entstand. Ich kenne kein Gedicht, das so hellsichtig von seinem Schöpfer Abstand nimmt wie dieses. Nicht der, der schreibt, weiß, daß ihm die Wörter für immer entgleiten werden, sondern sein Gedicht sagt es ihm. Die Unsicherheit verwörtlicht sich zum gelassenen Abschied. Die Zeilen schmerzen, weil sie nicht geschrien, frei von jeglicher Theatralik sind. Sie reden in sich hinein:

> ... Wie kühl ist mit der Zeit das Herz
> Mir geworden. Habe ich den Schmerz vergessen,

Der eigentlich das Sonnigste des Lebens ist,
Woran ich mich erquickte, wie ich noch an keinem
Vergnügen hing? Wann ging die feine Stäubung
Dem Schmetterling in mir verloren?
Wann fing es an, wann, wo begann, was mich
Entfärbte? Weshalb war's mir eines Tages nicht
Mehr möglich, süß um sie zu sterben, so
Wie Liebende den blumenduftenden
Tod verstehen? Sieht für mich nun alles wie
Entzaubert aus? Doch müssen nicht die Andern
Auch lieblos durch das lange Leben wandern?
Was fiel mir schönheitstrunk'ner Seele ein?

Mit der schließenden Frage ruft er die alten Gedichte auf, und wenn man sie liest, klärt es sich, von welcher Schönheit dieser Mann trunken war. Am aufgeplustert Schönen ging er vorüber. Das Große erschreckte ihn, auch in seinen Romanen und Geschichten. Er ließ die Dinge zaubernd zusammenschnurren, um sie in der Hand zu spüren. Das Detail war seine Heimat. Seine Gedichte wirken oft merkwürdig schüchtern. Mir fallen die Vignetten seines Bruders Karl ein, auf denen die Leute, selbst wenn sie im Freien sich aufhalten, wie in einem Zimmer sind: der Raum verengt sich, doch das Heimelige birgt das Unheimliche, das wie eine Spinnwebe alles überzieht. Das Kleinbürgerliche, Bedrängte bricht aus: nicht in die Ferne, sondern in die allernächste Nähe. Was niemand mehr beachtet, wird zum Eiland. Das Geschick des Geringfügigen hellt sich unter Walsers Blicken auf.

Seine Strophen scheinen in der Form nicht kühn, beim mehrfachen Lesen hingegen wundert man sich über die häufig gebrochene Melodik, die erstaunlichen metrischen Varianten. Seine Reime saugen wohlbedacht die Banalität auf, gerieren sich nicht durch ungewöhnliche Arrangements. Das Einfache ist bei ihm listig, anders etwa als bei Jakob Haringer, der ähnliche Themen wählte wie Walser, und der nicht selten bedenkenlos in seinen poetischen Mitteln war, das Volkslied aufgrellte, das Chanson veralberte.

Der Mond, die Dämmerung vor Tag, Knaben und Schnee

– sie hat Walser immer wieder besungen. Es ist ein bestimmtes Licht, das auf seine Zeilen fällt und das sie durchsichtig macht, eine trockene Helligkeit zwischen Flocken oder spielenden Kindern; oder auch das Zwielicht, das in den Stuben der Kommis nicht endet. Wenn diese Gedichte höhnen, dann zwischen den Zähnen, so im ›Bureau‹:

> Der Mond blickt zu uns hinein,
> er sieht mich als armen Kommis
> schmachten unter dem strengen Blick
> meines Prinzipals.
> Ich kratze verlegen am Hals.
>
> Dauernden Lebenssonnenschein
> kannte ich noch nie.
> Mangel ist mein Geschick;
> Kratzen zu müssen am Hals
> unter den Augen des Prinzipals.
>
> Der Mond ist die Wunde der Nacht,
> Blutstropfen sind alle Sterne.
> Ob ich dem blühenden Glück auch ferne,
> ich bin dafür bescheiden gemacht.
> Der Mond ist die Wunde der Nacht.

Das ist ein lyrisches Resümee seines Romans ›Der Gehülfe‹. Die Unwirtlichkeit der Welt entschwindet unter einem Augenzwinkern. Walser hat den Bombast, dem der Tag so unbedacht vertraut, mit seiner engelsgleichen Unbeirrbarkeit zunichte gemacht. Er wandert durch eine Welt, die nicht besser ist. Ihre Tücke ist sogar noch schlimmer, weil sie begriffen wird. In seinen Gedichten kann sich zwar verklären, was in seinen Prosastücken bös und ungerührt den Weg verstellt, das Grundmuster jedoch verändert sich nicht: die Perspektive des Gedemütigten, der demütig und also Herrscher geworden ist.

»Ich bin nicht mehr bekümmert, / da ich kann unzertrümmert / die Welt als Welt durchstreben«, lauten die Schlußzeilen des Gedichtes ›Welt‹. Man könnte sie mit Sinnsprüchen der Mystiker vergleichen. Freilich richtete sich Walsers

Frömmigkeit nicht unablenkbar auf ein Ziel. Sie hatte viele Ziele, sie ließ sich freundlich ablenken. Seine Welt, von Welt umgeben, war aufgeteilt in kleinste Reviere, in denen das Unvertraute tiefsinnig ergeben dem Tag zurückerobert wurde. Das ist genaugenommen keine Träumerlandschaft, vielmehr die Verwirklichung einer dem Alltag verfallenen Seele. Was sie träumt, steigt als Stern, als Mond, flockt als Schnee vom Himmel – und welcher Poet kannte so weißen Schnee wie Robert Walser:

Es schneit, es schneit, bedeckt die Erde
mit weißer Beschwerde, so weit, so weit.

Es taumelt so weh hinunter vom Himmel
das Flockengewimmel, der Schnee, der Schnee.

Das gibt dir, ach, eine Ruh', eine Weite,
die weißverschneite Welt macht mich schwach.

So daß erst klein, dann groß mein Sehnen
sich drängt zu Tränen in mich hinein.

Wie immer

Die Lampe ist noch da,
der Tisch ist auch noch da,
und ich bin noch im Zimmer,
und meine Sehnsucht, ah,
seufzt noch wie immer.
Feigheit, bist du noch da?
und, Lüge, auch du?
Ich hör' ein dunkles Ja:
das Unglück ist noch da,
und ich bin noch im Zimmer
wie immer.

Tiefer Winter

In die Fensterscheiben sind jene
unendlich zärtlichen, zarten
Blumen gegraben, als große Träne
hängt der gelbe Mond aus dem Nebelgarten.

Das ist ein Garten, die Welt, worin
jetzt alle Wollust gestorben
und Laut und Himmel verdorben.
Die Fensterblumen sind der erstarrte Sinn.
Auf die vielen weißen Dächer,
auf die Felder, die ebenso weiß sind,
weint der Mond, auch in Gemächer,
wo Menschen toll oder weis' sind.

Enttäuschung

Enttäuschung vergißt man nie,
wie der Lockruf des Glücks unvergeßlich ist.
Erinnern ist Sehnsucht, ach, sie,
weil sie so unermeßlich ist,
vergißt man nie.

Und ging ...

Er schwenkte leise seinen Hut
und ging, heißt es vom Wandersmann.
Er riß die Blätter von dem Baum
und ging, heißt es vom rauhen Herbst.
Sie teilte lächelnd Gnaden aus
und ging, heißt's von der Majestät.

Es klopfte nächtlich an die Tür
und ging, heißt es vom Herzeleid.
Er zeigte weinend auf sein Herz
und ging, heißt es vom armen Mann.

PS. Nein, Robert Walser noch zu den Vergessenen zu rechnen, ist unmöglich. Dennoch wollte ich den Aufsatz über ihn nicht aus diesem Buch entfernen. Er soll hier, als Mahnung und Nachweis für einen Glücksfall stehen.

Franz Hessel
Von den Irrtümern der Liebenden

Franz Hessel saß, mit Paul Mayer, im Lektorat Ernst Rowohlts, diente seinem Verleger und der Literatur und veröffentlichte ab und zu, nicht als Vorbild – dazu war er zu still und zu distanziert –, sondern als Ergebnisse eines feinen stilistischen Verstandes, Erzählungen in seinem Verlag. Den Kennern verbindet sich bis heute sein Name mit dem Walter Benjamins als Proust-Übersetzer. Er war wie wenige andere dazu befugt: Er liebte Paris (und Berlin), liebte die schimmernden, duftenden Einzelheiten, denen er selbst Sprache verleihen konnte, unauffällig und übersprüht mit einem altmodischen, ans Herz rührenden Arom.

In den Nachschlagewerken steht er nicht, doch einige seiner Freunde haben das Porträt des kleinen, unterm Gedröhn Ernst Rowohlts demütigen Mannes erhalten, der, von den Hitler-Schergen als Jude verfolgt, nicht auswandern wollte, 1939 vom Kriege in Paris überrascht wurde, den in der geliebten Stadt das Heimweh nach Berlin verzehrte und der, namenlos schon, 1945 im Exil starb.

Oskar Loerke hat seine Sprache in einer Rezension der ›Pariser Romanze‹ (1920) freundschaftlich-kundig beschrieben: »Erinnerung komponiert die Erzählung, sie betupft die vorüberziehenden Bilder mit Worten, sie ordnet die Worte nach einer einfachen Melodie, sie ruft die Treue und die Wehmut auf, sie dämpft die Stimme zum gleichmäßigen Halbton, als wäre es am schönsten, in der Zeit des Todes vom Vergangenen nur zu plaudern, nicht zu klagen und nicht zu richten.«

Und in Ernst von Salomons ›Fragebogen‹ steht ein Nachruf, der den Schatten des Poeten lebendig macht: »Franz Hessel, ein stiller und freundlicher alter Mann, besang in einer leisen, anmutigen und behutsamen Prosa die beiden schönsten Städte der Welt, Paris und Berlin –, wobei sich denn Berlin unter seinen Händen in einen verzauberten Ort voller verborgener Genüsse verwandelte ... Franz Hessel aber konnte und wollte nicht emigrieren. Er war in Paris zu

Hause wie in Berlin, er lebte von Paris und Berlin, wie ein Mensch von zwei Lungenflügeln lebt, der alte Mann verharrte mit unerschütterlicher Bescheidenheit in seiner Welt...«

Wer einem Schriftsteller bös will, braucht ihm nur vorzuwerfen, seine Sätze wirkten parfümiert. Das kann ein dummer Vorwurf sein, wie uns Franz Hessel im nachhinein lehrt: Wer seine Bücher liest, wird in der Tat von einem Parfüm irritiert und bezaubert, doch es schadet der Sprache nicht, es verklärt und erinnert an vornehm welkende Teerosen, und vielleicht hat Fritzi Massary das Duftelixier bevorzugt, dem Franz Hessel sich in kennerischer Schwelgerei hingab. Er verstand zu dosieren.

›Von den Irrtümern der Liebenden‹ kam 1923 bei Rowohlt heraus, ›Eine Nachtwache‹ wird der Novellenkreis im Untertitel genannt, auch dies eine nächtliche Liebesreise zwischen Berlin und Paris, zudem ein – wie oft in der Literatur gegrüßter – Gruß an Boccaccio und seine Erzählrunde.

Einige Damen und Herren treffen sich auf einem Ball im »März des traurigen Jahres 1919« in Berlin, die Wellen schlagen hoch, aber sie vermögen die nachdenkliche Gesellschaft nicht in den Rausch zu tragen, so entschließt man sich, dem Rat Dappertuttos zu folgen (der, im Gedenken an E. T. A. Hoffmann, so genannt wird, »weil er überall und bisweilen an mehreren Orten gleichzeitig aufzutauchen schien«), den Abend bei ihm, erzählend und memorierend, fortzusetzen. Sie alle berichten von der Liebe, versteckt oder herausfordernd, resigniert oder lockend – Dappertutto hält, behutsam kommentierend, die Fäden in der Hand. Keine dieser Lieben erfüllt sich, und nicht allein Irrtümer sind schuld daran, auch die Unsicherheit der Liebenden, die Unverständigkeit, Gräben des Standes und der Anschauung. Die längste Erzählung, sie spielt unter Künstlern in Paris, spricht gar von einem unerklärlichen Wahn, dem ein Maler erliegt: Die Ungeliebte treibt ihn aus der Vernunft.

Damen und Herren pflegen den gleichen Ton der verzweifelten Sanftmut, sie scheuen die großen Wörter, verdrängen das Pathos. Was sie schätzen, sind Farben und Licht – wie ihr Autor, und nun, nachdem sie mehr als vierzig Jahre sich selbst bekennend in diesem Büchlein dahindämmerten, zu historischen Figuren geworden sind, erinnern sie den Leser an Fotos aus dem ›Querschnitt‹, an diese Damen der Gesellschaft in seltsamen Hängerkleidern, über der reisgepuderten Stirn den gelackten Pony, rundgeschminkte Mündchen und die Augen geschwärzt von einer tollen, falschen Sucht. So haben sie träumen können, in den Salons der Heroen? Oder die Herren, zu deren Kosmetika Dämonie gehörte, ein wenig theatralisch und ohne Smoking kaum denkbar, die Stimme auf Näseln getrimmt, die Lebensart auf Libertinage: Man hat diese Abziehbilder so geliefert bekommen, und es wurde nicht gespart mit dem Kommentar vom »Tanz auf dem Vulkan«.

Wer Hessel liest, findet das Klischee sensibilisiert, Romantik dringt durch und ein wehmütiger, sich selbst bezweifelnder Zug nach Freiheit: Die Dreistigkeiten der Helden des ›Decamerone‹ könnten sich die Gäste Dappertuttos nicht leisten – es ginge über ihre Kräfte. Zwar lassen sie sich nicht durch gesellschaftliche Fesseln zwingen, doch eine der Damen, Melusine, schilt die Unfähigkeit ihrer Gefährten, die Liebe als Schicksal auf sich zu nehmen: »Ich komme aus einer Welt, wo die Liebe ein Lebensschicksal ist, unabwendbar und endgültig, wo die Menschen lebenslang ihrer ersten und einen Leidenschaft nachhängen.« Diesen Bürgermantel hat man anscheinend von den Schultern geworfen; man respektiert Melusine, die Liebe freilich, von der man sich einfangen läßt, ist flüchtiger, reißt nicht das Herz fürs Leben auf, weil man von der Liebe etwas anderes erwartet: daß sie das Portal zu einer neuen, freieren, lebenskundigeren Welt öffne, in der die Frau ebensowenig diene wie der Mann, oder: in der beide gleichermaßen dem Eros sich verpflichten, wie sie sich von ihm befreien.

Dappertutto, der mokante Zauberer, führt sie aus diesem Wahnbezirk hinaus. Nicht Melusines devoter Zwang und nicht der Sekundenrausch einiger seiner Freunde scheinen ihm das Ziel des Erzählens: Er lockt sie hin zum vielleicht kurzen, doch ausschließlichen, kleine und große Welten schaffenden Glück. »... glücklich sein, wie es sich gehört«, heißt es am Schluß des Buches. Das sagt ein verliebtes Mädchen, das soeben seinen »König« gefunden hat.

Man kann ein solches Buch nicht nacherzählen: Hessel

verstand es, jedem Ding seine Aura zu schenken. Was seine Prosa auszeichnet, neben allem »Parfüm«, neben aller stilistischen Feinfühligkeit, ist die kontrollierende Ironie, die die Geschehnisse und Gefühle faßt und schützt. Auch die Musikalität ist nicht zu vermitteln, eine kühne Mischung aus Menuett und Slowfox. Dem Preziösen verschwistert sich die Traurigkeit, vor allem in kurzen Schilderungen von Straßen und Gärten, Blumen wachsen in ihnen, von halber Künstlichkeit, die in einer Gallé-Vase stehen müssen, um vollkommen zu sein:

»Wenn ihr über den Potsdamer Platz geht, vorbei an den feldgrauen Händlern mit Zigaretten, Malzbonbons und Pfannkuchen und an den Roulettes der fliegenden Spielbanken, und kommt zu den Blumenständen, so könnt ihr neben den ersten Märzbechern, Kätzchen und Veilchen, den Treibhausrosen und -nelken, neben all diesen wilden und zahmen natürlichen Blüten Gefäße mit gefärbten Blumen sehen. Darin gibt es grüne, blaue und kupferrote Tulpen, die besonders im Laternenlichte bunter und märchenhafter aussehen als die naturfarbenen. Sie können, glaube ich, gar nicht welken, sind immer gleich schön und ungewöhnlich. Aber ich möchte mir keine davon mit nach Hause nehmen. Sie dauern mich. Wer weiß, was für ein heimlich vergiftetes Mumienleben sie führen.«

Hessel hat keine »großen«, erregenden Bücher geschrieben. Er war ein scheuer Kalligraph. Bücher von Rang? Bei seiner Prosa geht es um etwas anderes, das Oskar Loerke definierte: »[Es] handelt sich hier gar nicht um Rang, sondern um Reiz.«

Diese Tulpen erinnern mich immer in einer mir selbst nicht ganz deutlichen Ideenverbindung an eine schöne verstorbene Jugendfreundin.

Edith entstammte einer der wenigen altberliner vornehmen Bürgerfamilien. Ihre Onkel waren Geheimräte und Bankiers, ihre Vettern Offiziere und Professoren, die Kusinen entweder gut verheiratet oder sehr tätig, mit Studien und Ehrenämtern beschäftigt. Im geselligen Haus ihres Vaters, eines berühmten Chemikers, war sie von soviel Weisheit und Wissenschaft umgeben, daß von den zahllosen Forschungs- und Bildungsdingen, die sich reizvoll darboten, nichts Einzelnes sie reizte.

Unter den jüngeren Freunden und Freundinnen des Hauses gab es auch muntere Liebhaber aller Sporte, die zu Golf und Tennis, Ski und Bobsley einluden. Aber sie hatten in ihrer gleichmäßigen Beweglichkeit etwas elastisch Undurchdringliches. Edith bewunderte sie ebenso wie die Gelehrten. Sie fühlte keinen Ehrgeiz, es ihnen gleichzutun.

Von Kindheit an hatte sie Sehnsucht nach dem Außerordentlichen, dem Unberechenbaren. Sie war zart und gebrechlich und träumte von Raub und Gewalt. Die Annäherung eines höflich grüßenden Herren auf der Straße war ihr peinlich und widerlich.

›Wie mag das sein, wenn ein schlimmer Bursche aus dem Wedding oder Gesundbrunnen mich einfach am Arme packte!‹ dachte sie und schauerte in begehrlicher Angst.

Unter Ediths Freundinnen hatten einige Berührung mit Kreisen unregelmäßigeren und gewagteren Lebens. Und so erfuhr sie, obwohl sehr sittsam erzogen, manches von den Komödien und Tragödien der Leidenschaft und des Genusses. Aber in der ihr erreichbaren Sphäre war man äußerst verständig, und von der sogenannten Liebe wurde in einem spöttischen und wegwerfenden Tone gesprochen wie von etwas Lächerlichem und geradezu Subalternem. Natürlich konnte sie einigem Flirt nicht entgehen. Denn vor ihrer exotischen Schönheit brachten Reife und Unreife beredt oder stammelnd verliebte Reden vor. Das gewöhnte sie aber nur immer mehr ans Ironisieren und an die karge Lust abzuweisen. Sie sah keine Möglichkeit, selbst in eine Leidenschaft zu geraten. Und hatte sie im Einschlafen auf den kühlen reinen Leinen aus dem Wäscheschrank ihrer guten Mutter bisweilen Sehnsüchte, für die es im Elternhause keine Worte gab, so war es ihr doch, wenn sie morgens, meist noch müde, erwachte, beruhigend und tröstlich, sich in diesen Decken und Kissen wiederzufinden und nicht auf fremdem Lager in irgendeinem Atelier oder Boudoir.

Mehr als all die Wohlbekannten oder schnell Einzuordnenden, die sich auf Bällen, Tennisplätzen und Segelfahrten um sie bemühten, gefielen ihr Männer, die man zufällig, etwa auf Reisen trifft und von denen man nichts Sicheres weiß, am meisten solche, die man gar nicht kennen lernt: man wechselt mit ihnen im Theater oder in der Hotelhalle einen Blick, zu dem man sich nicht zu bekennen braucht.

Als nun der große Krieg begann und rings um sie die sonst so Skeptischen, Vernünftigen und international Interessierten von einer jähen vaterländischen Begeisterung ergriffen schienen, hatte sie das traurige, ja erschütternde Erlebnis, nicht mitfühlen zu können. Sie empfand, wie sie mir selbst gestanden hat, mitten in der bewegten Menge, die durch die Linden dem Schlosse zu drängte und jubelte, eine Fremdheit, als wäre sie im Ausland in einen Auflauf geraten, dessen Ausbrüche und Worte ihr unverständlich blieben; und als sie, um dieser Qual zu entgehen, sich umwandte und mühsam durch die Entgegenströmenden heimwärts strebte, kam sie sich wie ein Gespenst unter den Lebendigen vor.

Auch was sich in ihrer nächsten Umgebung abspielte und ihr alle Elemente zu einem lebhaften Anteil darbot, blieb ihr einzeln und fremd. Aus Pflichtgefühl tat sie und redete, was angemessen schien. Der Abschied vom eigenen jungen Bruder, der als Freiwilliger ins Heer eintrat, machte ihr nur Kummer und Angst. Der tägliche Verkehr mit würdigen Männern, die mit Leib und Geist der gemeinsamen Sache dienten, bereitete ihr nur Selbstvorwürfe über ihre Wesenlosigkeit. Die jungen todesmutigen Marine- und Fliegeroffiziere, die von ihren Freundinnen umschwärmt und verehrt wurden, ließen sie kalt, ja, die frische Lebensart dieser Herren, die nur witzig oder mit preußisch-nüchternen Kernworten von ihren Erwartungen und Erfahrungen sprachen, erregte Ediths Widerwillen.

Im Spätherbst des ersten Kriegsjahres bekam ihr Bruder, vor dem Transport seines Regimentes an die Front, einen kurzen Urlaub. Er brachte einen Kameraden mit und bat seine Familie, diesen, der vielleicht nicht ganz »möglich«, aber sein nächster Vorgesetzter sei, in seinem Interesse gut zu behandeln. Es erschien ein etwa dreißigjähriger gedrungener, breiter Unteroffizier mit weißblonden Haaren und Wimpern und rötlicher Haut. Er war Landwirt und aus Westfalen. Er faßte die Hand, die Edith schmal reichte, mit seiner mächtigen von Sommersprossen flimmernden Rechten fest an. Die Schultern bewegte er beim Gehen langsam nach vorn wie ein Zugtier. Seine Mischung von Schüchternheit und Stolz gefiel den Eltern. Als die Mutter Edith nach ihrem Eindruck von dem Gaste fragte, sagte diese: Er wirkt wie ein Landaufenthalt.

Mit der Stadt Berlin wußte er nicht viel anzufangen. Nachdem man ihn am zweiten Urlaubstage in den Zoologischen Garten geführt hatte, wollte er auch die nächsten Tage dort hin. Er hielt sich nicht lange vor den Käfigen der merkwürdigen Raubtiere oder seltsamen Neuweltler und Australier auf, sondern beobachtete, seine Pfeife rauchend, die nächsten Verwandten unserer Haustiere und unseres Wildes, Büffel, Hirsche, wilde Ziegen.

Mit dem Herrn Professor, Ediths Vater, redete er von Kunstdünger.

Um sein Interesse zu erregen, befragte Edith ihn über landwirtschaftliche Dinge. Er antwortete mit gutmütiger Umständlichkeit. Sie redete aufs Geratewohl von Saat und Mahd und Grummet und sehnte sich, in den Armen dieses Ruhigen zerdrückt zu werden. Sie hatte bisweilen die Vision des schmalen Pfades zwischen den hohen Ähren, auf dem er ihr begegnete: Sie ging gegen die Sonne, von der seine Gestalt so durchflutet war, daß sie ihn nicht ansehen konnte. Ausweichen war unmöglich. Und er kam mit quälender Gelassenheit ganz langsam näher.

Am letzten Abend wollte Ediths Bruder den Kameraden in das großstädtische Nachtleben mitnehmen. Der erklärte: »Ich gehe eigentlich nicht gern in fremde Wirtshäuser. Da sitzt man dumm da oder es gibt Streit.« – Aber schließlich ließ er sich bewegen.

Edith saß strickend neben der Mutter, welche traurig darüber war, daß ihr Sohn sie am letzten Urlaubsabend verließ. Die Tochter mußte beruhigen und trösten. – »Mein Sohn ist gerade so ein Experimentierer wie ich«, sagte der Vater; »er muß durchaus diesen schwer zu lösenden Bauern ins Städtischste vermischen: das macht ihm mehr Vergnügen, als bei den Seinen zu sitzen.« – Edith versuchte, ihre wachsende Aufregung als Sorge für den unerfahrenen Gast zu deuten, den sie in lauter Gefahren glaubte.

Nachts lag sie lange schlaflos in spannender Erwartung. – Es muß etwas geschehen, sagte sie sich. Als sie endlich einschlummerte, hatte sie wildjagende Träume: Sie stand hinter der Bar und mischte und reichte den Herren Getränke. Ihr Bruder streichelte sie und gab ihr derbe Kosenamen. Der Fremde nahm das Glas aus ihrer zitternden Hand in seine buntflimmernde Faust. Dann lag sie neben ihm in einem Schützengraben. Granaten schlugen hinter ihnen ein. Splitter – es waren Sektglassplitter – klirrten und sprühten. Sie bedeckte den Fremden, den Geliebten, mit ihrem Mantel. Der Mantel war ihr weißfließendes Hemd. Der Geliebte lag wie ein dickes, leuchtendes Kind an ihre entblößte Brust geschmiegt. – Mit einmal war sie in einem Hurenhaus und mußte sich in einer Reihe fetter und magerer Weiber seinem prüfenden Blicke darbieten. Seine kleinen undeutlichen Augen mit den hellen Wimpern glitten über sie hinweg zu den anderen.

Sie erwachte und hörte die Wohnungstür öffnen und die beiden Heimkehrenden flüstern. Der Bruder ging nach hinten, der andere in das Fremdenzimmer vorn. Edith saß einige Minuten starr aufrecht, dann erhob sie sich, streifte den Schlafrock über, stand zitternd im Hausflur. – Noch kann ich zurück, dachte sie, stützte sich auf eine Stuhllehne und schloß müde die Augen. Aber im nächsten Augenblick hatte sie schon die Tür zum Fremdenzimmer geöffnet: sie sah im Mondlicht das helle Haupt des Mannes. Die Augen waren geschlossen. Wieder fühlte sie die Pause, die Möglichkeit, umzukehren. Dann stürzte sie sich mit Todesmut an seine Brust.

Erstaunlich bleibt die Besonnenheit dieses Landmannes, der sich aufrichtete, neben ihr sitzend, ihre Hand in seine Fäuste nahm und auseinandersetzte: es wäre freundlich von ihr, daß sie ihn liebte. Aber eines Landwirtes Frau zu sein, dazu wäre sie nicht geschaffen. »Da gibt es soviel Arbeit, selbst wenn man Mägde und Knechte genug hat.« – Sie hörte Worte. Lieben und Sterben, hatte sie gedacht. Und er sprach von Arbeit und Mägden. –

»Wenn ich im Kriege fallen sollte«, fuhr er fort, »möchte ich nicht gern ein Kind ohne Vater hinterlassen.«

Edith zog die eiskalte Hand aus seinem Griffe, ging stumm weg hinüber in des Vaters Arbeitszimmer, wo sie Bescheid wußte, und fand im Giftschranke, was sie brauchte.

Ihre Eltern haben die Ursache ihres Todes nie erfahren. Mir hat sie ihr Bruder anvertraut, dem der Kamerad einmal, als sie in gefährdeter Stellung lagen, Ediths nächtliche Erscheinung berichtete und kummervoll fragte: »Was sollte ich denn um Gottes willen mit dem Fräulein tun?«

P. S: Endlich, nach einer Reihe bekümmerter Postscripta, kann ich in diesem Fall aufatmend feststellen: von Franz Hessel sind mittlerweile mehrere Bücher neu aufgelegt worden und anscheinend nicht ohne Erfolg.

Thea Sternheim
Sackgassen

Dieser einzige, 1952 bei Limes erschienene Roman Thea Sternheims hat eine eigenartige Geschichte: sie ist nicht allein durch Daten zu erfassen, sie redet auch aus der sich entwickelnden, sich verwandelnden Sprache des Buches. 1912 veröffentlichte Carl Sternheim die Novelle ›Anna‹; nicht er, seine Frau Thea hatte sie geschrieben. Und das Thema setzte sich offenbar über die Jahre in ihr fest, die Geschichte einer Gesellschaft, die sich, oft in herrlicher Verzweiflung, in Sackgassen verrannte – das Waisenmädchen Anna blieb ihre Gefährtin, auch nach der Trennung von Sternheim, dem sie zwanzig Jahre verbunden gewesen war (1907 bis 1927), auch nach seinem Tode. Es scheint, daß Thea Sternheim dieses Buch als ein Vexier von Erinnerung und Loslösung geschrieben hat; denn je tiefer sie in die Schicksale ihrer Gestalten dringt, desto weiter entfernt sie sich vom Stil des Beginns, der das Kind und das Mädchen Anna mit der kühlen, steilen Metaphorik des Dramatikers Sternheim umgab.

Benn hat seinerzeit den Roman begrüßt, ihn ein bedeutendes Buch genannt. Die Inbrunst seiner Gestalten fesselt. Man begreift den kalkulierten Rausch dieser Prosa, in ihr brodelt der Expressionismus, die schrille Prophetie der Jahre vor dem Ersten Weltkrieg, doch gibt die Sprache der Willkür nicht nach, sie bindet sich bewußt an den kalt beobachtenden Gedanken, sie will Herr und Vermittler einer Welt sein, deren Lust zur Selbstzerstörung sie kennt.

Anna wächst in Frankfurt bei Schwester und Schwager auf, im Milieu national denkenden Bildungsbürgertums, Schwager Möbius ist Studienrat, seine pädagogische Strenge nährt sich aus den Prügelprinzipien falscher Sittenrichterei und beredter Sentimentalität. Sittlichkeit ist dem äußeren Leben zugeordnet, die Geheimnisse des Fleisches werden als Geheimnisse ausgelebt und von seichter Lüge verdeckt. Das ist das unvergängliche Spielplateau Carl Sternheims, auf dem das Mittelmaß sich übermäßig und tödlich austobt: klassische Konstellationen einer allmählich klassisch werdenden Gesellschaftsordnung. Doch Anna bricht aus und mit ihr die Schriftstellerin Thea Sternheim. Sie läßt sich ein auf eine Reise in die Bereiche der ruinösen Sensibilität. Was sie von sich fordert, ist nicht mehr die zynische Ekstase des Frankfurter Carl-Sternheim-Milieus – sie macht sich den Pessimismus zum Glauben, sie attackiert die unsterbliche Niedertracht durch ausschließliche Hingabe. So bekommt die Erzählung religiöse Züge (und erinnert in ihrer emotionalen Dichte an Mechthilde Lichnowskys ›Geburt‹, an den ›Gouffé‹ von Joachim Maaß).

Anna begegnet, als Lehrerin an einem Brüsseler Internat, der Schülerin Nadja. Die erotische Bindung der Jüngeren an die Ältere wird zur unaufhörlichen Lebensfrage: Gibt es zwischen zwei Menschen eine Ausschließlichkeit, die zu reinigen vermag? Die anderen brechen in dieses Verhältnis ein und treiben Nadja in den Selbstmord. Anna bindet sich an den Antiquar Maldeghem, von dem sie später eine Tochter bekommt. Wiederum stellt sich, beiden, diese Frage. Eine der ergreifendsten Figuren des Buches, die Lyoneserin Marie, greift in die Ehe ein. Sie lockt Maldeghem an sich, stößt ihn wieder fort.

Anna versteht die Frau, die ihr den Mann raubt und verändert zurückgibt, als Reinkarnation Nadjas. Denn Marie wünscht, gleich Nadja, an Schicksalssträngen zu spielen. Ihre Schönheit ist mehr als ein Stimulans für ihre Umgebung: sie ist das Licht, unter dem die Schatten hart werden. Ihr Verhalten wird moderiert durch den alten Psychiater David, von dem sie gelernt hat, daß die Seele grundlos ist. »Sackgassen« bleibt für alle Handlungen, für alle Gestalten das entsetzliche Kennwort: Wann immer sie auszubrechen versuchen, sie prallen gegen die Wand der eigenen und der Zeit-Gesetze. Sie sind Gefangene ihrer selbst und der Zeit, die sie ausspielen. Ihre Sehnsüchte bleiben, kraß betrachtet (so von dem Homosexuellen Freddy), banale Süchte, Gefängnisse der Selbstspiegelung, ihre Hoffnungen verirren sich in dem Labyrinth ihrer verheimlichten Vergangenheiten.

Freilich: Thea Sternheim beabsichtigte nicht, einige Modelle zu entwerfen, die uns die Jahre zwischen 1900 und 1920 erschließen helfen. Sie begab sich bewußt mancher

Klarheit, um psychologische Verbindungen nachzuzeichnen. Abgott Annas ist Flaubert. Sie stellt ihm hin und wieder Fragen, die ihrer Seele nützlich sind. Sie forscht nach reiner Wahrheit, die Flaubert ihr ausschlagen muß.

In solchen Exkursen läßt die Spannung, auch die geistige, der Erzählung nach; die Erscheinungen Maldeghems oder Maries werden plötzlich deklamiert. Die Feinfühligkeit der Sprache nutzt sich an solchen Stellen rasch ab. Doch setzt sehr bald wieder die Erzählung ein und fängt den Leser auf.

Ich frage mich, warum mich dieser Roman so erregen kann. Die Gesellschaft, die er beklagt und anklagt, hat sich nur in trübseligen Resten erhalten. Ist es der Wunsch, die Wurzeln unseres Jahrhunderts zu erkennen? Oder sind die Sackgassen, in denen das Echo zweier Kriege widerhallt, nicht unter den Ruinen verschwunden? Sind sie, als eine der Antworten auf die Irrungen der europäischen Seele, bestehengeblieben? Ich bin nicht sicher, wenngleich mir das Schicksal Annas legendär vorkommt, wie der Bericht aus einer unendlich entfernten Epoche. Ihre Hysterien, ihre Entschiedenheiten – sind es die unseren? Im Moment wird Sternheim wiedergefunden, seine unnachsichtige, gepreßte Kunst des Hohns. Die Bürger von damals, auch die von heute? Wollen sie sich belachen? Oder wird endlich begriffen, daß Geschichte ein Weg ist, dessen Staub Vater- und Sohnesschuh gleichermaßen bedeckt? Nur daß die Söhne den Weg anders auslegen müssen?

Aus dem Gewirr der Sackgassen fand niemand heraus. Der erste große Krieg hat sie bestimmt nicht gesprengt. Die hysterische Neigung, sich zu reinigen, indem man sich peinigte und die Qualen dogmatisierte, verbot jegliche Flucht. Thea Sternheim schildert die Maßlosigkeit der Gefühle, Inbrunst wurde solchen Menschen alltäglich und machte den Alltag unerträglich. Man fügte sich nicht, aber es wurde über einen verfügt. Der unheilvolle Schicksalsglaube der ersten Jahrhunderthälfte wurde hier ausgebrütet. Die Pathologie der Jahrhundertwende wird in den ›Sackgassen‹ mit seltener Intelligenz aufbereitet.

Thea Sternheim hat an der Sprache ihres Mannes gelernt. In den ersten Kapiteln, in der Novelle ›Anna‹, werden die Sätze, nach seinem Maß, scharf skandiert. Später, in den

Brüsseler, vor allem in den Pariser Kapiteln, erhitzen sich die Wörter nicht mehr so heftig aneinander, die weichen Schatten nehmen zu. Und so stellt sich allmählich die Atmosphäre jenes Zwischenreiches ein, in dem die »Lust am Untergang« zur allgemeinen Theologie wurde. Man freundete sich mit den Dämonen an und hielt sie für Sendboten der Zukunft. Sie waren nichts anderes als die Propheten der Sackgassen. Thea Sternheim hat ihre Geschichte und die ihrer Opfer in diesem Buch bezeugt.

Ebbe und Flut der Bejahung – wie geht es zu, daß man ein und denselben Fakt oft unter sich widersprechenden Gesichtspunkten wertet? Welche Einflüsse wirken sich aus, schwellt plötzlich ein geheimnisvoller Wind alle Segel unserer Zuversicht?

Sind das noch die gleichen Augen, die gleichen Ohren? Wann aber rührt Anna an die Wirklichkeit? Ist dieser heitere Morgen, an dem sich die im Tuileriengarten spielenden Kinder wie leuchtende Farbflecke durcheinanderbewegen, endgültiger als jener, der Anna noch gestern in ihr Hotel flüchten, Türen und Fenster ihres Zimmers verriegeln ließ? Wie kommt es, daß sie das sommersprossenbesäte Gesicht des Knaben, der die Spatzen jagt, heute nur drollig findet, während es neulich einem bösen Nagetier glich, in dem die Tücke, mit der die Mutter als Fertigware aufprotzt, bereits im Rohstoff vorhanden schien?

Nachdem Anna wie durch ein Wunder dem körperlichen Mißstand entkommen war, wollte sie sich auch gegen die auf ihre Ruhe geführten Attacken schützen. Ist aber das Herz zu klingen gebildet, warum klingt es so selten aus eigener Kraft? Warum bedarf es fast immer des Anschlags, ihm einige Töne zu entlocken? Was vor allem geht es sie an, ob dieser Knabe bösartig oder drollig ist?

Wieder glaubte sie die Lachsalve zu hören, mit der Marie ihre Wahrnehmungen begleitete. War jene, wo immer sie auf eine Äußerung stieß, nicht vor allem bemüht, diese aus ihrem meist unausgegorenen Zustand bis zum Siedegrad ihres Ausdrucks zu steigern?

Jedenfalls findet sie vieles, was mich schon entrüstet, nur komisch, dachte Anna. Unberührt von jenen Tendenzen, die mich zum Urteil verführen, ist sie großzügig genug, die Dinge in ihrem Eigenlicht zu betrachten, ohne sie ändern zu wollen.

Aber während sie zuschaut, bildet sie eine Art Ölschicht, von der jede Beeinflussung abtropft. Sie möchte ein Kind haben, vertraut sie mir, versichert aber im gleichen Atem, sie kenne außer dem Professor, der jedoch zu alt sei, niemand, von dem sie die unerhörte Intimität einer Schwangerschaft zu ertragen gewillt wäre. Ihre Entschlossenheit, selbst nicht mittun zu wollen, grenzt an Besessenheit. Kaum war ihre Neigung für mich geweckt, brachte sie mir ihre Abwehrmethoden bei. Nicht nur in gesundheitlicher Hinsicht wußte sie Rat, auch die für mich erfundene neue Frisur, die mir gezeigte Art, wie man sie am sachlichsten trägt, macht die sonst an die Angst, nicht korrekt zu erscheinen, verausgabten Kräfte frei. Vermutlich bewegt sich in einer Nation, die Jeanne d'Arc, Charlotte Corday, eine Madame Roland hervorbrachte, die Frau selbstbewußter als bei uns, wo Luthers Käthe und die Königin Luise noch immer Gipfelleistungen bedeuten, die einzige Aufgabe meines Geschlechts darin zu bestehen scheint, in jedem Fall nie etwas anderes als das Echo der ihren Hörkreis dirigierenden Baßstimme abzugeben.

Als Anna die Seine überquerte, am linken Ufer die Bücherstände entlangschritt, verstand sie, daß diese Stadt ihr zum Ereignis geworden war. Sie mußte Paris fortan lieben, wie einen reifen Menschen, den man um seine Erfahrungen liebt. Zweifellos werden ihr diese mit großer Geschichte erfüllten Straßen und Quais aus Gründen einer hier eindeutiger erläuterten Sinnfälligkeit fehlen.

Ein Gang an den Bücherständen entlang, und man erfährt, wie wenig bei ausgeklügeltster Planwirtschaft herauskommt. In jedem Fall wird man durch das von allen Völkern Herangetragene gezwungen, die Vergottung der Gewalt in all ihren Spielarten zu sichten. Hat man aber erst die künstlich aufgeblasenen Zeitereignisse dem allgemeinen Verlauf eingereiht, fallen sie von selbst in ihre Begrenzung zurück. Nichts ist endgültig, alles ist Fließen. Giftmischer, Demagogen, Goldmacher, Kurtisanen und Weltverbesserer – von allen bleibt höchstens ein Bild, ein Schlagwort aus längst überholtem Programm. Neben dem jungen Bonaparte, der auf dem Buntdruck den großen Sankt Bernhard hinaufreitet, wird das Ende von Sankt Helena der sich unvermeidlich aus der ersten Bewegung ergebende Reflex.

Marie Antoinette lächelt Danton zu. Bismarck ist nur noch als Gegenspieler zum dritten Napoleon wichtig; auch Loyola und Calvin sind auf gleiches Format gebracht. Daneben Städteansichten, Landkarten, Blätter mit Sternbildern. Die Frühlingssonne bleicht die aufdringlichen Farben; der Wind überzieht alles mit dem Memento mori der ausgleichenden Staubschicht.

Viele kommen vorbei. Manchmal bleibt jemand stehen, nimmt ein Buch, blättert darin, legt es wieder hin. Eine alte Frau strickt vor ihrem Stand. Harte Stoppeln bewachsen ihr Kinn. Jedesmal, wenn sie eine Nadel abgestrickt hat, stochert sie damit in dem schütteren Haarschopf herum.

Nichts Neues unter der Sonne, nur der Name ändert. Aus der Mänade wurde die Tricoteuse des Revolutionstribunals, aus der Furie der Vorzeit dies zahnlose Neutrum: Halb Kleinbürgerin, halb Sibylle präsentiert sie die Merkmale beider Geschlechter: Üppiger Bartwuchs, hängende Brüste. Weiß man erst, was sie weiß, spielen solche Geringfügigkeiten keine Rolle mehr. Man läßt wachsen was wächst, hängen was hängt, sich vorbehaltlos der letzten Wollust hinzugeben: Die höchstpersönlichen Schlüsse aus den Vorgängen zu ziehen.

Überall flattern Losungen auf! Der predigt Gewalt, jener Rebellion, ein dritter stumpfen Gehorsam. Systeme aller Schattierungen reihen sich vom brennendsten Rot bis zum tiefsten Schwarz aneinander.

Gleichviel: Der großzügige Ramschvertrieb an der Seine, bei dem die Synthesen von Dichtern und Denkern Abnehmer finden wie warme Semmeln, beweist den Hunger des Pariser Volks auf geistige Kost. Ein Schutzpatron steht Voltaires Standbild an den Markthallen der Seine: Kirchenvater des Mißtrauens, Großinquisitor bei der Erhellung fauler Tarnungsmanöver, bewährter Nothelfer aus den Epidemien jeweiliger Verblödung.

P. S: Nach Jahren habe ich wieder in Thea Sternheims Roman gelesen, etwas ängstlich, ich könnte ihn seinerzeit überschätzt haben. Die Furcht war unnötig. Also wünsche ich mir Mitleser.

X

Friedrich Percyval Reck-Malleczewen
Tagebuch eines Verzweifelten

Im Mai 1936 begann der Gutsbesitzer und ehemalige Offizier Friedrich Percyval Reck-Malleczewen ein Tagebuch zu schreiben, das er nach dem Untergang der Hitlerherrschaft zu veröffentlichen hoffte, als Zeugnis eines Unbestechlichen, eines widerständischen Beobachters, eines Verzweifelten.

Reck, 1884 auf dem Gut Malleczewen in Ostpreußen geboren, Offizier im Weltkrieg, Reisender und Schriftsteller aus Passion, ein Geschichtskundiger, der über Marat, »den Volksfreund«, und über dessen Mörderin, Charlotte Corday, Bücher geschrieben hatte, eine noble, spröd-kühle Erscheinung mit augusteischem Schädel – dieser Mann, der sich inzwischen in Bayern angesiedelt hatte und auch während des Dritten Reiches noch in einem großen Freundeskreis verkehrte, hatte es auf sich genommen, in seinem ›Tagebuch eines Verzweifelten‹, ohne Schonung seiner selbst, Augenzeuge eines entsetzlichen Regimes zu sein. Und als die anderen noch geblendet waren, noch mittaten oder zumindest ohne Verachtung schwiegen, sah er mit erbitterten Sinnen die verrottete Wirklichkeit.

Es sind in den letzten Jahren viele Diarien erschienen, die jene Zeit schildern. Sie alle sind mit Reck-Malleczewens Tagebuch nicht zu vergleichen. Den meisten liest man die spätere Reaktion ab, die Distanz, über die hinweg das Grauen tonloser schrillt; die Gestalten werden oft nachträglich charakterisiert – und wo von der Résistance die Rede ist, da ist die Rechtfertigung nicht fern. Reck-Malleczewens Blätter blieben, trotz der dringlichen und häufigen Hinweise François Bondys, vergessen.

Den Band, der 1947 (und in zweiter Auflage 1950) im Alfons Bürger Verlag in Lorch/Württemberg herauskam, scheint mir das erschütterndste Dokument der geschmähten »inneren Emigration«, ein Beispiel dafür, wie Stimme und Charakter sich im Gegen-Schweigen verändern, wie die unwürdige Vermassung die Würde Einzelner erhöht und festigt –: dies ist die furiose und selbstkritische Verteidigung derer, die ausharrten, um gegen die Dämonen zu kämpfen, gegen die Mörder und die Mitläufer, um zu notieren, wie es gewesen ist.

Reck-Malleczewen, der Zeuge sein wollte, wurde 1944 von der Gestapo zum zweiten Male verhaftet, in das Konzentrationslager Dachau verschleppt, wo er umkam. Es ist bitter genug, daß seine Gestalt nicht mehr gegenwärtig ist, daß er, der sich die Zeugenschaft zur letzten tödlichen Aufgabe gestellt hatte, vergessen wurde, daß niemand, der über die »innere Emigration« nachdenkt, seine bösen und ergreifenden Zeilen zitiert, daß Franz Schonauer zum Beispiel in seiner Studie über den schaurigen Verfall der Literatur im Dritten Reich ihn, den Kronzeugen der Wahrheit, den in fürchterlichem Zorn bebenden Ankläger des Unrechts, übergeht. Reck-Malleczewen nämlich gibt der Literatur im Lande ein wenig von dem Abstand zurück, den sie in der Öffentlichkeit billig und bedenkenlos verscherzt hatte.

Es ist, als hole ein unbarmherziger Sog den Leser über Jahre zurück. Er muß sich stellen. Er erschrickt, denn auch das Gesicht des Widergängers verzieht sich bisweilen zur höhnischen Fratze, in seine Sprache dringt manchmal die vulgäre, unter Zwängen sich bewegende Diktion der Machthaber, selbst die Kontra-Diktion kann zur Mißgestalt geraten.

Reck schätzte die Philosophie Ortegas. Schon in seinem 1937 veröffentlichten – und kurz danach verbotenen – Roman ›Bockelsohn‹ untersucht er die Gestikulation des Massenwahns. In einem nachgelassenen, fragmentarischen Versuch ›Das Ende der Termiten‹ nimmt er das Thema erneut und entschiedener auf. Er spricht davon, daß der Vermassung eine »Verkrebsung« folgt, die zu heilen nahezu unmöglich sei. Was stellt er dem entgegen? Wir können es nur ahnen, doch gibt uns sein Tagebuch Aufschluß. Er selbst tritt auf die andere Seite: Der intellektuelle Einzelgänger, der die Diktatur zwar nicht zu beseitigen vermag, sie aber unentwegt entlarvt; er, der Schwächere, holt seine Stärke aus dem einseitigen, den Tod einbeziehenden Dialog.

Es mag sein, daß die herrische Natur, die sich hier bis zum Äußersten ausspricht, verstört. Reck gebraucht, um das abzuwerten, was er haßt, Metaphern, die wir, eingesponnen in eine veränderte, anderen Tabus sich unterwerfende Welt, von uns weisen. So schilt er die stumpfen, vom Massenschritt berauschten Landsknechte »weiße Nigger«; so hält er, der in Preußen Geborene, das Preußische für die Wurzel des Nazi-Übels und entdeckt in der industriellen »Verkrebsung« Bayerns stets die Spuren des preußischen Ungeistes. Das Extrem der sich der Diktatur jauchzend fügenden Masse provoziert das Extrem des auf reine Ausschließlichkeit versessenen Einzelnen.

Uns, den fragenden Nachgekommenen, entschlüsselt das Buch den Wahn. Reck-Malleczewen teilt Gerüchte über die Größen des Reiches mit und kommentiert sie mit beißender Noblesse. Wie immer diese vornehme Kälte, diese schneidende Herrischkeit zum Gegengewicht wird – die Gespenster verblassen vor dem Geist, der nach Sprache ringt und eine Zukunft erhofft, die aller Chimären ledig ist.

Was diesen schmalen Band zu einem unvergleichbaren Nachschlagewerk über die politischen und gesellschaftlichen Regungen in der Nazi-Ära macht, sind die anekdotischen Notizen über Hitler und seine Vasallen, über die bayrische Upperclass, über singuläre Erscheinungen wie Niekisch (von dem Reck annahm, er sei von den Nazis umgebracht worden); und dann dringt ein breiter Streifen Licht in die Not der Tage: Reck erfährt, erst in Andeutungen, das Gerücht vom gerechten Kampf, von der guten Tat; daraus kristallisiert sich die Geschichte der Geschwister Scholl.

Seine aggressive Sprache beginnt zu federn. Die Trauer erhält Sinn. Es ist ein unvergeßlicher Augenblick bei der Lektüre dieses so verschollenen deutschen Buches, wie die Härte einer traurigen Zärtlichkeit weicht, wie der Dämonenreigen dem sonst unverzagt Wachsamen, diesem Zyniker des Gerechten, aus dem Blick vergeht, und er die zukünftigen Standbilder der beiden jungen Menschen baut, für die Nachfahren, damit sie sich dereinst an ihnen begreifen und bilden. Eine solche idealische Utopie währt nicht lange; ein anrührendes Einsprengsel für den Leser, ein freier Atemzug für den, der schrieb.

Dann bricht die Finsternis von neuem und unaufhebbarer denn je über den Zeugen herein. Nicht, daß er auch nur ein einziges Mal hilflos und zermürbt stammelte. Die Blutwut der Schergen macht seinen Wahrheitssinn fanatisch und unerbittlich seine porträtierende Feder. Die Freunde verschwinden im Gefängnis; andere sterben an der Ohnmacht und Bitternis; sein Sohn fällt in Rußland; die Henker sind ihm auf den Fersen. Der Zeuge allen Unheils, der Letzte der Gerechten, der sich unentwegt anzweifelt, ein Herr ohne Widerpart, denkt an jene, die später ihr Urteil über die Deutschen fällen werden; er denkt an die Schriftsteller, die Hitler vertrieben hat, die Emigranten, die vielleicht wiederkehren werden und die es schwer haben werden, die Wahrheit zu finden unter dem Schutt dieses Reiches. Er spricht sie an:

»Es ist seltsam, an Euch zurückzudenken; es ist seltsam, auf den Ätherwellen, hinweg über die Tiefen der Ozeane und aus der uns so lange schon verschlossenen Welt Eure Stimme zu hören ... Und doch werdet Ihr im Augenblick der Rückkehr und der wiederaufgenommenen Verbindung uns, Eure Kameraden von ehedem, nicht mehr völlig verstehen ... werdet Ihr es begreifen, was es bedeutet, durch so lange Jahre zu leben mit Haß im Herzen, mit Haß zur Ruhe sich zu legen, um nachts Haß zu träumen und morgens mit Haß zu erwachen – dies alles in jahrelanger Rechtsunsicherheit, ohne den bescheidensten Kompromiß ... und durchaus mit dem Stigma der Illegalität auf der Stirn?

Werden wir nach diesen Jahren noch die nämliche Sprache reden, werdet Ihr, die Ihr doch in all diesen Jahren umgeben wart von den Apparaturen der Zivilisation ... werdet Ihr es begreifen, daß diese tödliche Einsamkeit unseres Lebens und die leidgeladene Katakombenluft, die wir nun schon so lange atmen, unsere Augen hellsichtig machten und daß die Bilder, die diese Augen in der Ferne sehn, Euch im ersten Moment erschrecken könnten?«

Diese Worte tun weh, heute noch. Wer widerlegte ihren Autor? Die Menschen? Die Jahre? Wer machte die Sätze, das ganze Buch vergessen: Ein ruhig gewordenes Gewissen? Nachlässigkeit? Das Fett der Fünfziger? Ich spreche nicht von »bewältigen«. Ich meine eine Tradition, deren wir uns ungern entsinnen. Da durchdrang sie einen Schriftsteller, einen Intellektuellen, und führte ihn in den Tod, nachdem er sich zum Zeugen aller, der Verfolger und der Verfolgten, gemacht hatte.

Ich war an jenem trüben, hinter uns liegenden Novembertag erschüttert über die Geschwindigkeit, mit der sich damals binnen einer Stunde, allen Abhörverboten zum Trotz, die Nachricht von der angloamerikanischen Landung in Afrika verbreitet hatte, und ich war noch erschütterter von der Wirkung, die sie auslöste. Jeder nämlich fühlte wohl, daß sie die Wende des Kriegsglückes und die Niederlage des eigenen Landes bedeutet, und in Bayern zumal hätte man Ursache gehabt zur Besorgnis über dieses Kriegstheater, das sich morgen den Alpen nähern mußte ...

Und trotzdem sah ich das ganze Dorf, nein, eigentlich wohl den ganzen Chiemgau in einem Zustand, als habe jeder eine Flasche Champagner getrunken. Der Gang der Leute war plötzlich aufrechter, und die Gesichter strahlten, und nachgerade war es wie nach einem langen harten Winter, wenn der erste Föhn in die Eiswüste bläst. Jeder merkte, daß plötzlich eine gespenstische Hand den Nazis die Belsazarschrift an die Wand gemalt hatte, und eben dieser Eindruck tat sich bei den Bösen ebenso kund wie bei den Guten. Der Schulmeister, der hier, wie alle seines Berufes, Hauptträger der nazistischen Heilslehre war, grüßte plötzlich mit demonstrativem »Grüß Gott«, der Ortsgruppenleiter bat in einer eigens einberufenen Versammlung, man solle ihm doch um Gottes willen nicht immer mit Anzünden seines Hofes drohen, weil er doch nur seine von der Partei ausgegebenen Ordres ausgeführt habe. So wirkte sich jener Schicksalstag auf dem Dorfe aus. Aus Herrn Hitlers Rede schrie, allen Radamontaden zum Trotz, die Angst. Vorbei sind die Tage, da man sich nicht entblödete, ihn als Heiland zu porträtieren, vorbei die Zeiten, da man, wie es in preußisch-protestantischen Kirchen tatsächlich geschehen ist, sein Porträt, dieses Abbild des Dorian Gray, nebst seinem Buch, diesem Dienstmädchen-Machiavell, auf den Altar stellte. Zerrissen ist der Nimbus der Gottähnlichkeit, langsam beginnt die Canaille die Rechnung zu präsentieren für den großen an ihr verübten Betrug. Schadenfreude ist auf allen Gesichtern, über Nacht haben sich alle Bande frommer Scheu gelöst. Über Nacht sind von den Rockrabatten die Parteiabzeichen verschwunden, in den Ämtern ist es nun gang und gäbe, daß Beamte, die vor Jahren wegen Aufsässigkeit gegen die Partei bestraft worden sind, sich dieses Faktum amtlich bestätigen lassen. In der Nähe lädt eine Schlichtungskommission einen Bauern vor, dem man für eine »wehrwirtschaftliche« Anlage ein Stück Land enteignet hat ... ohne zu bezahlen, versteht sich. Der Mann, von einem Wutanfall gepackt, nennt den Schlichtungsausschuß eine Lumpenbande, die Regierung eine Horde von Gaunern und ihn, den Herrlichsten von allen, wortwörtlich einen »spinneten Zwetschenkrampus«. Dann schlägt er hinter sich die Tür zu. Man ist über diese schon seit Jahren in Deutschland nicht mehr gehörte Sprache so perplex, daß man den Mann laufen läßt. Inzwischen geht es uns gut in Deutschland ... oh, besser von einem Tag zum anderen. In den Lazaretten beginnt es an Chloroform und Morphium zu fehlen, die Ärzte beklagen sich über Verwundetentransporte, die in eiskalten Eisenbahnloren auf stinkendem Stroh ankommen. In Berlin ist, weil das Insulin ausging, eine ganze Garnitur Diabetiker eingegangen ...

Es ist die Stunde, in der ich erstmalig von dem Opfertod der Geschwister Scholl höre. Ich habe diese jungen Menschen nie gesehn. Was von ihrem Wirken bis in meine ländliche Einsamkeit drang, waren vage Gerüchte ... Einzelheiten von solcher Tragweite, daß man sie nicht glauben wollte. Sie sind also die ersten in Deutschland gewesen, die den Mut des Bekenntnisses aufgebracht haben, sie haben anscheinend eine nach ihrem Tode fortwirkende Bewegung entfesselt und damit eine Saat ausgestreut, die, wie noch jedes Martyrium, morgen aufgehen wird.

Sie sind rücksichtslos, fast unter Herausforderung des Todes zu Werk gegangen, sie sind verraten worden durch ein elendes Subjekt von Universitätspedell, das in seiner Angst vor Anschlägen und Racheakten in Schutzhaft genommen werden mußte. Sie sind von einem zweiten Exemplar dieses Roßdorfertyps verurteilt worden, sie sind in der Gloriole ihres Todesmutes und ihrer Opferbereitschaft gestorben und haben damit die Krone des Lebens gewonnen.

Durch ihre jungen Kommilitonen höre ich etwas von ihrer Vorgeschichte. Es waren abseits lebende Menschenkinder aus gutem schwäbischen Blut, sie lebten still und in einer fast sektiererhaften Einsamkeit und schon umgeben von jenem Heiligenschein, den das frühe heroische Sterben verleiht. Ihre Haltung vor Gericht – die des Mädchens zumal – ist großartig gewesen, sie haben dem Gericht, der Partei und diesem größenwahnsinnigen Gernegroß Hitler ihre Verachtung ins Gesicht gespien und haben zum Schluß etwas getan, was den Überlebenden mit dem eisigen Hauch des Ewigen anweht. In ihrem Schlußwort nämlich haben sie, wie einst mit ihren Blutrichtern die verurteilten Tempelritter getan, ihre Richter und deren Hintermänner »binnen eines Jahres vor Gottes Richterstuhl gefordert«. Bei den hingerichteten Tempelherren hatte dieses Verfahren immerhin den Erfolg, daß binnen eines Jahres Papst Clemens V. und König Clemens IV. von Frankreich nicht mehr am Leben waren. Es liegt vor uns, was hier noch geschehen wird binnen eines Jahres.

Sie aber sind ruhig davongegangen und haben fromm und in großartiger Würde ihr junges Blut vergossen.

Auf ihrem Grabe mag jener Spruch leuchten, vor dem einst dieses ganze, seit zehn Jahren in tiefer Schande lebende Volk erröten müßte: »Cogi non potest quisquis mori scit ... wer zu sterben versteht, den kann man nicht bezwingen.« Werden wir es nicht alle sein, die einst beschämt zu ihren Gräbern wallfahrten müssen? So verhält es sich mit diesen jungen Menschenkindern – den letzten und, so Gott will, den *ersten* Deutschen einer großen Wiedergeburt. Mit Herrn Hitler aber verhält es sich so, daß er sich in diesen Tagen, da unsere Dome und alle die Monumente unserer großen Vergangenheit in Staub sinken, sich mit Kontrapunkt und Harmonielehre beschäftigt, um die Grundlagen einer nationalsozialistischen Musik zu schaffen. Während Herr Göring jüngst gesehen wurde, wie er in einer von ihm gegebenen Gesellschaft in einem langen, bis auf die Knöchel reichenden Hermelinpelz mit rotem, von gestohlenen Diamanten übersätem Saffiangürtel und roten Saffianstiefeln erschien. Ich zweifele keineswegs, daß er gut ausgesehen haben mag in diesem Aufzug – dieser Marschall, der nie in einer Schlacht kommandierte. War es aber nicht jener unselige Caligula, der kurz vor dem definitiven Ausbruch seines Wahnsinns sich ebenfalls dem staunenden Volke in roten Saffianstiefeln zeigte?

... Und am dreizehnten, einem brennend-heißen, schönen Oktobertag, werde ich selbst verhaftet.

Ich höre um sechs Uhr früh, – diese Stunde lieben alle GPU.-Beamte – ein ziemlich heftiges Läuten, ich sehe unten unseren seelenguten Seebrucker Gendarmen stehn und höre seine Entschuldigung, er komme in unangenehmem Auftrag, da er mich ins Traunsteiner Militärarrestlokal überführen müsse.

Ich gestehe, daß ich nicht sehr beeindruckt war. Ich habe vier Tage zuvor einen sogenannten Kriegsappell des Volkssturms wegen eines Anfalls von Angina pectoris versäumt, mich aber sofort in aller guten Form beim Bezirkskommando entschuldigt und bin dabei von der Voraussetzung ausgegangen, daß man einem in Ehren sechzig Jahre alt gewordenen Manne, der eben die Nachricht bekam, daß sein Sohn in Rußland vermißt sei, Glauben schenken könnte.

Ich habe mich getäuscht. Er trügt, der brennende Herbsttag mit seinen fröhlichen Farben, er trügt, der an eine fast beschämte Rücksicht grenzende Takt des Gendarmen. Wir setzen, die Eisenbahn zu erreichen, über den Fluß, die Wehmut, mit der meine Damen mir vom Hof aus zuwinken, macht mich bedenklich. Ein paar Stunden später weiß ich denn auch, daß es sich um etwas mehr handelt als um einen kleinen Anpfeifer.

Das Tor der Kaserne fällt schwer hinter mir zu. Zwischen mir und dem bunten Herbstsonnentag steht das Gitter und ein martialischer Posten. Ich stehe in einer dumpfen, mit den Gerüchen von Leder, Schweiß und schlechtem Fett angefüllten Wachtstube, deren Gebieter ein junger schwäbischer Feldwebel ist – ein Mann von jener cholerisch-eifernden alemannischen Trefflichkeit, die nie ganz echt wirkt und die soviel verschuldet hat. Ich rufe den diensttuenden Major an. Eine Stimme, deren eisige Boshaftigkeit selbst durch die Telephondrähte zittert, antwortet mir, daß ich nicht zu fragen, sondern zu warten habe. Da sehe ich zufällig draußen einen mir bekannten jungen Offizier mit dem Rade über den Hof gehen. Ich rufe ihn an, entziehe mich aber seinem Händedruck mit der Bemerkung, daß er mir nicht die Hand geben dürfe, da ich verhaftet sei und mithin, im alten Kasinojargon der Kaiserlich-Russischen Armee, »Läuse habe«. Er lacht, gibt mir die Hand, telephoniert seinerseits. Er wird, als es aus der Muschel krächzt, blaß, hängt ein, eröffnet mir, um einige Grade förmlicher, man klage mich der »Zersetzung der Wehrmacht« an. Er verneigt sich und geht. Auf Zersetzung der Wehrmacht folgt Guillotine – die Guillotine, bei der dem Verurteilten, wie ich jüngst erfuhr, als einzige Wohltat unmittelbar vor dem Niedersausen des Beiles die Blendung durch tausendkerzige Glühbirnen und hinterher ein Freiplatz in den Lysolbottichen der Anatomie gewährt wird. Es ist inzwischen Abend geworden, die Wachtstube ein düsterer Koffer. Man sperrt mich ein ...

Ich denke über die nach, die mir dieses angetan haben in der freundlichen Absicht, mich dem Henker zu überliefern. An den Ortsgruppenleiter, den ich wegen meines Pudels verklagt hatte, den er mir feig in der Falle erwürgte und der sich wegen des verlorenen Prozesses rächen möchte, an jene dummdreisten Kaffeehauspolitiker, deren Propagandaphrasen man nicht applaudierte, an den Wohnungskommissar, der im »Grüß Gott« einen hochverräterischen Gruß sah und der zweimal hinausgeworfen wurde, obwohl er »im Auftrag des Gauleiters« kam, an all das kleine Gewürm, das sich auf dem Nährboden der Staatskrise und der Denunziation tummelt, Mörder und Mörderchen im Bewußtsein »voller Legalität« ohne Ahnung, daß morgen sie es sein könnten, die der Henker anfaßt.

Ich kann ihnen nicht zürnen, und diese Erkenntnis macht mich nachdenklich. Seltsam, ich habe Fortschritte gemacht, ich, der ich noch vor zehn Jahren die Pläne einer höllischen Rache entworfen hätte. Heute? Ich weiß, daß es dieses Ding, was man »Rache« nennt, gar nicht gibt und daß alle entsprechenden Bibelstellen uralte, eherne und gleichsam kosmische Weisheiten enthüllen. Rache? Ich habe vor Jahren einen alten Bekannten aus tiefem Elend in mein

Haus geholt, und er dankte mir Gastfreundschaft und gewährten Kredit durch Zerstörung meiner Ehe. Ich habe ihn geprügelt, wie man einen Mann nur prügeln kann, ich habe in der Tat drei Tage eine Erleichterung gespürt. Und dann? Die Erkenntnis, daß dieses alles leicht wiegt. Hätte ich auch tiefer eingegriffen in Gottes Wege, hätte ich ihn getötet, ich hätte ihm zu einem heroischen Tode verholfen statt zur Prolongierung eines entehrten Lebens. Andererseits habe ich, der ich viel Menschen habe weinen machen, je gefehlt, ohne daß ich es, sei es nach noch soviel Jahren, gezahlt hätte? Weiß ich nicht, daß das, was ich hier erlebe, die Todesnähe, die Trennung von meinen Lieben, der Schmutz, die versuchte Entehrung – daß dies alles auch ohne mich seine Sühne finden wird?

Es bedürfte des Christentums nicht, um dies alles zu wissen. Aber es bedurfte des Christentums, um dies in Form zu gießen und heldisch vorzuleben und vorzusterben. Im Jahre 1912 auf einem englischen Küstendampfer zusammen mit einem alten chinesischen Intelligenzler als einziger Passagier, sandte ich bei einer abendlichen Deckpromenade, unbeschwert wie nur je ein Sohn des Wilhelminismus, den Satz in die Lüfte, es liege ringsum auf der Welt das ganze Christentum in einer einzigen großen Agonie ...

Der alte Herr, der selbst Laotseaner, Dozent für asiatische Religionswissenschaft an der Hochschule von Tsingtau war, sah mich belustigt an. Dann sagte er ruhig, das Christentum habe seine große entscheidende Aufgabe noch vor sich. Ich war tief betroffen von der Entschiedenheit seiner Worte. Heute, nach dreißig Jahren, beladen mit der Verantwortung für manche Todsünde und nach der Wanderung über manche Höhe und durch manches tiefe Tal, weiß ich es anders. O ja, das Christentum hat seine großen Aufgaben noch vor sich. Nur wird es, inmitten des herrschenden Satanismus, der zweiten Katakombe der zweiten brennenden Nerofackeln bedürfen, um zum zweitenmal dem Geist zum Siege zu verhelfen.

PS: Er war ein Stein des Anstoßes und wird es bleiben: Für die Empfindlichen, die Geschichtsbewußten, für alle jene, die sich kränken lassen, um an dem, was war und was wieder um sich greifen könnte, nicht krank zu werden. Um sich wehren zu können.

Albrecht Schaeffer
Elli oder Sieben Treppen

Im November 1950 kehrte der Schriftsteller Albrecht Schaeffer, 65 Jahre alt, aus der Emigration nach Deutschland zurück. Ihn empfingen keine großen Lettern des Willkommens. Er mußte, wie so mancher andere Rückkehrer, erfahren, daß zwölf Jahre Barbarei genügt hatten, den Ruhm seines Werkes zu löschen. Einige wenige kannten noch den umstrittenen Roman ›Helianth‹; den Jüngeren war sein Name fremd, und dem konnte auch eine Gedächtnisausstellung im Marbacher National-Museum (1960) nicht abhelfen. Vielleicht – und das versuchte ich an seinem Roman ›Elli oder die sieben Treppen‹ nachzuprüfen – hat ihn uns seine Gedanken- und Stilwelt derart entrückt.

Er hatte zu einer Generation erfolgreicher Romanciers gehört, die allesamt mehr oder weniger dem Vergessen anheimgefallen sind: Jakob Wassermann, Eduard Stucken, Jakob Schaffner, Ernst Hardt, Paul Gurk, Wilhelm Schäfer – Autoren von unterschiedlicher Herkunft, Begabung und Entwicklung. Die einen wurden Nazis, die andern versanken in Schweigen oder emigrierten. Sie hatten es nicht leicht, geboren in einem Jahrhundert, dessen Tradition sie in ein neues Säkulum mitnahmen und dessen nachhaltiger Faszination sie häufig erlagen. Sie schrieben zwischen den Stilen und bemühten sich, höchst individuell, eine eigene Handschrift zu gewinnen, doch wurden sie den Neoromantikern zugeordnet oder dem Jugendstil. Was ihre Bücher wahrhaftig machte, war ihre alexandrinische Neigung zum üppigen Schönen und zur sucherischen Verzweiflung.

Schaeffer nannte seine großen Erzählungen »Sucherromane«. Wir sind empfindlich geworden gegenüber solchen Bezeichnungen, die unverzüglich Wörter wie »Seele« oder »Ringen« anklingen lassen. Damals war man im Großen arglos und übersah die Teuflischkeit der Details; man rühmte die Reinheit der Seele und bemerkte nicht, daß man nur psychische Ornamente anbetete. Gewiß, nicht alle verloren sich im poetischen Wahn, und selbst jene, die den süßen

Stimmen des verfallenden Zeitalters folgten, rieben sich an der sich wandelnden gesellschaftlichen und politischen Wirklichkeit. Ihnen blieb, und das konnten auch Revolutionen nicht ändern, die Vorliebe für die Aristokratie des Einzelgängers; wer in ihren Romanen zugrunde ging, tat es edel. Und der Fäulnis entstieg die Verführung. Das ist übertrieben; den Arbeiter Schaffner (den die Nazis gewannen) bewegten andere Themen als den Bürgersohn Schaeffer. Die Wörter, die sie wählten, waren hingegen dieselben. Eine Sprache, die sich durch ihr Sendungsbewußtsein vom Wirklichen trennt: ihr ist aufgegeben, den Schmutz zu veredeln durch die Empfindungen singulärer Seelen. Ein letztes Mal spricht sich Elite aus, wird Elite beschrieben – nur daß die Untergänge sich häufen, daß die Melancholie zur Grundtonart wird.

Schaeffer fühlte sich eine Zeitlang zu George hingezogen; ein Widerschein davon glimmt auch in ›Elli‹, der »Beschreibung eines weiblichen Lebens«, auf (das Buch erschien 1919 im Insel-Verlag). Die sieben Treppen führen in die Finsternis. Oben, auf der ersten, der höchsten Stufe, trifft das Mädchen Elli, Tochter einer Italienerin und eines Deutschen, den Mann, den sie nie vergessen wird, die Inkarnation des reinen Geistes, der besessenen Gelehrsamkeit und der heilenden Überredung: er ist ein Freund Stefan Georges, ein gelehrter Jude aus Darmstadt, und unschwer ist das Porträt als eine Huldigung an Gundolf zu identifizieren.

Und hier wird Schaeffers Roman zur geistesgeschichtlichen Fragestunde. ›Elli‹ kam 1919 heraus. Im selben Jahr wohl vertiefte Friedrich Gundolf seine Freundschaft zu Elisabeth Salomon, genannt Elli, um derentwillen sein Bund mit George Ende 1922 auseinanderbrach. Am 4. November 1926 heiratete Gundolf Elli Salomon, fünf Jahre vor seinem Tod. Nicht in Schaeffers Buch. Was hatte Schaeffer bewogen, seine Romanfigur über die Treppen hinab in den beseligenden Selbstmord zu treiben? Er konnte, 1919, nicht ahnen, was sich in Wahrheit ereignen würde. Hatte er Georges Vorstellungen von Elli übernommen, der in Elli kaum mehr sah, als ein gefährliches, Gundolf narrendes Weibchen? Was der Elli des Romans zustößt, bestätigt solche Erwägungen nicht, – Schaeffer ist vielmehr angezogen von der Macht eines schönen, schicksalhaften Sturzes. Ähnlich wie er hat Gundolf Elli gesehen; Ernst Morwitz hatte er sie in einem Brief geschildert: »... nur wer sie wie ich in langen Jahren kennengelernt hat, in allen Wechseln und Beleuchtungen, kennt ihr völlig gutes lautres Herz, ihre Hingabe, ihre Aufschwünge, ihre Opfer und die unprofane abgründige Trauer, die unter all ihren Munterkeiten ruht.«

Ludwig Studassohn, so heißt der jugendliche Gelehrte bei Schaeffer, wird für Elli zum Inbegriff des unerreichbaren Eros. Sie entgleitet ihm, weil sie seine Ferne nicht dechiffrieren kann; um so heftiger wird die Sehnsucht, ihn erneut zu finden. Sie sucht ihn, auf den sechs Stufen, in sechs Männern, von denen die letzten nur widerwärtige Schatten sind. Und sie wechselt mit den Männern die Namen: Ignis, Gemma, Madeleine, Eva.

Schaeffers Stil hält sich, ohne Schwankungen, in einer Höhenlage, die der Dämonie des geschilderten Weges nicht gewachsen ist. Nur gelegentlich, in dem Erlebnis der zweiten Treppe, wo Elli einen irrwitzigen malenden Jüngling in seine und von seiner Kunst befreit, offenbart sich die Unentrinnbarkeit auch in der Sprache. Die Liebesszenen sind mit gedrungenem Pathos erzählt, hier findet der Expressionismus seine Echos, das Feuer zerfrißt das marmorne Sprachgewissen.

Auf der siebenten Treppe wird Elli verkauft und sie verkauft sich selbst, erinnerungslos, keiner Namen, keiner Figuren mehr inne: allein Hülle einer unstillbaren Sehnsucht, die sie durch den Sturz von einer Brücke stillt.

Aufschlußreich sind die Motiv-Verflechtungen dieses Romans mit den anderen Werken Schaeffers. Die Stadt des ›Helianth‹, Altenrepen, spielt in ›Elli‹ wie in dem Roman ›Gudula oder die Dauer des Daseins‹ ihre historisch durchdachte Rolle. Josef Montfort, Held des ersten Romans von Schaeffer, taucht neben Elli auf. So, das ganze Ouevre als erzählerisches Fazit betrachtet, gewinnt Schaeffer an Bedeutung. Er ist sich seiner Position im geistigen Zwischenreich bewußt gewesen: Die Tradition wurde zum Spielwerk; sie trug nicht mehr. Die Gesellschaft, die sich ihrer bediente, benützte nur noch deren Larven. Und die Seelen wurden zersprengt von einer unheilvollen Mischung aus vertanem Rückkehrwillen und unerkannter Zukunft. Das Schöne war von Rissen durchzogen; wer sich verständigen wollte, mußte extreme Ausgangspunkte wählen.

Schaeffers Gestalten suchen. Was suchen sie? Den Ruhm des Todes? Eröffnen sie einem nicht in ihrer Ruhelosigkeit, wie leblos sie im Grunde schon sind? Arabesken eines entschwundenen mächtigen Zeitalters, schwächliche Schattenrisse, umgeben von einer Sprache, die nicht mehr die ihre ist. Diese Bücher peinigen, weil ihre Helden ohne Sprache sind; die Sätze, die von Autors Gnaden ihr Dasein sind, sättigen sich an einer stilisierten Trauer, die nicht mehr weiß, wem sie gilt.

Eben darum habe ich Respekt vor diesen Schriftstellern. Später erfuhren sie dann die gemeinsten Ansprüche der Macht an sich selbst, nachdem sie der Ohnmacht poetischen Zoll entrichtet hatten. Schaeffer emigrierte 1938 in die Vereinigten Staaten, wo er, mit seiner Frau, ein Heim für Emigrantenkinder aufbaute. Als er heimkam – er starb 1950 in München –, dankte ihm niemand für die Erkenntnis, daß die hochgespielte, festlich gewandete Leere Mörder gebiert. Er und andere hatten es gewußt, doch sie hatten es nur umschrieben.

Hierauf trat Stille ein, und Valerius fing in überlegener Ruhe seine Rede an. Was Studassohn vorgetragen habe, sei ein Dithyrambus, aber kein Beweis. In der Natur sei kein Geheimnis, ihre Wirkung sei kein Geheimnis, sondern bloß die Unfaßlichkeit für den Verstand. Aber das Gebilde, die Gestaltung, die Kunst – wo, fragte er, war der Ursprung? Wo, fragte er, war das Ende? Aus dem bekannten Stoff die ewig unbekannt bleibende Form, das sei's! Denn was heiße unbekannt? »Ein Portemonnaie, jeder kennt es, weiß von seinem Leder, kanns riechen, sieht den Sinn seiner Taschen, Klappen, Bügel. Aber wenn mans geschenkt bekommt, wenn es auf dem Weihnachtstisch liegt, da sieht es so geheimnisvoll aus wie meine erste Taschenuhr, als ich zehn Jahr alt war. Aber ick komme dahinter. Ick weeß, es is bloß Fabrikware. Also warum ist da kein Geheimnis? Das Ding dient einem Zweck. Sein Anfang wie sein Ende liegt in der menschlichen Hand und in der Zweckhaftigkeit beschlossen.

Aber das Gebilde, das Gedicht, die Statue, das Gemälde: diese haben kein Ende, das sich in meiner Hand fangen läßt, sie reichen über sich hinaus, über mich hinaus, über alles irdische Eingereihtsein hinaus und hinein in das Nutzlose, das ewig Überflüssige, in den Geist.«

»Goethe«, rief Ludwig, seinen Zeigefinger wie einen Spieß auf ihn vorstoßend, »Goethe hat es das Ewig-Weibliche genannt«.

Spaß, Goethe, er hatte ein armes Vokabular, und dann sah er bekanntlich Helena überall. Ewig, was is 'en da ewig an ihr? Daß sie in einem fort das irdische Dasein besorgt, Kinder, Enkel, Urenkel, Nachfahren? Was nicht aufhört, ist noch lange nicht ewig zu nennen. Eine Straße hört auch nicht auf, eine Brücke ist nur ein Übergang, und das ist sie, eine Brücke, über die der Heerbann, die Karawane, um mit Ihrer Zunge zu reden, die Unheilsarmee der ganzen Menschheit verkehrt. Ewig? Ja, solange wie's dauert.

»Und der andere Grund der Geheimnislosigkeit an der Fabrikware – das ist der des Nichtdauerns, des Abgebraucht- und Verbrauchtwerdens.«

»Darüber will ich reden«, sagte der vor Elli Sitzende mit seiner sanften, aber klingenden Stimme. »Ich will reden über die Marktware, die sterbliche, ich erbarme mich ihrer. Erst ist sie so schön, so glatt, so glänzend, so kindlich heiter von Neuigkeit, so geheimnisvoll. Am zweiten Tag ist sie schon blind, und wir sehen sie nicht mehr an; sie ist nur noch Mittel zum Zweck, sie muß ihr dürftiges Leben in sich ziehn und einwärts leben, sie kann es nicht ausstrahlen, sie hat nur die Kraft, da zu sein und zu dienen. So wird sie verbraucht, so geht sie zugrunde, wird verschleudert, zerschlagen und haucht ihre nicht unsterbliche Seele unter dem Kehricht aus. Beklagenswerte Geheimnislosigkeit. Aber seht, sie hatte doch auch ihr kleines Geheimnis, an einer Stelle, da wo sie ihr ›Patent‹ hat, ihre besondere Eigenart, ihren Seelenstempel – die kleine Erfindung, der sie ihr Dasein verdankt, nur ein Knopf, ein Haken, ein Bügel – es war doch eine ursprüngliche Pallas Athene, die hervorsprang, eine kleine Unsterblichkeit, auch wenn sie bald überholt wurde und vergessen. Der Mensch wird auch vergessen – was aber wird nicht vergessen?

Was er macht, das wird nicht vergessen. O ja, das ist das Gebilde, das ist seine Unsterblichkeit. Er wollte das Ewige, der Mensch, weil er es in sich trägt; wir nennen es ewig – die unendliche Wiederkehr, die Alterslosigkeit, die strahlende Unverbrauchbarkeit. Da machte er es denn, das Nutzlose, nur daß es sei – und daß es ihm bezeuge, daß er selber ist. Denn er verbraucht sich sonst und geht unter, aber die Türme, die Hymnen, die Statuen, die Säulen, die Tempel, die Bilder – alle Kreatur seiner rastlos erschaffenden Seele, die lebt hinweg über ihn, sie tanzt auf seiner Brust, er hat sie aufgenährt, aber sie sind ambrosisch, er altert und welkt dahin, sie aber sind unvergänglich. Nein, sie sind unverbrauchbar, sie nützen sich nicht ab. Die ärmlichsten Worte unserer alltäglichen Sprache, millionen Male verschwendet, kupferne Münze, sie werden zu Gold im Gedicht. Ein Hauch Unsterblichkeit bläst sie an, und sie sind verwandelt, und sind nun unwandelbar, im Gedicht immer die gleichen, immer gleich schön und gleich frisch. »Ist es möglich, Stern der Sterne!« Was ist denn »ist«, was ist »es«, was ist »möglich«, was ist »Stern«? Jedes ein nacktes Nichts, und nun ist es Gesang. Sie, die uns an der Brust liegt, die lieblichste Blüte der Jugend, unsere zarte Geliebte – sie ergraut dir unter den Augen, sie verstaubt dir unter den Händen, sie wird alt, Staub, Asche, Erde und nimmt die Liebe mit – nichts bleibt als ein Duft Erinnerung. Aber als du ein Knabe warst, trafen drei Zeilen dein Herz:

Der Wald steht schwarz und schweiget,
Und aus den Wiesen steiget
Ein weißer Nebel wunderbar.

Gott, was ist nur daran? Zwanzig Jahre gehn hin, dreißig Jahre, fünfzig Jahre – aber sie sind, was sie waren, sie leuchten dir wieder auf, immer die gleichen, unwandelbar, so wie die gelbe Löwenzahnblüte die gleiche wie vor zehntausend Jahren ist. Wo ist der Mund, der sie sang? Wieviel tausend Herzen haben sie schon getröstet? Und so immer im Ewigsein bewahren sie ihre Schönheit, und ob sie vor mir durch Legionen von Leben zogen, und nach mir durch Legionen von Leben ziehn werden, es geschieht ihnen nichts, an ihnen bleibt keine Spur davon, sie sind heilig, sind unverletzlich, sind unberührbar, denn das Reine greift der Gebrauch nicht an, das Heilige bleibt vom Unheiligen unberührt, und wo alles, alles sich verliert und vergreist, da verjüngt es sich vielmehr – hosianna, wo ist Claudius, wo ist Kleist, wo ist Goethe? Verflüchtigt, in die Lüfte verhaucht, doch ihr Wort erfüllt dich mit Leben.«

PS: Hier genügt ein trauriger und lapidarer Nachsatz: Der Autor und sein Buch sind ganz und gar vergessen.

Paul Boldt
Junge Pferde! Junge Pferde!

In der ›Aktion‹, in Nummer 43 des Jahrgangs 1912, stand das Gedicht, das Paul Boldt mit einem Schlag unter den Literaten Berlins bekannt machte. Ein sommerlicher Fanfarenstoß: Er klingt nach, frech und frisch. Wer dieses Gedicht jemals gelesen hat, bekommt seinen jugendlichen, galoppierenden Rhythmus nicht mehr aus dem Ohr. Es sind von einem hellen Wind durchfahrene Zeilen. Sie standen einst zwischen Gedichten von Kurt Hiller, Arthur Drey, Max Brod, Alfred Lichtenstein und Kurt Erich Meurer. Und alle diese Verse haben ihre Jugend nicht überlebt, bis auf das eine, das dem entdeckenden Trab der Fohlen gewidmet ist.

Wie es damals aufgenommen worden ist, hat Alfred Richard Meyer, Munkepunke, der Verleger und Schriftsteller, in seiner 1948 erschienenen ›maer von der musa expressionistica‹ erzählt: »Eines Tages, mittags, war der Ruf da, über Jahrzehnte hinaus hell geblieben, zuerst in mein Ohr scharf durch Wolfgang Goetz gestoßen, bislang für uns lediglich durch seine zwei Einakter ›Kreuzerhöhung‹ und ›Der böse Herzog‹ bekannt geworden – vor der kleinen Gerold-Stube an der Gedächtniskirche war's, daß der Schrei auf mich losprеschte: ›Junge Pferde! Junge Pferde!‹ Was war geschehen? Lediglich das eine, fast schon Alltägliche: daß ein Gedicht erschien, betitelt ›Junge Pferde‹, von einem neuen Mann, der sich Paul Boldt nannte. Er hatte uns einen herrlichen Morgen- und Abendgruß geschenkt, den wir leidenschaftlich propagierten:

Wer die blühenden Wiesen kennt
Und die hingetragene Herde,
Die, das Maul am Winde, rennt:
Junge Pferde! Junge Pferde!

Über Gräben, Gräserstoppel
Und entlang der Rotdornhecken

Weht der Trab der scheuen Koppel,
Füchse, Braune, Schimmel, Schecken!

Junge Sommermorgen zogen
Weiß davon, sie wieherten.
Wolke warf den Blitz, sie flogen
Voll von Angst hin, galoppierten. –

Selten graue Nüstern wittern,
Und dann nähern sie und nicken,
Ihre Augensterne zittern
In den engen Menschenblicken.

Erst viel später erschienen Boldts Gedichte unter dem Titel ›Junge Pferde! Junge Pferde!‹ als des ›Jüngsten Tages‹ Band 11 bei Kurt Wolff, Leipzig. Am nächsten Tag aber kam uns Lust an, zu den Pferderennen nach Hoppegarten hinauszufahren ...«

Es blieb Boldts erster und einziger Gedichtband. Ende 1918 oder Anfang 1919 starb er an einer Blinddarmentzündung in Berlin, wo er lange gelebt und geschrieben hatte, ein eifriger Mitarbeiter an der ›Aktion‹, befreundet mit deren Herausgeber Franz Pfemfert – »eine der rätselhaften Figuren des deutschen Expressionismus« nennt ihn der Literaturwissenschaftler Paul Raabe. Boldt war aus Ostpreußen gekommen, wo er 1886 geboren wurde, ein »Bauernsohn« – so wenigstens steht es in einer Rezension des Gedichtbändchens, die Hugo Kersten 1914 für die ›Aktion‹ schrieb.

Von seiner Biographie ist so gut wie nichts bekannt, doch er geht durch seine Zeilen: da wird er sichtbar. Ein Mann, der Heimweh nach dem Land hat, nach einem weiten Himmel, schnaufenden Tieren und Vogelfiguren vor Wolken, der sich der Ordnung der Jahreszeiten unterwirft. Ein Mann, der, dies bedenkend, in die große Stadt Berlin vernarrt ist, der die Gaslaternen zählt, den Asphalt streichelt und die Huren mehrerer Straßen beim Namen ruft. Der den Liebesrausch dieses Millionenhaufens unvergleichlich zu skandieren weiß. Der den Narzißmus der Fassaden begreift.

Jetzt, nachdem uns der Expressionismus vertraut geworden ist, nachgeholte Literaturgeschichte, wenden wir uns allmählich wieder von ihm ab: die Pathetiker verdrießen uns, und die wahrhaft Großen haben sich der Etikettierung entwunden. Es ist wahr – viele Schreie verhallten zu Recht in den Jahrzehnten; manche einst gelobte Stadt war auf Sand gebaut, und die lilane Romantik der Cafés und Hurenhäuser endete im Kitsch. Aber da sind einige aus dem zweiten Glied, die nun nach vorn treten. Sie waren leiser gewesen, verspielter, ironischer. Als Zyniker verstanden sie sich auf den Echo-Witz. Ich denke an Ernst Blass, Jacob van Hoddis, Ferdinand Hardekopf, Max Herrmann-Neiße und an Paul Boldt. Er ist gänzlich verschollen; vor fünfzig Jahren stumm geworden, und doch hat er, neben Hardekopf, einige der köstlichsten erotischen Gedichte der neueren deutschen Literatur geschrieben.

»Tod, stellst du keinen Liebesdichter ein?« fragte er in seinem Gedicht ›Amor und mors‹. Das ist auch die Frage aller seiner poetischen Liebschaften. Er hat nie schamhaft verhüllt, seine Worte umgarnen die Glieder der Geliebten mit vehementer, bebender Offenheit. Und seine Zärtlichkeit lauerte. Auf was? Auf das Angesicht des Todes unterm schönen Fleisch oder auf die endgültige Metapher, die er sich von den Damen erbat? So ist er, der auf Pferde, Rinder, Weiden, auf träge Bäche Hymnen der Erinnerung sang, einer der urbansten Poeten geworden. Der Frühling sprang für ihn aus dem Boulevard:

Als trügen Frauen in den Straußenfedern
Das junge Licht wie eine weiße Fahne,
Gehörten alle Häuser reichen Reedern
Und wären Schiffe, schwimmt um die Altane
Die blaue Luft! Oh, jetzt in einem Kahne
Auf Wassern fahren, süßen Morgennebeln
Entgegensteuern, gleich dem leisen Schwane
Die Wellen teilend mit den schwarzen Hebeln.
Geh in die Leipziger Straße! Geh ins Freie!
Schön ist die Wollust! Gott ein guter Junge.
Die Dirnen sommern, brünstiger als Haie!
Ich habe Geld! ich bin so schön im Schwunge,
Sonette aus Sonne kitzeln mir die Zunge!
In meiner Kehle sammeln sich die Schreie!

Seinen Gedichten fehlt der Fin-de-siècle-Geschmack Hardekopfs, auch die Strenge der Blassschen Verse. Er war eine barocke Natur, einer, der gerne dröhnte. Und manchmal kommt es einem vor, als übergelle er die Bilder der Kindheit. Frivolität färbt viele seiner Sätze, bisweilen ist es der blanke Hohn. Dann widern sie ihn alle an: die Literaten im Café, die leichten Mädchen, die Chausseen, die Mietskasernen. Es war ein Aufruhr, der unverbrüchlich der Stadt sich verbrüdert hatte. Er trennte sich nicht mehr von ihr, er starb in der Stadt, zu ihrem kundigen Sänger geworden. Nur ab und zu redete, sehr leise, eine Stimme in ihm und schenkte ihm einige Verse, die den Häuserfluchten entronnen sind:

Ich lasse mein Gesicht auf Sterne fallen,
Die wie getroffen auseinanderhinken.
Die Wälder wandern nordwärts, schwarze Quallen,
Ins Blaumeer, daraus meine Blicke winken.

Auf der Terrasse des Café Josty

Der Potsdamer Platz in ewigem Gebrüll
Vergletschert alle hallenden Lawinen
Der Straßentrakte: Trams auf Eisenschienen,
Automobile und den Menschenmüll.

Die Menschen rinnen über den Asphalt,
Ameisenemsig, wie Eidechsen flink.
Stirne und Hände, von Gedanken blink,
Schwimmen wie Sonnenlicht durch dunklen Wald.

Nachtregen hüllt den Platz in eine Höhle,
Wo Fledermäuse, weiß, mit Flügeln schlagen
Und lila Quallen liegen – bunte Oele;

Die mehren sich, zerschnitten von den Wagen. –
Aufspritzt Berlin, des Tages glitzernd Nest,
Vom Rauch der Nacht wie Eiter einer Pest.

Friedrichstraßendirnen

Sie liegen träge in den Seitengassen
Wie Hafenschuten gleich und gleich getakelt,
Vom Blick befühlt und kennerisch bemakelt,
Indes sie sich wie Schwäne schwimmen lassen.

Im Strom der Menge, auf des Fisches Route;
Ein Glatzkopf äugt, ein Rotaug spürt Tortur –
Da schießt ein Grünling vor, hängt an der Schnur.
Und schnellt an Deck einer bemalten Schute,

Gespannt von Wollust wie ein Projektil!
Die reißen sie aus ihm wie Eingeweide,
Gleich groben Küchenfrauen ohne viel

Von Sentiment. Dann rüsten sie schon wieder
Den neuen Fang. Sie schnallen sich in Seide
Und steigen ernst mit ihrem Lächeln nieder.

Andere Jüdin

I.

Der Sturm braust in den Eichen,
Die sich nach Westen legen
Und diesen kleinen bleichen
Himmel zusammenfegen. –

Ich dunkle so, ich lebe
Einsamer und versteint,

Weil über mein Gewebe
Dein Antlitz nicht mehr scheint.

II.

Im Norden sind die Ebenen, da steigen
Die Ströme zitternd in das Meer,
Das sie verhüllt. Der Wind weht Wogen her.
Das Wasser schweigt, und die Sternbilder schweigen.

Du stiegst hinab mit deinem weißen, leisen
Lachen sprudelnd und deiner Brüste Schaum. –
Antworte doch! Bist du noch in dem Raum,
Wo meiner Augen Vögel schreien, kreisen?

PS: Manche von Boldts Gedichten kann ich auswendig. Sie sind mir nah. So freute ich mich, als Wolfgang Minaty 1979 das Gesamtwerk edierte und als erster, auf Grund seiner Nachforschungen, das kurze Leben Boldts beschreiben konnte. Dennoch war der Widerhall auf die Edition kläglich. Selbst von wichtigen Literaturblättern wurde sie nicht zur Kenntnis genommen.

Max Herrmann-Neisse
Lied der Einsamkeit

Max Herrmann kam aus Schlesien, aus Neiße. Er hatte einen Buckel und war gnomisch kurzgewachsen wie Toulouse-Lautrec. 1917 wanderte der Einunddreißigjährige nach Berlin, wo er sich niederließ, recht bald zu den bekannten und gefürchteten Literaten zählte, Theaterstücke und Theaterkritiken schrieb und in seinen Komödien selbst auftrat: ein zynisch-intellektueller Komödiant, der die Verschrobenheit seiner Figur zum erschreckenden Gaudium des Publikums ausnutzte, im innersten Herzen ein ewig Verletzter, ein tapferer Melancholiker – so hat ihn George Grosz gezeichnet und gemalt. Dem, der diese Bilder gesehen hat, gehen sie nach. Eine der Zeichnungen von Grosz ist dem 1927 im Martin Wasservogel Verlag herausgekommenen Band ›Einsame Stimme‹ beigegeben: ein ungeheurer Schädel, wie er oft, zu schwer, auf Zwergleibern sitzt. Es könnte eine Karikatur sein, spürte man ihr nicht in jeder Linie Respekt und Liebe ab. Hinter den runden Brillengläsern kleine, im Grübeln abwesende Augen, früh müde geworden; und unter einer fleischigen Nase ein erstaunlicher Mund: lüstern aufgeworfene Lippen, denen man glaubt, daß sie die Härte leise sprechen gelernt haben, die Traurigkeit genau. Grosz hat den Händen des Dichters auf allen Bildern große Aufmerksamkeit gewidmet: diese überlangen Finger lauschen, wenn sie sich auf die Dinge legen.

Max Herrmann hatte wenig Glück in der Prosa; da konnten sich seine Sarkasmen überschlagen oder verhärten, da wurde der Außenseiter manchmal larmoyant. In seinen Gedichten zog er um seinen Schmerz eine dünne, formende, schützende Haut. Er dämpfte seine Stimme, und keinem seiner Weggefährten gelang es so wie ihm, zum Lied zurückzufinden. Man mag das mit der heimatlichen Nähe Eichendorffs erklären; sicher aber tönt auch die kluge Kraft, mit der er seine Verzweiflung bändigte, in den Strophen mit.

1947 stöberte ich in der deutsch-amerikanischen Bibliothek eines württembergischen Städtchens einen Gedichtband auf, der in einem Emigranten-Verlag erschienen war und den ich zur Hälfte abschrieb: es war ein Band Max Herrmanns. Frühe und späte Strophen waren darin versammelt: die des Berliner Literaten und die des in London umherirrenden Vertriebenen. Hier redete das Exil in seiner reinsten Stimme: ohne Haß, doch mit einem heftigen, sich über das Heimweh erhebenden Stolz. Kein autobiographisches Zeugnis eines Emigranten vermochte mir je die Düsternis jener Jahre so zu erklären, wie einige Gedichte Max Herrmanns, die Heinrich Heines Aufbegehren würdig sind (und in welcher Anthologie findet man sie?); als Herrmann erfuhr, daß die Nazis ihm die deutsche Staatsbürgerschaft aberkannt hatten, erwiderte er ihnen mit Zeilen, die für allezeit Antwort auf Diktatorenspuk und mörderische Großmannssucht sind:

Wer mich zu entehren glaubte,
wenn mit frevelndem Befehle
er das Heimatrecht mir raubte,
ahnt die ewig lenzbelaubte
Heimat nicht in meiner Seele.

Dann schildert er das Panorama, das vor seinen Augen steht: jenes Land, das man ihm nicht nehmen kann, aus dem seine Poesie wuchs und sich nährt. In der letzten Strophe sagt er:

Was man liebt, kann nie vergehen:
heimatlich vertraute Töne
überall uns treu umwehen;
denn die Heimat bleibt bestehen
in dem Lied verstoßner Söhne.

Ich trage diese Zeilen mit mir, sie fallen mir ein, wenn ich studiere, wie Schriftsteller erläutern, warum sie nicht in der Bundesrepublik leben, wenn ich den kühnen, selbstverleugnerischen Gedankengängen Enzensbergers zu folgen mich bemühe. Sie sollten sich solcher Gedichte und Männer erinnern. Max Herrmann war überdies von den Machthabern des »Dritten Reiches« nicht seiner Rasse, seines Glaubens oder seiner politischen Überzeugung wegen verfolgt worden. Er war freiwillig fortgegangen, hatte sich den Kameraden angeschlossen, ein Freier, bis zu seinem Tode 1941 in London: »Ich sah das Dunkel schon von ferne kommen« und »Ein deutscher Dichter bin ich einst gewesen«.

Im Exil ballten sich seine Sätze; sie wurden schärfer, und bisweilen zucken sie, verhaltene Flüche. Der Grund, auf dem sie geschrieben sind, hatte sich bewahrt, er war von den ersten Versen an gelegt: Jene ausschwingende Musikalität, in die sich Bilder wie von selbst einlassen, die die Realität nie verleugnet, auch nicht verschönt, aber erhebt. Die in ihrer Sanftheit leuchtend ist und voller männlicher Vernunft. Deren Trost – das ist ein Wort, welches bei vielen Gedichten Herrmanns angebracht ist – aus einer Tapferkeit entspringt, die wenig von sich selber hermacht: er beseligt Landschaft und Dinge und überträgt sich auf die Menschen.

Was dieses Werk entschieden von der Romantik entfernt (nicht erst in der Emigration), ist zum einen seine Urbanität, zum andern seine Intelligenz, die sich mit Chimären nicht einläßt. Wohl ist in ihm viel von Heimat die Rede, doch es ist nicht jene, welche die Nazis hernach für sich beanspruchten, das fürchterliche Gemisch aus Blut, Boden und miserablem Stil: so emigrierte dieser Poet nicht zuletzt um seines Landes willen, dessen andere, klarere Stimme in seinen Strophen redet.

Manche Gedichte sind wie eine einzige Geste, vollkommen: sie sprechen sich in das Gedächtnis hinein und wiederholen sich, wann immer man ihrer bedarf. Sie scheinen unendlich einfach, obwohl ihre Metaphorik kunstvoll, ja eigensinnig ist. Man merkt es nicht.

PS: Eine Auswahl seiner Gedichte liegt neuerdings vor. Er, der aus dem Exil nicht mehr zurückkehren konnte, der Heimwehkranke, kehrt nun leise und unüberhörbar mit seinen Versen heim.

Paul Kornfeld
Blanche oder Das Atelier im Garten

Wer kann sagen, warum man sich an das eine Buch ungetrübt für viele Jahre erinnert, mit seinen Gestalten sich unterhält und warum man das andere, das doch gleichfalls gut geschrieben, vortrefflich erfunden ist, bald vergißt und sogar unwillig wird, wenn es jemand lobt und dem geliebten Einen vorzieht?

Da tauchen sie wieder auf, man ruft sie sich herbei: aus dem Schatten der Jahre nach dem Kriege. Viele tragen ein Mäntelchen von alter Begeisterung um sich – ist's verschlissen? Und man blättert, liest sich fest, begegnet dem einst Vertrauten, dem, was neu war und sich nun als vergänglich entpuppt, oder es schlägt aus dem, was einen gleichgültig ließ, plötzlich das Feuer der Dauer.

Eines der Bücher, das mich seit Jahren begleitet, entstand im Exil, einige Jahre bevor sein Autor den braunen Quälern zum Opfer fiel. Ich meine Paul Kornfelds einzigen Roman ›Blanche oder Das Atelier im Garten‹, der lange nach seinem Tod, 1957, im Rowohlt-Verlag erschien. Der Roman wurde zwar freundlich willkommen geheißen und auch Kornfelds wurde gedacht, aber niemand (soviel ich weiß) sprach von der Liebe, die sich an diesem großen Buch entzünden kann, von den köstlichen Stunden der Lektüre, von den Versenkungen in beschwingende Atmosphäre, in akurat gezeichnetes Milieu.

Es wäre notwendig gewesen, um den Widerhall zu verstärken: er hätte einem der meisterlichen Werke der dreißiger Jahre gegolten und einem hochbegabten Mann, über den ich, damit das Bildnis des Schöpfers nicht hinter seinem Opus gänzlich verblasse, einiges notieren möchte: Kornfeld, in Prag 1889 geboren (und wir reihen ihn – das Stichwort Prag – unverzüglich neben Kafka, Werfel, Brod, Willy Haas, Rilke, Oskar Baum und Johannes Urzidil), schrieb bis auf diesen einen Roman Stücke, Komödien vor allem – ›Palme oder der Gekränkte‹, ›Kilian oder die gelbe Rose‹ –, die in den letzten Jahren, ohne größeren Erfolg, wiederaufgeführt wurden. Er lebte als freier Schriftsteller in Frankfurt am Main, arbeitete bei Reinhardt in Berlin und am Landestheater Darmstadt als Dramaturg. Die Anfänge des Romans wuchsen offenbar in Darmstadt; das Urbild des »Ateliers« hat die Zerstörung der Stadt überdauert. 1933 flüchtete er in seine Geburtsstadt.

Ernst Rowohlt hatte ihm damals nahegelegt, sich über einen Roman zu setzen. Und Rowohlts Gabe, unausgeschöpfte Talente zu wecken, hatte bei diesem Mann ein Wunder bewirkt. ›Blanche‹ entstand – die Zeit war ihrer Melodie nicht wohlgesonnen –, das Manuskript wurde aus den Schrecknissen gerettet. 1941 holten Kornfeld die Schergen; ein Jahr später, er war 53 Jahre alt, wurde er im Vernichtungslager Lodz ermordet. Das Manuskript gelangte, es war ein schierer Zufall, in die Hände Rowohlts. »Der allerletzte Teil [ist] nicht von Kornfeld geschrieben, sondern nach seinen Aufzeichnungen von einer anderen Hand zum Ende geführt worden – eine Arbeit, welcher man, wie analogen Behelfen an Werken der Musik, Selbstverleugnung und Geschmack nachrühmen kann.« (H. J. Weitz)

Was macht es, daß man dieses Buch liebt, daß man sich mit seinen Gestalten befreundet oder sie verachtet, daß man auf seinen Zeilen wandert wie auf Straßen oder auf Gartenwegen? Es ist ein Gesellschaftsroman zum einen, die Geschichte einer Sympathie zum andern.

Als seine Heldin tritt uns Blanche Riedinger, die Tochter eines erfolgreichen Anwalts, entgegen: ein kräftig gebautes Mädchen von vollkommenem Umriß, den eine Mode, die dem Garçonne-Typ huldigt, nicht akzeptieren kann. Wild und vielgestaltig regen sich Träume in diesem schönen Mädchen. Es malt, und es hat sich in ein Gartenhaus verschaut, in das es sich, allerhand Kniffe anwendend, einmietet: dies ist ihr Atelier im Grünen, der Ort verschlungener Dialoge – da brandet die tolle Zeit an und beruhigt sich an dem freundlichen Gestade des Parks. Gewiß, sie liebt auch Menschen, doch das Atelier geht ihr über alles, und als der Vermieter sie exmittiert, nimmt sie sich das Leben.

Es wird also von einer selbstverlorenen Liebe erzählt. Dies ist die eine Bahn, die andre führt uns mitten hinein in die

Gesellschaft der zwanziger Jahre, setzt uns zwischen Bürger und Rebellen; der Dichter proletarischer Verse im Habit eines Dandy taucht auf, der tiefsinnig-böse Gnom, die emanzipierte, Liebe nach ihrer höchst freizügigen Wahl predigende Frau ... Den festen Rahmen aber bilden die Bürger: die Eltern Riedinger, die ironisch-menschenfreundliche Figur des Anwalts Feding, die Industriellenfrau Leonhardt.

Ein großer Kreis, ein gesprächiger Reigen. Er wirbelt um die suchende, sich in ihr Häuschen einpuppende Blanche.

Der Leser fühlt sich manchmal in den Cercle um Musils Clarisse versetzt. Ähnliche Themen werden angeschlagen und mit demselben epischen Langmut abgehandelt. Warum ermüden wir hier wie dort nie? Uns hält die stete Spannung zwischen Rede und Gestalt in Atem, jene sich wunderbar verzweigende, überaus musikalisch geführte Psychologie, die aufreißt und hütet in einem. Die Ironie kann einen allerdings in Unsicherheit stürzen: meint er's denn nun ernst mit Blanche oder mit dem Dichter Joachim, oder veranstaltet er ein hintersinniges Puppenspiel vor unseren Blicken?

Bis Blanche – wir haben uns längst mit ihr angefreundet, der Duft ihrer Haut umweht uns, das Sprühen ihrer Augen, ihr bisweilen böses Gelächter – nach vorn tritt und mit ihr die reine Poesie. Nun konzedieren wir die Sarkasmen, die frivolen Einschübe, Blanche entgilt uns die Bitternis, bis sie selbst ihr anheimfällt. Eine lange Erzählung und dennoch kurz: wir wären gern weiter mit Blanche gegangen.

Was es mit Kornfelds ›Blanche‹ zu entdecken gilt, ist vielerlei: Ein psychologischer Roman, in dem sich die Seele einer jungen Frau in Tausenden von Sätzen bis in die geringste Zuckung des Herzens spiegelt; die detaillierte Schilderung einer vergangenen Gesellschaft, in deren Widerstreit die Barbarei einbrach; der Gesang der Stadtnatur, wie er sommerlicher und erfüllter kaum tönen kann; das Zeugnis eines gelassenen, feinfühligen Stils.

Und die Sprache ist es ja, die das erneute Lesen zum gefährlichen Abenteuer werden läßt. Wie oft enttäuscht sie, wie oft entlarvt sie sich als ein auf modischen Linien geschriebenes Wirrsal. Wie oft lugt der Popanz Tag aus allen Verben. Kornfeld hat die Probe bestanden. Er besticht mit sorgsam skandierten, dem Geist der Dauer abgelauschten Sätzen.

Nichts überrumpelt die Zeit so sehr wie Helligkeit. Und das Licht, das aus seinen Zeilen, aus seinen Bildern sprüht, das sich über seine Gestalten ergießt, ihnen schmeichelt oder ihre Schatten härtet, hat nicht nachgelassen. Es ist wahrscheinlich nichts anderes, als daß dieser Autor klug gewesen war, eine noble, erinnerungswürdige Erscheinung unserer Literatur.

Es ist begreiflich, daß Blanche ihre Besuche lieber in ihrem Atelierhaus empfing. Sie freute sich über jeden Gast, den sie hier hatte; war er aber gegangen, dann betrachtete sie ihre Zimmer, als hätten in ihnen Barbaren gewütet. Es schien ihr nämlich ein arger Mißbrauch der Dinge zu sein, daß man sie auch benutzte. Das Geschirr war schmutzig, die Stühle waren verrückt, die Kissen zerknüllt, da war ein Buch vom Regal genommen und dann achtlos beiseite gelegt worden, dort war die Ecke eines Teppichs umgeschlagen, ein bißchen Asche war auf den Boden gefallen – sie schaute sich um wie auf einem freien Platz nach einem Straßenkampf. Sie machte sich also, nachdem Müller-Erfurt sie verlassen hatte, augenblicklich an die Arbeit: sie räumte das Teegeschirr weg, entleerte, wusch und trocknete die Aschenbecher, rückte die Vasen an ihre Stelle, arrangierte die Blumen neu zu leichten, lockeren Sträußen, und erst, als alles wieder geglättet, in die vorgesehene Ordnung gebracht war, atmete sie, um sich schauend, auf. Jetzt erst war der Zwischenfall des Besuches erledigt, jetzt erst hatte sie gleichsam das Haus betreten, jetzt erst begann der Nachmittag – allerdings, er war zur Hälfte schon vergangen. Unentschlossen stand sie da und schien sich zu fragen, was sie nun tun solle. So setzte sie sich zuerst nieder und dachte nach. Manchmal sah sie auf und blickte um sich, manchmal schloß sie für einige Sekunden die Augen. Mit leisen Schritten ging die Dämmerung durch den Garten, ging die Stille durch das Haus. Es war zwar zu spät, als daß sie noch hätte anfangen wollen zu arbeiten, aber sie ging dennoch ins erste Stockwerk hinauf.

War unten alles aufs Wohnliche, Gemütliche und Hübsche berechnet und konnte ein strengerer Mensch sogar den Eindruck der Verspieltheit haben, so war oben alles in überdeutlicher Weise nur für die Arbeit eingerichtet. Das Atelier war der größte Raum des Hauses, die Decke war durchbrochen und ein Fenster in sie eingelassen worden. Jetzt allerdings, da es Abend geworden war, durchstrahlte zu grell der bläuliche Schein einer Tageslichtlampe den Raum. Die Wände waren weiß gekalkt, der Boden mit ungestrichenen Brettern belegt, alles war kahl, das Zimmer war leer, nur in seiner Mitte stand die Staffelei, ein etwas kompliziertes Ungeheuer, und entlang der Fensterseite lehnten auf der Erde gegen die Wand, immer je fünf hintereinander geschichtet und nach ihrer Entstehungszeit geordnet, die fertigen Bilder. Die ersten, die ältesten also, stellten, durchaus anfängerhaft, impressionistisch gemalte Landschaftsausschnitte dar, meistens Partien aus dem vor den Fenstern liegenden Garten; dann schien Blanche in eine andere Lehre gekommen zu sein, denn von einem Bild zum andern hatte sich ihre Betrachtungs- und Malweise vollkommen gewandelt: nun standen auf der Leinwand Violinen, Frauenköpfe und Stehlampen, doch die Dinge waren aus ihrer Ganzheit gefallen, in Flächen und Würfel aufgelöst, und die Teile der Gegenstände sowohl als auch ihre Formen waren durcheinandergeschoben; wohl unter neuen Einflüssen stehend, hatte sich aber die Malerin nach einiger Zeit, wiederum mit einem

Schlag, von den ästhetischen Problemen ab- und, voll eines guten, vielleicht eines übertrieben guten Willens, den sozialen Problemen zugewandt: jetzt waren elende, verhungerte, zerfressene Arbeitergesichter zu sehen, zerfallende Mietskasernen der Vorstädte und Karikaturen auf dicke Bürger. Alles war ohne Rücksicht auf die Wirklichkeit in entschlossenem, programmatischem Radikalismus ganz ins Extreme gesteigert: die Risse in den Mauern der Häuser waren leidenschaftlich breit und erweiterten sich hie und da zu so unnatürlich klaffenden Löchern, daß es unergründlich blieb, wieso die Reste der Wände nicht in sich zusammenstürzten; und die Bourgeois hatten ein so schweres, so tief herunterhängendes Doppelkinn, daß man sie eigentlich, wie ein Freund von Blanche einmal gesagt hatte, weder wegen ihrer Wohlgenährtheit und Wohlhabenheit beneiden noch auch sie hassen konnte, sie vielmehr wegen ihrer Fettleibigkeit bedauern mußte. Doch auch diese Periode schien abgeschlossen zu sein.

Blanche stand vor der Staffelei, vor ihrem eben im Entstehen begriffenen Bild, doch nur mit leeren Augen und nur für eine Minute, sie ging zum Fenster und sah in den dunklen Garten hinunter, aber auch hier blieb sie nicht stehen, und sie wandte sich zum Zimmer nebenan. Es war winzig klein, mit Velours ausgelegt und zur Hälfte von einer breiten, mit einem Buchara bedeckten Couch ausgefüllt, neben der nur noch ein Tischchen mit einigen Büchern, einer zierlichen Uhr und einer primelngefüllten Vase stand; es war dämmrig von einer dunkelblauen Seidenampel erleuchtet. In diesem Raum würde sie schlafen, wenn sie einmal die Nacht hier verbringen sollte. Blanche setzte sich nieder und sah durch die offene Tür ins Atelier. Sie hätte sich wohl gelangweilt, wenn ihre eigene Unruhe ihr nicht die Zeit vertrieben hätte.

Langsam hob sie beide Hände vor die Brust und

begann mit der einen Hand an den Fingern der anderen etwas abzuzählen, sie fing ein zweites, ein drittes Mal damit an und murmelte die Namen der Leute, die an jenem Abend bei Doktor Krau gewesen waren: Krau, Müller-Erfurt, Gisela, Alfred Unger, Frau Unger, Ruge, Carola Ruge –, und versuchte, nach Anhaltspunkten greifend, zu erraten, wer das Veronal an sich genommen und warum dieser und warum jener es getan haben könnte. Sie tastete nach Geheimnissen, sie wagte sich ins Innere der fremden Leben vor, und manche Worte oder Vorkommnisse, die ihr einmal unwesentlich erschienen waren, bekamen nun in ihren Vorstellungen eine große Bedeutung. Doch sie schien die Grübelei aufzugeben, lehnte sich zurück, legte sich auf die Seite und stützte den Kopf in die Hand. So blieb sie, mit jenem entspannten und leeren Gesicht, das der Mensch zeigt, wenn er nicht denkt und sich in seinem Innern nicht orientiert, sondern in passiver Hingegebenheit sich seinen Gedanken, Vorstellungen, Träumen überliefert, sie, Welle auf Welle, in sich aufsteigen und sich von ihnen überströmen läßt. Von Zeit zu Zeit veränderte sie ihre Lage, doch nicht anders als ein Hund, der stundenlang still zu Füßen seines Herrn träumt und nur manchmal den Kopf hebt, um ihn von einer Pfote auf die andere zu legen. Dann blieb sie wieder regungslos, war nicht ein menschliches Wesen, sondern nur eine menschliche Gestalt im Bild dieses Zimmers. Die einzige Bewegung im ganzen Haus war das Zwinkern ihrer Augenlider. Eine Zeit, die so vergeht, hat keine Grenzen, keine Ufer und ist nicht meßbar.

Endlich sprang sie auf. Sie hatte sich wohl plötzlich erinnert, daß sie ihr neues Bild, als sie vorhin bei der Staffelei gestanden hatte, eigentlich gar nicht betrachtet hatte. Nun ging sie hin und sah es prüfend an. War unter ihren früheren Arbeiten eine Gruppe von der andern sehr verschieden, so stand dieses noch unfertige, doch schon deutlich erkennbare Gemälde gegen alle anderen gemeinsam in einem bis auf den Grund gehenden Gegensatz: die Problematik, die Lust am Experimentieren war verschwunden. Alles war in einfach-flächiger Weise hingestrichen, und die Hand war nur vom Herzen geführt worden. Es war ein Seestück, voll friedlichen Überschwangs und harmlos freundlicher Ekstase. Die Künstlerin war gleichsam wieder Anfängerin geworden, denn was sie in anderen Epochen an Fertigkeit gelernt haben mochte, war hier nicht anwendbar.

Ein einsamer, bräunlich-rot gefärbter Kahn schaukelte idyllisch im leisen Wind. Sein Vorderteil war sanft gehoben, und das freundlich sprudelnde Wasser kräuselte sich an seinem Bug. Die Unendlichkeit und abgründige Tiefe der Wasserfläche war allerdings zu lieblichen Wellen verzierlicht, das gewaltige Himmelsgewölbe durch herzige Lämmerwölkchen um seine Größe gebracht, und als hätten gar vor lauter Innigkeit Äther und Wasser ihre Farben vertauscht, dehnte sich die himmelblaue Ebene des Meeres unterm marineblauen Gewölbe des Himmels. Am Horizont war die See mit kleinen weißen Schaumkronen dekoriert. Den Mittelpunkt des Bildes stellten zwei Figuren dar, ein seliges, schwärmerisches Liebespaar. Die eine hatte ihre Wange an die der anderen gelegt, und diese wiederum umfaßte mit ihrem Arm die Schultern der ersten. Die Gesichter waren mit etwas verkrümmten Hälsen zurückgelegt, und die Blicke träumten in die Höhe und Ferne. Die füllige Gestalt der Frau war in ein schleierartiges Gewand gehüllt, Körper und Kopf des Mannes waren noch nicht ganz ausgeführt und teilweise erst in den Konturen mit dem Bleistift vorgezeichnet. Soviel war deutlich: die beiden barsten vor Gefühl, aber sie waren ganz und gar unschuldig. Das

Ganze war reinen und aufrichtigen, doch unkünstlerischen Herzens gezeichnet und gemalt, verzeichnet und vermalt, weichlich und süßlich und noch nicht in die Sphäre der Gestaltung gekommen. Aber wie oft hatte Blanche auch die Lehrer gewechselt, in der letzten Zeit und seit ihrer letzten Wandlung überhaupt keinen gehabt!

Blanche ließ das Bild auf sich wirken, trat zwei Schritte zurück, trat wieder vor, stellte die Staffelei schiefer und steiler, kurbelte die Leinwand hinauf und hinunter, ging rückwärts bis zur Tür des kleinen Zimmers, neigte den Kopf, kniff die Augen zusammen und kam wieder nach vorn. Sie schien unzufrieden und hob ihre Hand, um nach einem Pinsel zu greifen, hielt aber ein, als fühlte sie sich nicht fähig, es besser und so zu machen, wie sie geplant und gewollt, und, mit einer resigniert wegwerfenden Handbewegung nach der Leinwand hin, wandte sie sich ab, um zu ihrer Couch zurückzukehren.

Sie legte sich nochmals nieder, aber die Ruhe wollte nicht wiederkommen. So ging sie hinunter, setzte sich geschäftig an den Sekretär und holte aus einem der Fächer einen Stoß von Papieren. Es waren Rechnungen, die meisten waren nicht bezahlt; denn sie bekam zwar von ihrem Vater monatlich eine bestimmte Summe und ließ die üblichen Geschenke zu den verschiedenen Gelegenheiten von ihren Eltern durch bares Geld ersetzen, zwar bekam sie öfter von ihrer Mutter im geheimen etwas zugesteckt, das alles aber reichte nicht aus, das Atelier nicht nur zu erhalten, sondern auch immer noch weiter zu vervollkommnen. So war sie immer in einer gewissen Bedrängnis. Augenblicklich studierte sie eine Liste, auf der ihre Schulden notiert und dann addiert waren, daneben aber lag schon eine andere, noch längere Liste, auf der ihre Wünsche für die Zukunft sorgfältig und pedantisch untereinander aufgeschrieben standen: es waren auf ihr alle Veränderungen verzeichnet, die sie hier vorzunehmen beabsichtigte, alle Reparaturen, die ihr notwendig erschienen, und all die Dinge, die sie in ihrem Haus noch brauchte oder zu brauchen meinte.

Sie erinnerte sich, daß sie oben hatte Licht brennen lassen, lief hinauf, doch als sie wieder zurückgekommen war, hatte sie keine Lust mehr, sich weiter mit ihren Geldaffären abzugeben. Sie wandte sich den Blumen zu, nacheinander den Narzissen auf dem Tisch, den Mimosen auf dem Sekretär, den Veilchen in der Ecke, umfaßte mit ausgebreiteten Händen die Sträuße, um sie zusammenzuhalten, und dies tat sie mit so vorsichtig zärtlicher Behutsamkeit, als ob sie das Wunder zustande bringen wollte, die Blüten zu ordnen, ohne sie zu berühren. Sie öffnete ein Birkenholzkästchen und schob alle Zigaretten in seinem Innern an die eine Seitenwand, so daß sie mit ihren Enden eine gerade Fläche bildeten, nahm einen Zigarrenbehälter aus gehämmertem Messing zur Hand und richtete die sechs Zigarren aus, bis sie, die Schrift ihrer Binden gleichmäßig nach oben gewandt, in vollendeter Parallelität dalagen. Nun schnupperte sie, als ob sie noch Rauch spürte, und öffnete ein Fenster, eilte hinauf, lüftete auch dort und eilte zurück; kaum aber angelangt, kehrte sie nochmals in den Vorraum, mit dem Blick zur Kammer unter der Stiege, besann sich auf dem Weg anders, kam wieder ins Zimmer und sah sich unruhig-suchend um. Ihr Blick fiel auf die Kerzen, sie löste die erstarrten Wachsbäche von ihnen, richtete die Dochte in die Höhe. Bald stand sie vor dem Schreibtisch, um die Utensilien zu überfliegen, bald vor dem Blumentisch. Sie wandte sich dahin und wandte sich anderswohin. Es war etwas Flatterndes über sie gekommen. Sie suchte nach Falten im Teppich, visierte in hockender Stellung von der Seitenwand des Regals aus, ob die Bücher in einer Linie ausgerichtet seien, sie öffnete Fächer, um sie wieder zu schließen, nahm einen Gegenstand, nur um ihn wieder dorthin zu legen, wo er vorher gelegen hatte. Sie drehte sich ruckweise nach der einen und nach der anderen Richtung. Sie ging schneller, ging mit lauteren Schritten. Kaum hatte sie einen Raum betreten, hatte sie ihn wieder verlassen, kaum hatte sie ihn verlassen, war sie wieder zurückgekehrt. Wie sie so dahinfegte, war es, als ob sie da und dort zugleich wäre. Ihre volle Körperlichkeit füllte die Zimmer, den kleinen Korridor, die schmale Stiege aus. Die Türen schienen zu eng für sie zu sein. Die winzigen Räume waren den vielen Bewegungen, der Hast ihres Ganges nicht mehr gewachsen. Ein geheimer Tumult war im Haus ausgebrochen.

PS: Einige der Stücke Kornfelds sind wieder gespielt worden. Und ›Blanche‹ gibt es nun, nach langem Warten, als Taschenbuch. Wer's liest, ist um eine Welt reicher!

Ernst Blass
Die Straßen komme ich entlang geweht

Im Januar 1939 starb, mit zerfressener Lunge und fast erblindet, im jüdischen Krankenhaus von Berlin der Dichter Ernst Blass. Sein letztes Buch, der Gedichtband ›Der offene Strom‹, war vor achtzehn Jahren, 1921, erschienen, die meisten seiner Freunde waren emigriert oder in den Konzentrationslagern verschwunden. Wer seine Gedichte und Essays lesen, seine Tätigkeit als Herausgeber der Heidelberger Zeitschrift ›Die Argonauten‹ würdigen will, muß sich auf die Hilfe der Antiquariate und einiger Bibliotheken verlassen. Kurt Hiller hatte in seinem Buch ›Köpfe und Tröpfe‹ noch gehofft, daß man seinen Freund Blass wiederentdecken werde. »... unter den toten Sieben unsrer letzten lyrischen Glanzzeit gehört er zu den bedeutenderen, und ich glaube, daß er – nicht wegen der zu absichtlich an George gelehnten Produkte seiner späteren, wohl wegen der Verse seiner Frühzeit mit manchem hold-unvergeßbaren Goethe-Eichendorff-Silberklang *und* ihrem Zuge von hardeköpfisch-asphaltener ›décadence‹ – als eine Art deutscher Verlaine gebucht werden darf und wird.«

Blass gab 1912 bei Richard Weißbach in Heidelberg – und diesem Verlag blieb er verbunden – seinen ersten Gedichtband heraus: »Die Straßen komme ich entlang geweht.« Nie wieder sollte ihm dieser Ton des Auftakts glücken: Die Eleganz und Frechheit, die metaphorische Genauigkeit und Keckheit seiner Strophen entzückte die Zeitgenossen. Ein Stadt-Dichter wie Jacob van Hoddis, Hardekopf, Alfred Lichtenstein und der mächtige Georg Heym. Ihm fehlte die Wucht Heyms und die Fin-de-siècle-Frivolität Ferdinand Hardekopfs; seine Verse hatten, bei allem Witz, einen zarten Unterton, den wir von Max Herrmann-Neiße kennen.

Ein Lebensgefühl, von Furcht und Aufschwung in einem bewegt, sucht nach Sätzen, nach Bildern: »... das ganze Sternschnuppenhafte einer Menschenexistenz, diese Einmaligkeit, das Umwogtsein – und das Stürzen und die Lust und die Melodei –.« So erläutert sich Blass in seinen ›Vor-Worten‹. Seine Gedanken sind zum Programm geworden: was er ausspricht, deutet die Bemühungen seiner Freunde, reicht aber bisweilen hellsichtig über das wilde Begehren des Vorkriegs hinaus: »Als Dichter ein Erkenner: das wird der Lyriker der nächsten Jahrzehnte sein.«

In vielen der ersten Gedichte redet Berlin mit: Kreuzberg, Kurfürstendamm, Brandenburger Tor und Potsdamer Platz. Eine tolle, leichtfertige und in schöner Krankheit sich windende Stadt – noch ist der Krieg nicht über den Horizont gestiegen, die Feste sind gewaltig, und die Angst vorm Wetterleuchten wird betäubt durch den Rausch endloser, von Gelächter, Schreien und Prophetien durchhallter Nächte.

Es ist eine Welt, die man riecht (aufdringliche Parfüms, der Schweiß von Tänzern und von erschöpften Schläfern) und greift (fahles Fleisch, die Marmortische und der geschliffene Stein von monströsen Treppenaufgängen). Das Dasein ist von mürber Konsistenz, die Luft, die durch die Fenster in die Zimmer weht, ist krank:

Vom Tode werden Mädchen oft entrückt
Dem Arzte, der noch Kampfer injiziert.
Dann wieder wird in Stuben kondoliert,
Wo Schränke stehen, weise und gedrückt;
Und Menscheneinsamkeit, die schüttelfröstelnd stiert
In Räume, in luftleere Räume.

Blass, dessen formales Können groß war, der jedoch seine Virtuosität nicht blind ausspielte, fühlte sich bald zu Stefan George hingezogen. Das haben ihm viele seiner Freunde verübelt. Es wird bemängelt, diese Sympathie habe seine Strophen geschwächt. Ich bin nicht so sicher. Auch in seinen späteren Bänden stehen Gedichte, in denen sein ganzes Talent durchbricht, seine leichtlippige Traurigkeit, seine »Melodei«, sein nobler Formensinn. In den ›Gedichten von Trennung und Licht‹ (1915 bei Kurt Wolff) stehen nicht wenige seiner geglücktesten Verse; darunter die ›Süddeutsche Nacht‹:

Vorgärtennacht! Mit Sträuchern an den Straßen,
Wo Bäume neben Gaslaternen stehn,
Im Dunkel hell und über alle Maßen
Zu golddurchjagtem Duften ausersehen!

Die Bäume sind wie Vögel mädchengleich
Und senken gelber Helle zu ihr Laub,
Laternenschein rinnt wie ein zarter Staub
Auf lichte Blätter in dem Wipfelreich.

Wir wollen aber nicht nach oben sehn.
Vielleicht, daß schon am nächtigen Himmel steht,
Wenn wir ganz klein durch Gartenstraßen wehn,
Ein Riesiger, entsetzlicher Komet.

Im Januar 1914 legte Ernst Blass das erste Heft seiner Zeitschrift ›Die Argonauten‹ der Öffentlichkeit vor. Als Verleger hatte er Richard Weissbach gefunden, einen bestrebten und für die expressionistischen Dichter wichtigen Mann. Er verlegte Hillers eigenwillige Anthologie ›Der Kondor‹ und neben der Zeitschrift die bibliophilen Argonautendrucke, fünf an der Zahl, unter ihnen, in 150 Exemplaren, ›Über den Stil Stefan Georges‹ von Blass und Baudelaires ›Tableau Parisiens‹, übersetzt von Walter Benjamin. ›Die Argonauten‹ kann man, ohne Bedenken, zu den wenigen Periodika zählen, die den Expressionismus bestimmten.

Blass war ein kluger Redakteur: er sammelte junge Autoren des Heidelberger Kreises um sich und ergänzte das Ensemble durch Gleichgesinnte. Es wird gescheit philosophiert in den Blättern; Stil und Distanz scheinen dem Herausgeber vonnöten. Er komponierte Hefte von ungestörter und ungezwungener Intelligenz. Ernst Bloch und Walter Benjamin treten hier, unverwechselbar, auf und geben der Zeitschrift die denkerische Richtung. Weitere Autoren: Franz Blei, Friedrich Burschell, Franz Jung, Arthur Kronfeld, Gustav Radbruch, Robert Musil, Carl Sternheim und Franz Werfel.

»Wir werden das Land zurücklassen, um in den klareren Lüften und reinlicheren Gefahren des Meeres den Seelen die Stärke und Großheit zu gewinnen, deren immer die sterblichen und überwindlichen Menschen bedürfen zur Bestehung der Stürme und Anfechtungen«, hatte Blass, enthusiastisch und anspielend auf den Titel der Zeitschrift, in seinem Vorspruch gesagt. Der Krieg brach über die Hoffnungen herein. Ihm zollten auch die ›Argonauten‹-Freunde Tribut: im achten Heft wird eine Rede Rudolf Borchardts abgedruckt, die er 1914 in Heidelberg gehalten hatte, ›In der Tracht der Manneszucht‹: »Der heilige Name Gneisenau ist auf unseren Lippen, wenn wir den Blick zu den geisterkühnen Zügen Ludendorffs erheben ...« – ach, Jason, welche Töne.

Das letzte Heft der ›Argonauten‹ und der letzte Gedichtband von Blass kamen 1921 heraus.

Aprilgedicht

Wie auf Gemälden, weiß und ohne Leben
So stehn die Wolken vor mir in dem Blau!
Ich gehe fremd und atme rauh,
Und so und soviel Menschen sind daneben.

Ich werde langsam mich zu sammeln streben ...
Versank mein wild Gedenken dieser Frau?
Ich lieb sie sehr – nichts weiß ich so genau –
Und bin ihr ziemlich hilflos preisgegeben.

Zuckt mein Gemüte durch den Frühlingstag?
Die Bäume sehen schön, ... neuartig aus.
Alleen, fernbesonnt, seh' ich durchs Tor.

Eine Fontäne sprengt mir etwas vor ...
Mein Herz zuckt wehrlos. Komm ich je heraus
Aus dieser Leidenschaft, eh ich erlag?

An Gladys

O du, mein holder Abendstern ...
Richard Wagner

So seltsam bin ich, der die Nacht durchgeht,
Den schwarzen Hut auf meinem Dichterhaupt.
Die Straßen komme ich entlang geweht.
Mit weichem Glücke bin ich ganz belaubt.

Es ist halb eins, das ist ja noch nicht spät ...
Laternen schlummern süß und schneebestaubt.
Ach, wenn jetzt nur kein Weib an mich gerät
Mit Worten, schnöde, roh und unerlaubt!

Die Straßen komme ich entlang geweht,
Die Lichter scheinen sanft aus mir zu saugen,
Was mich vorhin noch von den Menschen trennte;

So seltsam bin ich, der die Nacht durchgeht ...
Freundin, wenn ich jetzt dir begegnen könnte,
Ich bin so sanft, mit meinen blauen Augen!

PS: Eine Auswahl der Werke liegt jetzt vor. Die kritische Resonanz war dürftig. Vermutlich rührt es daher, daß die jüngeren Rezensenten nur noch wenig oder nichts mehr von diesem Dichter wissen, der mit seinen ›Argonauten‹ einmal eine ganze junge Generation beeinflußte.

Johannes R. Becher
Abschied

Er war einer der zweiundzwanzig Dichter der ›Menschheitsdämmerung‹, dieser von Pinthus herausgegebenen, klassisch gewordenen Anthologie des deutschen Expressionismus. Das Entsetzen seiner Jugend schrie sich in weiten Zeilen aus, und was er anbetete, war die Gemeinschaft, waren die Brüder, die Genossen; Rosa Luxemburg widmet er eine Hymne, in der die Ausrufezeichen entschlossen Hingabe skandieren. Der sich hier präsentierte, war ein Aufrührer, kein Beamter, nicht ein Mann, der sich als Minister für Kultur wissend und zynisch einem Staatsgebilde verschrieb, an dem er vieles nicht gutheißen konnte (wer dies bezweifelt, möge die Verkrampfung, die eisigen Fahrlässigkeiten und zynischen Übergänge in seinen Tagebüchern studieren).

Becher hat über seine Jugend Zeugnis abgelegt in dem autobiographischen Roman ›Abschied‹: Da nahm er, mitten im zweiten Weltkrieg (das Buch kam 1940 in Moskau heraus; ich benutze die vierbändige Auswahl des Aufbau-Verlags, 1949), Abschied von seiner bürgerlichen Kindheit und Jugend, dem München zwischen 1900 und 1914. Will er sich aus dem bourgeoisen Geflecht herausschreiben, retuschiert er den Jüngling vor roten Fahnen? Becher war – Jürgen Rühle hat dies in seinem Buch ›Literatur und Revolution‹ bemerkenswert differenziert – ein schwieriger, kalter Mensch. Er hat sich von Dingen und Freunden nonchalant trennen können, nicht allein aus Gründen der Opportunität. Schwäche vereiste ihn. Gewiß hat ihn seine Ostberliner Karriere erfreut (und belastet), doch er konnte gleichzeitig seine fehlende poetische Kraft beklagen. Er hatte einen unabhängigen Autor wie Plievier in der russischen Emigration großmütig unterstützt, andere hatte er im Stich gelassen, weil sie, wie er sich rechtfertigte, sich nicht selbst zu helfen vermochten. Unter Ulbricht wurde er rasch zum Staatsdichter, eine geheiligte Person, nach der man Hochschulinstitute und Volksschulen taufte. Der andere, der Aufrührer Becher wurde unterschlagen: der Rauschgiftsüchtige, der seinem Verleger immer wieder versprach, vom erlösenden Gift abzulassen, der Pubertant, der, unterm ekelnden Zwang, ein Mädchen umbrachte und dann, vergeblich, an sich selbst Hand anlegte. Der Poet, der dies dann auch alles, hektisch und schrill, beschrieben hatte, in Gedichten, deren Zeilen man nicht vergißt (und deren einige man jetzt in der Auswahl des Limes-Verlages nachlesen kann). Dieser Becher wurde mehr oder weniger gelöscht, von ihm selber und von den Exegese treibenden Ideologen. Mehr schon schätzte man den Autor der heimwehkranken Exilgedichte, in denen sich Gutes und Miserables mischten. Einige jedoch, die Landschaftsgedichte, sind der Lektüre wert: aus klassischem Erinnern gewachsene Wehklage.

Im ›Abschied‹ findet sich vom Aufruhr ein Widerschein. Es ist ein in vielen Passagen karg geschriebenes Buch, als fürchte sich der Erinnernde vor dem alten, losen Bild. Aber oft genug wird er überwältigt von dem verlorengeglaubten Rausch, von dem besänftigt gehofften Haß. Das Entree ist furios: die Raketenschwärme der Jahrhundertwende, die Frenesie der Wohlstandsgesellschaft, die sich vom Ruin unendlich entfernt glaubt. Gleichwohl bleibt das Soziale Oberfläche. Dieses Buch zeigt, wie aus Bürgerkindern Revolutionäre werden. Sie wenden sich nicht gegen das allgemeine Unrecht, sondern gegen dessen Inkarnation im Vater.

Der alte Korpsstudent, der seine juristische Karriere sorgfältig überdenkt, der den vaterländischen Drusch als goldene ewige Saat begreift, der die Engstirnigkeit um einer heilen Seele willen vorzieht und das gesellschaftliche Geschwätz der Gleichberechtigten für das Gebet des Jahrhunderts hält – er jagt den schwächlichen, unwilligen Sohn auf die andere Seite. Noch als Mann duckt sich Becher: der Widerwille, mit dem er über den Vater schreibt, der Haß und die Parodie sind nichts als Waffen seiner unvergänglichen Furcht. Er entzog sich. Erst ließ er sich mit rüden Nobelknaben ein, die die soziale Verlogenheit ihrer Väter schon kunstvoll ausspielten und derart jeglicher Strafe entgingen, dann verfiel er, den Sadismus solcher Spiele gewahrend, ins andere Extrem. Trieb sich unter den Bohèmiens im Café Stefanie herum, schnupfte und johlte den Gleichschritt der Genossen.

Mit dem Kriegsausbruch 1914 enden die Aufzeichnungen.

Man weiß, wohin ihn sein Weg führte. Und dennoch: War er nach solchem, den Tod herausforderndem Aufbäumen vorgezeichnet? »... Kuni besorgte die Pistole. Ich trug die Pistole bei mir, ein kleines, schwarzes Ding, kühl und handlich. In eine unbestimmte, sehr weite Entfernung rückte die Stadt, mit einem Schnurren im Hintergrund. Die Häuser verloren ihre Umrisse und tauchten, sich auflösend, unter einem firnishaften Dunst. Die Menschen glitten vorüber, puppenhaft, wie an Drähten gezogen und auf Schienen laufend, an den Gliedern beinahe bewegungslos. In mich selbst kam ein Schweben, ein Schaukelschwingen. Wie mit einer zauberhaften Haut war ich überzogen, die mich gänzlich unempfindlich machte und alles von mir abhielt. Ein großer schwarzer Fleck stand vor mir, wie das Leuchten einer unterirdischen Sonne: der Tod ... Samstag.«

Um diese Selbstzerstörungslust herum werden die Straßenzüge einer Stadt aufgebaut, mit einer psychischen, die Epoche belebenden Inständigkeit. Der sich, schreibend, davon lösen will, versinkt zeitweilen in dem schönen Moder des Fin de siècle.

Wie kam er davon? Was zerbrach in ihm? Bücher geben über solche Entwicklungen meist nur im Vexier Aufschluß. Auch Becher gewährt dem Jungen, rettend, eine Romanexistenz; er verwischt, verklärt, verändert nach den Regeln der Epik. Er hellt nicht auf, er läßt nur einige Züge seines eigenen Wesens und seiner Umgebung unter einem fanatischen Scheinwerferkegel Kontur gewinnen: Seine eigentümliche Beziehung zur Mutter (die sich noch in den Tagebüchern im Verschweigen ausspricht); ihre Hilfe erschreckt ihn, ihre Strafe zieht ihn an. Sie ist dem Vater nicht untertan, doch sie macht die patriarchalische Welt vollkommen. Oder die Liebe des Kindes zu dem Dienstmädchen Christine, das rauh und leiblich sich des Geschlagenen annimmt. Sie ist die einzige in diesem Buch, die den Knaben erwärmt. Denn alle anderen, auch die Ekstatiker, frieren. Ihre Hitze steigt aus einem kalten Kern. Gibt es für den Jungen Freunde? Mit einem geht er in die Ferien, dem andern verdankt er die Kenntnisse der proletarischen Revolte. Wird er sie je umarmen können? Und hat er nicht die eine, die ihn verlockte, getötet?

Mich bewegt dieses Buch. Ich denke an die späteren Gedichte Bechers, in denen er Heimat ins Exil zu holen versuchte: mit einem Male hörte man ein Herz schlagen. Seine Gegner sagen: Er war, ganz einfach, kein Charakter. Das mag zutreffen, nicht weniges im Leben Bechers belegt dieses Verdikt. Aber wer hat ihn dessen beraubt? Ist möglicherweise der Abschied, den er von einer Epoche und seiner Jugend nimmt, auch ein Abschied von jener psychischen Vielschichtigkeit, die ihn gemartert und umgetrieben hatte, so daß er sich, ein Schriftsteller, entschloß, einer Sache zu dienen, nur ihr, gleich ob sie auch von ihm verlange, daß er aufgebe, was er gewesen war? Fand er nicht, dieser heimsüchtige Mann, in der politischen Sache ein Zuhause? Das mochte ihm genügen, nachdem ihm das Heim seiner Jugend verdorben worden war durch Spießersinn und tödliche Ausschließlichkeit. So entstand kein klassischer Rebell, sondern ein klassizistischer: er überbot die verfemte Form durch Vorgeformtes.

Die Großmutter lag im Sterben.

In einer dicken Bettwolke lag die Großmutter. Das Gesicht war gerötet und aufgedunsen, der Mund atmete hastig, stoßweise. Sie konnte sich auf diesem steilen Weg auf keine Bank hinsetzen und ausruhen, unausgesetzt mußte sie sterben, sie stieg keuchend weg von uns auf eine Anhöhe, als läge der Tod, mit einer weiten Aussicht, irgendwie oben.

Eine Fliege summte. Dieses Summen war, als käme es von der Großmutter her.

Es war schwer, an das Sterben der Großmutter zu denken, wenn Asta Nielsen durch den Raum schwebte. Seit ich Asta Nielsen in »Carl Gabriels Lichtspielen« in der Dachauer Straße erblickt hatte, schwebte sie vor mir her. Die flimmernde Leinwand wurde zum Jenseits: die tote Dusel, inzwischen erwachsen, saß bei Tisch, mit zierlichen Bewegungen und die Augen verdrehend, kostete sie allerlei paradiesische Speisen. Wenn Dusel aufstand, berührte sie mit ihren Füßen nicht den Boden, sondern schwebte. Asta Nielsen hieß sie jetzt, und war es nicht seltsam, als ich Feck fragte: »Sag, denkst du eigentlich noch ab und zu an die Dusel?« antwortete er: »Ja, bei der Asta Nielsen habe ich wieder an sie denken müssen.«

Asta Nielsens Schweben machte den Tod leicht, sie ließ das Sterben selbst als eine Art Entschweben erscheinen.

Das altmodische Schränklein stand in der Ecke, ungefährlich, verschlossen, es hatte keine Gewalt mehr. Das ganze Zimmer war auf die sterbende Großmutter gerichtet. Die Stühle warteten, mit vielen ängstlichen, neugierigen Augen im Strohgeflecht, die Lehnen streckten sich hoch, daß sie ganz dünn wurden, der Tisch, mit Tüchern, Schüsseln und Medizinflaschen bedeckt, schien zu warten, und die Lampe wartete mit einem trüben, unsicheren Flackern.

Das Sterben der Großmutter geschah überall, die Großmutter nahm mit ihrem Sterben den ganzen Raum ein.

Der Vater, die Mutter, Onkel Oskar, Tante Amelie standen unschlüssig, verlegen im Zimmer herum, wiesen einander bald dahin, bald dorthin, alle standen einander im Weg.

Die Großmutter lag mit dem Gesicht der Wand zu. Sie fuhr mit ihrer Hand die Wand auf und ab, malte sie etwas auf, ein letztes Bild vielleicht. Ich wollte dem Sterben lauschen, aber die Mutter und Tante Amelie schluchzten und schneuzten sich, dieses Schluchzen und Schneuzen durchdrang raschelnd die Stille.

Wie Fräulein Lautensack war auch die Großmutter im Sterben mit sich allein, wenn auch die Familie im Zimmer versammelt war. Jeder wünschte das Sterben zu beschleunigen, um die Fenster zu öffnen und sich auf und davon zu machen. Vor dem Tod war jeder auf der Flucht, auch ich lief, was ich konnte, bis ans Ende der Welt rannte ich in meinen Gedanken, aber der Tod folgte mir nach und holte mich ein. Wieder starb ich vor mir hin, in Großmutters Sterben.

»So, gib jetzt der Großmutter noch einmal die Hand, zum Abschied!«

Der Vater führte mich zum Bett, ich schlich mich heran auf den Zehen.

Röchelndes Schnauben drang aus der Bettiefe. Die Bettdecke hob sich und senkte sich, bei jedem Atemstoß. Mir war, als müßte alles diese Bewegung mitmachen, alles schien in ein röchelndes, schnaubendes Schwanken zu geraten. Zerwühlt die Bettdecke, darunter der Tod wütete. Ich tupfte vorsichtig auf die Hand, die auf der Bettdecke wie hingeworfen dalag. Das eine Auge der Großmutter blickte halb geöffnet zu mir hin, ein weißer flimmernder Blick, der mich derart entsetzte, daß ich rasch, ohne die Eltern zu fragen, in die Küche entwich.

Es war in dem dunklen Gang, als singe die Großmutter mit zitternder Stimme hinter mir her: »Hänschen klein / geht allein /in die weite Welt hinein ...« Dann brach die Stille über mir zusammen, abgrundtief still wurde es mit einemmal.

Die Küche war aufgeräumt, der Topf, darin die Großmutter Schokolade gekocht hatte, war blank gefegt und roch nach einem Putzmittel.

Vor dem weißen flimmernden Blick der Großmutter flüchtete ich weiter, indem ich mich aus dem Fenster beugte: wie um das Sterben festlich zu erleuchten, glühten heute die Bogenlampen. Ich hatte vor Jahren mit der Großmutter oft zum Fenster hinausgeschaut, wenn der Laternenanzünder mit seinem Stock von Lampe zu Lampe wanderte. Ich rückte zur Seite, um der Großmutter auf dem Fensterbrett Platz zu machen. Das kleine samtene Kissen fehlte, worauf sie, wenn sie zum Fenster hinausschaute, ihre Arme stützte.

Die Mutter trat in die Küche, neigte den Kopf zur Seite und schluckte:

»Komm, zieh dich an, wir gehen nach Hause. Die Großmutter ist sanft entschlafen.«

»Sanft entschlafen ...«, sagte auch der Vater, mit einer nachdrücklichen Befriedigung in seiner Stimme, als wäre auch das Sterben, nach seinen Anweisungen, ganz in Ordnung verlaufen.

Sie lügen sich wieder was vor, ekelte es mich, von einem sanften Entschlafen kann keine Rede sein, man entschläft nicht sanft mit solch einem weißen flimmernden Blick. Die brauchen das sanfte Entschlafen nur, um vor dem Tod ihre Ruhe zu haben ...

Es war angenehm, an ein Jenseits zu glauben, das Leben wurde dadurch behaglich. An solch ein ewiges Weiterleben glaubte auch ich. Man hat ein Bedürfnis, sich fortzusetzen, womöglich in einem verbesserten höheren Zustand, und dieses lebensnotwendige Bedürfnis befriedigt der Glaube ans Jenseits. Der weiße flimmernde Blick der Großmutter, den sie mir als Abschiedsgruß zusandte, ließ mich an allen derartigen Hoffnungen verzweifeln. Schwindel, nichts als Schwindel. Den Schwindel muß man sich vormachen, um überhaupt das Geborgensein ertragen zu können. Da gibt es einen plumpen Schwindel und einen geschickteren, einen häßlichen, ganz dummen, und einen gescheiten und sehr schönen, aber alle diese Arten zu schwindeln bezwecken ein und dasselbe: sich über das Leben hinwegzuschwindeln. Das eben hält niemand aus, ständig daran erinnert zu werden, daß es eines Tages mit alledem unwiderruflich Schluß ist. Da muß man, ob man will oder nicht, sich einen Schwindel zurechtlegen und tätig sein, in dieser Tätigkeit vergißt man. Hab' ich nicht während dieser blödsinnigen Schwimmerei alles vergessen, ein alberner Schwindel war das, mit dem ich einen Teil meiner Lebenszeit hinter mich brachte. Hat mich nicht Fräulein Klärchen mich selbst vergessen lassen: ein schöner, ein Liebesschwindel. Gewaltig erschien mir der Mensch im Erfinden solcher für das Leben nützlicher Schwindeleien. Schwindel massenweis liefern seine Schwindelfabriken, aber vor diesem Schwindel schwindelt ihm gar nicht, im Gegenteil, der Schwindel erhält ihn lebensfähig. Jeder Mensch ist solch ein genialer Schwindler, so dumm er auch sonst sein mag.

Der Tod eines Menschen nahm die Hinterbliebenen sofort derart mit Verrichtungen in Anspruch, daß jedes ernsthafte Gedenken an den Toten verhindert wurde.

Zunächst waren an verschiedene Behörden Meldungen zu erstatten, die Todesanzeige mußte aufgesetzt werden, das Begräbnis war anzuordnen. Die Testamentseröffnung stand bevor, die in Gegenwart eines Notars zu erfolgen hatte. Die Bestellung des Sarges nahm Onkel Oskar auf sich, Kränze und Blumen besorgte Tante Amelie, die Inschriften für die Schleifen entwarf der Vater.

»Welche Art von Sarg sollen wir wählen ...? Es gibt Särge in verschiedenen Preislagen ...«, fragte Onkel Oskar geschäftsmäßig.

»Die mittlere, sie entspricht den Verhältnissen«, entschied der Vater.

»Die Leichenfrau läßt anfragen, welches Kleid die gnädigen Herrschaften meinen, daß ...«, wartete Christine.

»Das schwarzseidene, denke ich, es war ihr Lieblingskleid, und es eignet sich am besten«, antwortete die Mutter gefaßt und rief Christine nach: »Christine, dem gnädigen Herrn seinen Gehrock herauslegen, ich muß gleich mit Frau Hofrat weg, um einen schwarzen Hut zu kaufen, ich bringe für meinen Mann und meinen Sohn die schwarzen Trauerflore mit, die nähst du dann gleich an die Anzugsärmel an, aber an die linken, etwas über die Ellenbogenhöhe, und vor allem, Christine, vergiß nicht, inzwischen mein altes braunes Kleid in die chemische Färberei zu tragen, Trauersachen werden expreß gefärbt, innerhalb vierundzwanzig Stunden.«

»Ist die Traueranzeige in Ordnung? Nein? Was fehlt denn noch? Also, ich will sie noch einmal vorlesen: ›Statt besonderer Anzeige! Heute abend entschlief nach längerem schwerem Leiden sanft in Gott, dem Herrn, unsere treue Mutter, Großmutter und Schwiegermutter Henriette Bürck, geb. Eisenlohr, Apothekerswitwe aus Durlach ...‹«

Der Vater klapperte ungeduldig mit dem Federhalter.

Onkel Oskar überlegte: » ... nach längerem, mit Geduld ertragenem Leiden –«

Die Mutter: »Unsere hochgeliebte Mutter –«

Tante Amelie: »Von Beileidsbesuchen und Kranzspenden wird höflichst gebeten Abstand zu nehmen.«

»Jetzt muß ich das wieder von neuem abschreiben!« schob der Vater heftig ein neues Blatt vor sich hin, »genug mit den Änderungen!«

»Was ist eigentlich mit der Lebensversicherung«, kehrte Onkel Oskar an der Tür um, er wollte zum Notar vorausgehen.

»Richtig«, der Vater holte ein Stück Papier aus der Schublade.

»Die Blumen kommen«, erschien Christine in der Tür. »Soll ich sie gleich bezahlen?«

»Frage!« machte die Mutter kopfschüttelnd.

»Sehen aber gar nicht frisch aus«, kam Tante Amelie aus dem Korridor zurück, »schade, daß wir nicht mehr rote Rosen genommen haben.«

Es klingelte.

»Herr Oberpostrat Neubert.«

»Führ' ihn in den Salon, Christine.«

Klingeln.

»Herr Oberstleutnant Bonnet hat heraufgeschickt, er ist heute dienstlich verhindert, er wird morgen sein Beileid aussprechen.«

»Genug«, drängte der Vater Onkel Oskar mit zur Tür hinaus, »in spätestens einer Stunde sind wir zurück, wir gehen zum Notar, und dann muß ich die Traueranzeige aufgeben, vielleicht sind im Testament besondere letztwillige Verfügungen enthalten ... Ist übrigens das Pfarramt benachrichtigt?!«

Was war von der Großmutter übriggeblieben?

»Eine schöne Bescherung«, sah die Mutter verwirrt über das in Unordnung geratene Zimmer hin, während Christine die Stühle wieder an ihren Platz stellte. Herr Oberpostrat Neubert im Salon war vergessen worden, er meldete sich, indem er einige Male auffällig hustete. »Geh' du!« herrschte mich die Mutter an, »ich fühle mich nicht wohl.«

»Was soll ich denn mit dem Stinktier?«

»Schämst du dich nicht, wo wir mit der Großmutter alle Hände voll zu tun haben?«

PS: An unserem Umgang mit Becher kann man studieren, wie Vorurteile zu Urteilen werden. Der einstige Kultusminister der DDR gilt bei uns als politischer Propagandist. Das führt so weit, daß man beharrlich das expressionistische Frühwerk von dem späteren Werk trennt und die Qualität mancher späteren Gedichte, der Tagebücher und vor allem auch dieses autobiographischen Romans nicht wahrhaben will. Es ist ein deutsches Trauerspiel.

Fritz Alexander Kauffmann
Leonhard – Chronik einer Kindheit

Manche Bücher verbinden sich dem Geist, dem Habitus, der Sprache einer Landschaft und lassen sich dennoch von keiner Grenze beengen. Fritz Alexander Kauffmanns ›Leonhard‹ rechnet zu ihnen. ›Chronik einer Kindheit‹ lautet zutreffend der Untertitel dieses 1956 bei der Deutschen Verlags-Anstalt in Stuttgart erschienenen und rasch verschollenen Buches: es wird nicht nach gängigem Muster von den Erlebnissen eines Knaben in heimatlichem Bereich berichtet, vielmehr werden, ungemein sensibel und tiefsinnig, Kindheitserlebnisse als zersplitternde und wieder zusammenschießende, sich wie von selbst aus einer natürlichen Herkunft ableitende Symbolismen gedeutet und umschrieben.

Der autobiographische Grund ist bei allem unverkennbar – dies mag Joachim Moras dazu verführt haben, Kauffmanns Erzählkunst mit der Marcel Prousts zu vergleichen; wir lesen, wenn dies überhaupt notwendig ist, andere Verwandtschaften. Jedoch taucht in dem bewegenden Geleit von Moras die Gestalt Kauffmanns so einprägsam auf, daß es gleichgültig ist, welche Vorbilder apostrophiert werden; und außerdem trifft die Kennmarke »Wachstumshypertrophie« – von Kauffmann gefunden, von Moras weitergegeben – zu.

Kauffmann hat diesem historischen Gespinst des Wachsens nicht allein im ›Leonhard‹ poetische Form verliehen. Sein im letzten Krieg erschienenes, in seiner Art unvergleichliches Rom-Buch vollzieht die Schritte des architektonischen Gedeihens detailbesessen nach: selten sind das Organische, die lebendige Wiederholung, der bewegliche Bau der Urbanen so hingebend evoziert worden. Und im ›Leonhard‹ – Kauffmanns letztem, unvollendet gebliebenem Werk – wird derart mit einer einzigen Seele verfahren. Die Umwelt baut an dem Geist mit; sie teilt sich jedoch in unzählige einzelne Regungen, deren Grundmelodie wie von *einer* Stimme gesungen ist.

Wir finden Leonhard von Anbeginn eingesponnen in ein geschlossenes System von Landschaft, Dingen und Menschen; es erweist sich als das System eines immerwährenden Spiels, dem die Geister gewogen sind.

Das Unheil, das der Familie droht, dem Fabrikanten Karl Ammann, seiner Frau und seinen fünf Söhnen, dringt zu Leonhard nur als Echo: es bricht sich an den täglichen Dingen und Formen, wird gefiltert von der Magie des Spielerischen, des Sich-Wundern-Könnens, des unreflektierten Leidens – es sickert in alles und reinigt sich in allem. Hier ist in der Tat eine Nähe zu Proust zu spüren; die Zeit des Kindes schichtet sich; ist auffindbar wie eine köstliche Gesteinsformation – tief unter dem Geröll der nächsten Erinnerungen –: des Paradieses.

Leonhard wächst auf in dem ehemaligen Kloster Denkendorf und in Esslingen, das Kauffmann stets, als fürchte er sich vor Fixierungen, »die Reichsstadt« nennt. Das Land wirkt kolorierend in Sprache und Handlung hinein. »Was so schwätzt, was so riecht, was so lauft?« ist einer der ersten Sätze Leonhards, Ausdruck seiner unverzagten Neugier. Er nimmt alles wahr – dann beginnt seine Phantasie zu sortieren, zu töten und zu beleben. An der Gestalt des Vaters erfährt Leonhard die Wandlung des wachsenden Blicks: die Allmacht weicht der Ohnmacht; das Herrscherliche bleibt wohl herrscherlich, doch in einem Hof von Resignation und schwärmerischer Untüchtigkeit. Die Klarheit der Mutter gerät an den Rand.

Wer, wie der Referent, in der Gegend des ›Leonhard‹ seine Jugend verbrachte, ist mit dem Wesen dieser spröd-schönen Chronik vertraut. Er begreift die Lust zur Einzelheit, die Neigung zum Monolog und die jähen, häufig unmotivierten Sprünge in die wortlose Melancholie. Er weiß, daß dieses hartnäckige »Schaffe, schaffe« manchmal nichts anderes als Flucht bedeutet, eine unwirsche Abwendung vom schwanken Gemüt. Er kennt diese Bürger, die freisinnige (bisweilen ein bißchen zu barsche) Herren sind und in deren mildes Regime ab und an abenteuerliche Autokratie einbricht. Und jene unvermuteten Ausbrüche in die Fremde, die sie sich nach ihrem Bilde ummodeln ...

Nirgendwo im Bürgertum sitzt die Gewittrigkeit so nah dem Behäbigen wie im Schwäbischen. Von Hesse haben wir das erfahren, von Gotthelf, auf dessen Fährte sich der ›Leonhard‹ bewegt. Und Hebels Trauer rettete sich, wie bei Kauffmann, in die klare, überschaubare Form. Ein Hauch von Mediterrané: die »Lust am Untergang« wiegt sich auf an der das »Kleine, Geringe« bevorzugenden Vernunft; die Hypertrophie, im Formalen gebändigt, resultiert aus diesem Widerstreit.

Man sollte den ›Leonhard‹ langsam lesen. Die Lektüre ist, zugegeben, streckenweise beschwerlich. Doch man wird entschädigt, auf jeder Seite, durch die nuancierte Gestikulation einer reichen Seele. Dieses Wort wird heute gemieden; in diesem Buch wird die Seele, ganz und gar zeitgenössisch, gerechtfertigt: die Psychologie ist nicht alles – hinter ihrem erklärbaren Repertoire wuchert eine unerklärliche Formenwelt. Sie entzieht sich jeglicher Fixierung, sie öffnet sich wohlgemut dem Geheimnis.

Was ist, fragt sich der Leser, verstrickt in das Dasein Leonhards, aus dem kleinen Helden geworden? Moras hat den Erwachsenen porträtiert: »Wem es gelingt, sich die schattenhaft gewordenen Züge zu vergegenwärtigen – die nervige Gestalt, die ständig wie gleitende Gestik, an der nicht die geschmeidige Hand allein beteiligt war, den stillen Aufblick und mehr noch den leisen Niederschlag seiner Augen –, den mag dann auch plötzlich der Gedanke überkommen: so, ja so und nicht anders habe der ureuropäische Jäger ausgesehen; jener vielleicht, der zwischen steinerner Magie und zartester Raffinesse den Umriß seiner traumhaften Beute auf den Fels der letzten, dem Untergang geweihten Höhle baute.« Ein idealisches Bildnis; ein Chevalier vor reichsstädtischer Kulisse. Sein Schatten und der des Kindes Leonhard vereinen sich; nur war der Große, Spätere, nicht Untertan der wetterwendischen Phantasie – er hatte sie gebändigt, um zurückzufinden. Das Ergebnis ist die ›Chronik‹, die sich ebenso einsam wie eigenwillig in der Schar der deutschen Entwicklungsromane ausnimmt. Ein schwäbischer Eigenbrötler von weltläufiger Kultur. Kauffmann starb, als er kurz nach Kriegsende »Fremdarbeiterinnen« mit seinem Wagen zum Bahnhof bringen wollte, damit sie rascher heimkämen. Er stieß mit einem Militärauto zusammen, war sogleich tot.

Auf dem Schreibtisch lag, abgebrochen, das Manuskript

des ›Leonhard‹. Im letzten Satz des Buches klingt die betörende Musik dieser Jagd nach dem frühesten Bild, der reichen verlorenen Zeit, zum Abschied auf: »Es war auch immer schön an diesen Frühlingsabenden vor dem Weggang, denn die Ferien standen vor der Tür.«

Wie eine andere Art von Überschwemmung wirkte es, als bald darauf das ganze Dorf unversehens voll Einquartierung war. Diesmal fiel Leonhard vor allem die Veränderung des Marktplatzes beim Rathaus auf. Eine unabsehbare Menge von Fahrzeugen, Protzen und Geschützen bedeckte die freie Fläche, verwirrend, als habe man eine Schachtel Zündhölzer ausgeschüttet, und dazwischen bewegten sich Soldaten teils in Uniform, teils in Drillichanzügen. Die Bürgersleute standen in Gruppen vor ihren Häusern, und überall drängten sich Kinder, damit ja kein Plätzchen mehr leer bleibe. Ein schwerer Dunst von Pferdeschweiß und Lederzeug hing in der Luft. Staub wirbelte und wurde in der Spätnachmittagssonne zu einem goldenen Rauch. Aus allen Ställen wieherte und schnaubte es, aber noch waren viele Pferde nicht untergebracht, sondern wurden von ihren Fahrern kreuz und quer durch das Gedränge geführt oder standen im Geschirr mit den Schweifen schlagend und stampfend herum. Leonhard konnte hier zum erstenmal Kanonen richtig aus der Nähe sehen und vernahm mit kühlem Schauder die »eherne Sprache« der ernsten, mattglänzenden Rohre. Das war doch noch etwas anderes als Gewehrläufe. Auch der Zusammenklang des Metalls mit dem Blaugrau der Lafetten, die gutausgedachte Konstruktion der Protzen und die bestimmte Art der sonstigen Fahrzeuge gefielen ihm, vollends hatten die flotten, gepflegten Pferde in den herrlichen neuen, ledergelben Geschirren seinen

Beifall. Er bekam einen tiefen Eindruck von dem Reichtum des großen Unbekannten, den der Vater den Staat nannte und dem zum Beispiel auch der Platz gehörte, auf dem das Kohlenlager war. Auch schöne Offiziere sah Leonhard, und mit einigen stand Karl Ammann unter dem Hauseingang der »Krone«. Es schien aber nicht rätlich, ihn zu begrüßen. Als Leonhard dann am nächsten Morgen zur Schule ging, tat das Dorf zu seiner Verblüffung, als sei gar nichts gewesen. Von dem ganzen kriegerischen Aufzug ließ sich keine Spur mehr entdecken.

Gleich nach der Ernte jedoch fanden in der Gegend Übungen statt, und das Kloster bekam auf mehrere Wochen Quartiergäste. Die beiden Herren, die übrigens dem Adel angehörten, waren im Gastzimmer untergebracht, und man traf sie deshalb öfters, wenn sie durch den Salon gingen. Vor allem fiel ihm ihre Bescheidenheit auf. Man stellte den Herren immer Erfrischungen und Marschproviant für tagsüber oder für den Fall einer späten Heimkehr auf den Tisch. Wenn aber dann das Zimmer gemacht wurde und Leonhard neugierig in die fremdgewordene Räumlichkeit hineinblickte, war es, als habe nur eine Vogelmahlzeit stattgefunden. Es lohnte sich kaum, die Platten und die Karaffe mit dem Wein frisch zu füllen, so zurückhaltend hatten sie sich bedient. Auch sonst merkte man kaum etwas von der Gegenwart der Gäste. Man hörte sie nicht, und wenn Leonhard im Eßzimmer spielte, gingen sie durch den Salon so unauffällig, als liege ein bedenklich Kranker darin. Sie schienen überhaupt für ihr Aus- und Eingehen Zeiten abzuwarten, wo niemand um den Weg war. Kamen sie nun an einem der Großen doch vorbei, so blieb ihr Schritt durchaus sicher und ihre Haltung sehr aufrecht, abgesehen von der leichten Verbeugung, die sie nur bei den Dienstboten unterließen, aber sie schienen jedesmal etwas schmaler zu werden, ihre Uniform sah in diesem Augenblick leerer aus, und zwar an der Seite, nach der hin die Begegnung erfolgte. Dadurch wurde der Durchlaß größer, zugleich aber entstand das Gefühl eines Abstands und eines Bremsens, von dem man kaum etwas merken konnte. Ließen sie jemand durch die Tür, so schienen sie immer besorgt, daß er auch gut hinein oder hinaus komme. Ähnlich war der Eindruck, wenn sie plaudernd mit den Eltern zusammenstanden. Sie hielten sich auch dann sehr aufrecht, nur der Kopf war leicht geneigt. Wieder aber fiel jetzt das Schmale und etwas wie eine dünne Luftschicht von Leere um sie auf. Man konnte meinen, sie ließen abwartend Raum, daß aus dem anderen etwas hervorkommen könne. Deshalb erinnerten sie dann auch stets an Leute, die höflich zurückstehen. Merkwürdigerweise verursachte dies nun trotzdem keine kühle Stimmung. Sie sprachen so umgänglich und hatten so aufmerksame, gefällige Gesichter, daß sogar aus ihren schönen Uniformen Liebenswürdigkeit auszustrahlen schien, dies überbrückte den Zwischenraum, den ihre versteckte Zurückgezogenheit eigentlich verursachte. Waren sie einmal mit zu Tisch, so fiel vor allem auf, daß sie in dem Augenblick, wo der Vater oder die Mutter das Wort an sie richteten, auf eine sanfte Weise völlig zur Ruhe kamen. Sie gehörten dann gänzlich dem, der sie angeredet hatte, Gabel und Messer blieben wie etwas Unsichtbares und Gewichtloses in ihren gesenkten Händen. Nur der Kopf hob sich ein wenig, und nicht viel anders verhielten sie sich auch, wenn sie selbst sprachen. Jenes sich gleichsam selbst Einschränkende zeigten nun die beiden Offiziere besonders stark, wenn sie an irgend jemand anderen als ihre Burschen einen noch so bescheidenen Wunsch richteten. Sie standen auch dann sehr aufrecht und sprachen deutlich und bestimmt, aber man hörte, ehe sie anfingen, ein Zögern und bei allem, was sie sagten, eine so kurze Zügelführung, daß ihre Bereitschaft, in jeder Sekunde zu verzichten, fast beschämend deutlich wurde, denn sie waren ja die hohen Ehrengäste.

Über diese ganze meisterhafte Wohlerzogenheit zerbrach sich nun Leonhard natürlich keineswegs den Kopf. Er beobachtete sie auch nicht bewußt. Vielleicht kam sie ihm nur dadurch zur Kenntnis, daß er sie körperlich mitmachte. Sie ging in ihren körperlichen Äußerungen auf seine Nerven und Muskeln über. Er entnahm, wie das bei diesen vornehmen Fremden war. Und so, als eine reichhaltige Folge unterschiedlicher körperlicher Zwänge, behielt er jene Erscheinungen derart genau, daß er sie sich in reiferem Alter deuten konnte, wie wenn jetzt eben sich alles vor seinen Augen abspielte; das ursprüngliche Erlebnis des unbedingt Sympathischen fand auf diese Weise seine genauere Auslegung. Jener ahnende körperliche Zugriff würde aber selbstredend nie gelungen sein, wenn die beiden Quartiergäste nicht mit Haut und Haar, ja bis in die Knochen gesellschaftsfähig gewesen wären.

Verhältnismäßig deutlich wurde nun Leonhard ein anderer bemerkenswerter Umstand bewußt. Die beiden Quartiergäste kamen von ihren Übungen oder Offiziersabenden meist erst tief in der Nacht zurück. Man hätte annehmen dürfen, daß sie dafür am Morgen ausschlafen würden. Aber keine Rede. Längst ehe sich im Haus etwas regte, waren sie schon wieder über alle Berge, und trotzdem merkte man ihnen nie eine Müdigkeit an. Sie ließen sich auch nicht durch die lokkendsten Möglichkeiten, welche das Kloster bot, und durch keine noch so gewinnende Aufmerksamkeit der Eltern beeinflussen. Auf einmal war ihre Zeit da, und sie ließen spüren, daß sie unter einem anderen Gesetz standen. Man merkte ihnen dann wohl an, daß sie bedauerten; sie wurden auch in diesen Augenblicken wieder etwas schmaler als sonst, ja, ließen mitunter an einen Prinzen denken, der krankheitshalber nicht alles essen darf. War es dann aber überstanden, so entfernten sie sich sonderbar beschwingt. Der Ausdruck einer Entsagung ohne Hunger, die feinste Blume des Nicht-Dürfens, prägte sich Leonhard tiefer ein als alles, was er sonst beobachtete. Schon daß die Offiziere so wenig Gepäck bei sich führten, das heißt nur den knappen Ordonnanzkoffer, sah er ganz unter diesem Zeichen, denn daß sie je an etwas Mangel gehabt hätten, war nie erkennbar.

Da der Aufenthalt sich hinzog, nahmen die Beziehungen der beiden schwäbischen Edelleute zur Ammannschen Familie allmählich Formen an, die über eine bloße konkrete Verbindlichkeit etwas hinausgingen. Zufällig war damals gerade die sechzehnjährige Doris aus Antwerpen gekommen, und die lebhafte Blondine mit dem unverkennbaren Einschlag von flandrischem und wallonischem Blut brachte durch ihre Gegenwart die Abende auf dem Altan oder die Spätnachmittage am Tisch unter der Kastanie zu einem eigentümlichen Aufglühen. See und Garten belebten sich, Karl und Klara Ammann spielten auf eine überraschend gelöste Art die Wirte, noch spät in der Nacht vernahm Leonhard durch die offenen Fenster den Plauderton des heiteren Kreises, und die Stimme der Kusine war oft kaum von dem Anklingen der Gläser zu unterscheiden. Der kleine Lauscher verspürte beifällig die feiner belebte Atmosphäre, und sie mischte sich allen seinen Erinnerungen an jenen Sommer bei. Er nahm es sogar in Kauf, daß er und seine Brüder jetzt mehr der Nane und Regine überlassen wurden, ja daß Doris, auf deren Zärtlichkeiten er seit frühester Kindheit Anrecht hatte, ihn sichtlich vernachlässigte: sie wirkte dafür an dem Duftstoff mit, der festlich wie hauchleichte Fahnen im Hause wehte, und da durfte er sie nicht stören. Nicht einmal eifersüchtig war ihr kleiner Verehrer.

Übrigens hielt man auch den zwei freundlichen Offizieren die Kinder des Hauses nicht ganz fern. Leonhard wurde öfters von ihnen angesprochen, allerdings etwas weniger huldreich, als er es eigentlich erwartet hätte. Sie redeten mit ihm sachlich und geradewegs, denn sie sahen in ihm offenbar schon den künftigen Einjährigen. Richtig Liebkind war jedoch bei ihnen der kleine Ulrich, und so ist denn der Anblick dieses Bübchens, wie es auf dem Knie eines Gespornten reitet, die erste bestimmte Erinnerung Leonhards an den zweiten Bruder seit dessen Taufe. Ulrich war der einzige der Ammannbuben, den man nach seinem Äußeren unbedenklich als ein Herrchen »von Geblüt« hätte ansprechen dürfen. Er war der schwierigste der Brüder. Seine Natur mußte ein Äußerstes leisten, um sich selbst auf die klaren Grundlinien zu bringen, die im Sichtbaren und späterhin auch in den Gefügen erreicht wurden. Er war so schweigsam, daß er einmal seine Mutter fragte: »Warum muß i zu dir zweimal Ma sage?« Aber in dem kleinen Moltke steckte auch ein Idylliker, der sich wünschen konnte, im Storchennest auf dem Kirchdach zu sitzen und die Flöte zu blasen. Endlich war Ulrich derart jähzornig, daß es um ihn gleichsam wie aus der Mündung einer eben geöffneten Champagnerflasche rauchte; nur schoß diese Wolke auch noch Blitze. Erst so fanden dann die Flimmerlöckchen an den Schläfen ihre richtige Erklärung.

PS: Alle Versuche, diesen Kindheitserinnerungen eines ebenso empfindsamen wie gebildeten Schwaben Aufmerksamkeit zu schaffen, sind gescheitert. Es ist ein Jammer.

Peter Gan (Richard Moering)
Von Gott und der Welt

Leicht – das ist eine Kennzeichnung, die der deutschen Literatur fremd ist, die den Literaturfreund abschreckt und die keine Heimstatt gefunden hat in der deutschen Poesie. Leicht – das verbindet sich dem ernsthaften Literaturbetrachter mit Leichtsinn und Leichtfertigkeit. Leicht wie Giraudoux, wie Cocteau zu sein, wäre in diesem Lande dem literarischen Ruhm unzuträglich, kommt es aber aus Frankreich, nimmt man es als charmantes Merkmal eines Volkes, bei dem Chanson und Poem miteinander verwandt sind. Wir hingegen trachten nach Tiefe und verlangen sie auch von der Dichtung.

Nur ein paar Kenner gehen mit solcher Poesie um, diese aber mit ausdauernder Sympathie. Ihr Herz schlägt müheloser, lesen sie solche Zeilen. Sie verzagen nicht in ihrer Hingabe; sie werten die Entdeckung des Leichten als individuellen Gewinn und schenken ihn, als wahre Liebhaber, nur weiter an jene, die sie schätzen. Diese Literatur, die ich meine, hat einen Zug von steter Frische, von Alterslosigkeit.

Aus diesem Grunde liest man sie nicht wieder, man trägt sie mit sich, versichert sich ihrer in Momenten des Glücks wie der Trauer. Sie ist allen Stunden gut.

So geht es mir, so geht es manchen, mit den Gedichten und der Prosa von Peter Gan. Am wenigsten ist seine kleine Prosa bekannt, die alle Vorzüge seines Lebens- und Schreibstiles offenbart. Ich habe in dem Bändchen ›Von Gott und der Welt‹ (Atlantis Verlag, Zürich; zweite erweiterte Auflage 1954) geblättert, gelesen; es führt den scheinbar klein beigebenden Untertitel: ›Ein Sammelsurium‹. Das hört sich so an, als habe ein freundlicher Wind ein paar Blätter recht zufällig zusammengetrieben, und schließt alle Kunstfertigkeit der Zusammenstellung aus. Beides ist wahr, und man beginnt den Zufall wie die Kunst zu preisen.

Preisen! Das ist überdies ein Stichwort. Peter Gan (er übersetzt unter seinem wahren Namen Richard Moering vorzüglich aus dem Französischen) hat viele Preislieder geschrieben und sehr oft auf Dinge, die keine Wurzeln, keinen Anker haben, auf Wolken, Federn, Seifenblasen, auf spezifisch Leichtes und Flüchtiges. Auf Dinge, die für ihr Dasein Licht und Atem brauchen: diese wiederum sind Lebenselixier seiner Kunst.

Mancher wird sich fragen, haben wir es nötig, daß einer in dieser Zeit das Belanglose und Hinfällige rühmt? Darauf läßt sich mit der Wirkung seiner Prosa Antwort geben. Ich werde sie wenigstens, arglos alle zeitgenössischen Finsternisse einbeschließend, zu geben versuchen:

Den bedeutsamen Auftakt bilden zwei Reiseschilderungen: der junge Poet und sein kunsthistorisch gebildeter Freund fahren nach Rom und nach Hohenzieritz in der Mark Brandenburg. Ach ja, wir dürfen Landschaft genießen: ein flinker Stift, ein geübtes, sanftes Auge bewahren uns ihre Konturen, ihre Melodie, ihre bestimmenden Muster. Aber da die beiden Reisenden durchaus verschiedenen Charakters sind, der eine sich an Stelen und römischen Köpfen, der andere sich an gesammelter Herrlichkeit ergötzt, der eine pedantisch, der andere von charmanter Wurstigkeit ist, ergeben sich feine Reibungen, kleine Zusammenstöße, deren Funkenflüge das Wesen der Reisenden erhellen.

Das alles bleibt in den zarten wie zärtlichen Niederschriften bewahrt, die mit der Komik Flugball spielen: nicht, daß dem Leser Rom oder das märkische Land aus dem Blick gerieten, sie bleiben der matt grundierte Hintergrund, manchmal sogar sorgsam aquarelliert, vor dem sich die freundschaftlichen Querelen begeben – und diese vermögen Freunde und Landschaft merkwürdig zu verbinden, können die Geschichte erläutern und die Skurrilität des Alleswissens parodieren.

Die beiden jungen Herren stehen beispielsweise in einem Saale des Schlosses Hohenzieritz vor einer Büste; wir hören folgendem Gespräche zu, das uns einen lokalen Künstler als Pointe bietet: »Er führte mich in den Nebensaal vor eine Marmorbüste, die in ihrer Inschrift den ›Ariost‹ darzustellen behauptete. – ›Rätst du von wem?‹ fragte Eugen. – ›Von Praxiteles‹, erwiderte ich. – ›Nein‹, sagte Eugen, ›sondern von Pilz.‹«

Derartige fröhliche Zugipfelungen sollte man nicht unterschätzen: ihr Gaudium kennt einen weiten, von Gestalten und Ereignissen übersäten Horizont. Das Geringe wird nicht übersehen; es ist einer gelegentlich schnippischen Zuneigung sicher.

Das mir liebste Stück in dem Buch heißt: Lob des Alterns. Der Dichter, nicht mehr jung, nimmt die Würde, die Heiterkeit, aber auch die schier unmenschliche Ferne des Alters auf sich, indem er sich seines Großvaters erinnert, indem er noch einmal ein Kind wird, um endgültig alt sein zu dürfen. Hier hört sich die Rede an, als habe ein übermütiger Rudolf Kassner zur Feder gegriffen. Nur daß sein gewaltiger Tiefsinn in dieser Prosa von magischer Gewichtlosigkeit ist, daß das Spiel mit dem Tode die Miene nicht verzerrt, daß die Furcht die Tinte nicht schlieren läßt.

Die Kenntnisse, die beiläufig mitgeteilt werden, reichen weit. Gan hat die Weisen gelesen und sich ihrer Erfahrung selbstverständlich bedient, wie es offenbar auch sein Großvater schon vermochte. Die Gesten des täglichen Lebens interpretieren das Ewige: »Mein Großvater liebte das Leben, und es liebte ihn dafür wieder. Ließ es sich einmal widerwärtig an, so begegnete der alte Herr ihm freundlich und nachsichtig, wie er es mit jedem hielt, auch mit sich selber. Er hatte jenen Sinn fürs Unvollkommene, jene Lebenszärtlichkeit für das Unzulängliche, die aus einem glücklich-unschuldigen Verhalten zum Absoluten entspringen. Mein Großvater konnte nicht anders – er nahm das Absolute wie eine konkrete Person, die den schwer verständlichen, aber ausgesprochenen Willen hat, inkognito zu bleiben. Worin mein Großvater ihr denn durchaus und schon aus bloßer Höflichkeit zu Willen war.«

Daß dies alles recht hübsch, gekonnt stilisiert, aber auch oberflächlich sei – ein Einwand, den ich erwarte. Es täuscht, und es will täuschen. Der das geschrieben hat, läßt sich gleichermaßen waghalsig mit dem Tod wie bezaubert mit einem Tautropfen ein. Er begreift die Korrespondenzen, doch er dramatisiert sie nicht. So erscheint uns das, was er aufzeichnet, leicht. Denn preist er nicht auch mit hüpfender Zunge?

Was dann oftmals einbricht, eine bodenlose Trauer – das fügt sich ein. Wir sollten genauer lesen, so etwa, wie man geduldig eine Bleistiftzeichnung von Fohr betrachtet. Dann entdeckt man die Schatten unter dem Gewebe. Und man wird einer Würde gewahr, die ergreift, ohne daß sie prunkend oder mächtig auftritt.

Ich stelle mir vor, daß ich alte Photographien betrachte: gelbgewordene Bilder von Großeltern und Urgroßeltern, von unbekannten Onkeln und Tanten, von Kindern und Erwachsenen, in fremden Kleidern, mit hohen Kragen, breiten Halsbinden, seltsamen Hüten, langen, glockenförmigen Röcken, engen oder gepufften Ärmeln, und mit ernsten, gemessenen Gesichtern. Ich betrachte diese Bilder nicht wirklich; es ist lange her, daß ich sie so betrachtet habe; und wie damals das Zauberwesen, die Erinnerung, mit ihrem unendlichen unsichtbaren Hofstaat von Klängen, Düften und schwebenden Gefühlen mich entrückte, so genieße ich nun die Erinnerung solcher Erinnerungen; und die erschütternde Teilnahme an kaum gekannten Schicksalen, an nun für ewig vergessenen Freuden und Schmerzen fremder, lange heimgefundener Personen, an »erster Lieb- und Freundschaft« damals junger Seelen überfällt mich neu.

Von einigen war nur noch der Umriß ihres Wesens, schattenhaft wie das nachgedunkelte Mondsilber der Daguerreotypien, in Erfahrung zu bringen; und ich beschloß, ihre Namen und die Daten ihres Lebens auf der Rückseite ihrer Bilder zu vermerken, um den letzten Hauch lebendiger Nachricht einem etwaigen künftigen Betrachter aufzubewahren in dem vertrauenden Wunsche: er möge, wie ich nachdenkend gerührt, dem unbekannten Kirchhofswärter dankbar sein.

Ich habe es nicht getan; sondern ließ das Vergangene in seiner Vergänglichkeit vergehen; und, selber in den

Herbst meiner Tage eingetreten, verbot ich mir aus einem dunklen Gefühl, die Lemuren in ihrem rastlos geisterhaften Handwerk aufzuhalten.

Von vielen Bildern wußte völlig niemand mehr etwas Bestimmtes anzugeben; und bei einigen blieb es ungewiß, ob dieser Jüngling jener später so poltrige Onkel Kasimir mit den glühenden Burgunderbacken, und ob diese Braut die stille Tante Therese gewesen sei. Und so schienen diese Bilder wie Eurydikes Schatten auf halbem Wege umzukehren, indem sie mich, dem es doch nicht verboten worden war, sich nach ihnen umzusehen, in einer sanften Verzweiflung zurückließen. Bei einigen anderen Bildern, auf denen sich außer den dargestellten Personen auch ein wenig Umgebung befand: ein Stuhl, eine Etagère, ein dreibeiniges Tischchen, auf welches der Arm sich stützte, ein Blumenstrauß in einer schlanken Vase, drei Palmen und eine zerbrochene Säule – bei diesen Bildern brauchte ich nur lange genug zu verweilen, so wurde mir das ganze Damals wieder so gegenwärtig, als ob ich es in diesen Bildern und wie durch die Scheiben eines Glassarges lebendig begraben sähe.

Vom Himmel der Vergangenheiten fällt kein Regen, und es ist stille, lautlos stille unter ihm; und wenn ich an die photographierten Schlachten des Kaisers denke, die meine Großeltern nach den Bildern von Gros aus Paris mitgebracht hatten, so hat sogar ihr Pulverlärm etwas Unhörbares; und die Kommandorufe, das Schreien, Wiehern, Fluchen, Trompetensignale und Kanonenschläge liegen wie eingefroren in der Luft über der Beresina, gleich jenem anderen Getöse, das als ein bunter Hagel auf Gargantuas Schiffsverdeck niederging, wo der vorwitze Panurg die Körner sammeln und, wie erinnerlich, die buntesten in Öl bewahren wollte.

Mir ist, als sähen die Menschen jener Tage rechtschaffener geradeaus als heute und weniger nach rechts und links und gleichmütiger, zuversichtlicher vor sich hin aufs Nahe und Nötige, wie Kinder vor sich hinsehen und Menschen, die ruhig auf einer Terrasse sitzen und im Schatten einer Marquise auf das sonnige Treiben der Straße blicken.

Damals gab es noch alte Jungfern: freundliche, gern gelittene Wesen, mit den schönen Spuren ihres in Entsagung erfüllten Lebens im Gesicht. Die Väter sahen so sehr wie Väter aus und die Mütter so kinderreich, die Braut so bräutlich und der Bräutigam so froh bewußt, daß man ihnen ihr Leben, ihren Stand und ihre Meinungen ansah ohne ein erklärendes Attribut. Sie alle kannten ihren Platz, hatten ihren Platz, waren an ihrem Platz; und wenn die Sitte dem Onkel Kasimir den Kragen zu hoch und zu eng zum Vatermörder schnürte oder der Tante Therese allzufrüh das Jetperlenhäubchen auf den glatten Scheitel setzte und das Nadelwerk in die Hände gab; wenn die ungebügelten Hosenrohre dem Knaben allzufrüh über die nackten Knie und in die mannbaren Schaftstiefel wuchsen, so war es doch zuletzt eine gute, bewährte und sich bewährende Sitte, die alle zusammenhielt und darum von allen hoch- und eingehalten wurde.

Die Schnelligkeit war noch nicht erfunden worden oder lief noch in ihren unausgetretenen Kinderschuhen, und so hatte man Zeit. Die technischen Fossilien jener Tage: schwindelhohe Velozipede mit einem riesigen und einem winzigen Rade; Automobile, welche Equipagen waren mit einem Motor unter dem Kutschbock; Lokomotiven mit turmhaften Schornsteintrichtern, die hoch und schwarz und mit verdienter Anmaßung zum Himmel ragten gleich den feierlichen Biberhüten der Bürgerschaft – scheinen sie nicht vor Jahrtausenden gelebt zu haben, diese närrischen Kreaturen, die doch kaum ein Säkulum tot und gestorben sind; so daß mit einer kleinen, von unserer Seite beizusteuernden Ungenauigkeit jene nachdenkliche Koinzidenz zweier so verschiedener, einander anscheinend ablösender Ereignisse zustande kommt: in Goethes Todesjahr die erste Eisenbahnfahrt von Fürth nach Nürnberg! Ein rollender Marktflecken war's, vor den man ein Rauch und Feuer speiendes Eisenpferd gespannt hatte.

Kaum war die photographische Kunst erfunden worden, so war sie sogleich bei aller Unbehilflichkeit der Mittel, ja fast durch dieselbe, in einem sehr bestimmten Sinne vollkommen und blieb es auch für die nächste Folgezeit bei allen und trotz aller Verbesserungen des Handwerks.

Die ersten gläsernen Lichtbilder ließen bei ihrem Zustandekommen der lebendigen Hand so vielen Spielraum zum Mitwirken, daß das Mechanische sich fast nur auf den bloßen Anfangs- und gleichsam den Zeugungsakt, das Drücken des Gummiballs, beschränkte. Und so fühlen wir diese Hand am und im Werke und durch das Technische hindurch; und so leben diese Bilder wie Perlen und sterben, wie diese, langsam und unaufhaltsam; leben auf, wenn der warme fühlende Blick sie trifft, und welken schneller dahin in dem vergessenden Dunkel der Kommode.

Als ich neulich das schwere, mit rotem Plüsch bezogene Album, nachdem ich die letzte seiner großen Seiten besehen und langsam umgewendet hatte, zumachen und seine silbernen Schlösser verschließen wollte, fiel ein kleines Brustbild heraus: ein elfenbeinblasses, mit Fliegenflecken besätes Werk des »Photographischen Ateliers von Selbe und Kunze, Potsdam, Schwertfegerstraße 14«. Ich tat es in meine Brieftasche und habe es seitdem nicht mehr von mir gelassen. Zuweilen nehme ich es heraus und betrachte es. Dann fühle ich, wie ich mich verwandle in jenen unbekannten, jungen, frühverstorbenen Menschen. Dann sieht mich sein Schicksal als das meine aus jenen ernsten Augen an, und jene schmalen Lippen (die untere ist ein wenig voller) verschweigen mir mein Geheimnis. Zwischen uns ist alsdann weniger Unterschied, und wir sind uns näher als ich und mein Spiegelbild; und mit jener unbegreiflichen Überdeutlichkeit, wie sie etwa der Lautmalerei gewisser Worte und Namen eignet (ist etwas so rippenmager auf der Welt wie dieses selbe Wort »mager«? und war jemals so viel Wunder und Sage in einem Leben wie in dem Namen »Genovefa«?) – mit der gleichen unausdenkbaren Überdeutlichkeit sehe ich sein Leben vor mir ausgebreitet, von dem ich doch so wenig eine Einzelheit auszusagen vermöchte, als ich eine Blume aus dem Gewebe eines Teppichs pflücken könnte. Je länger, je sehnlicher ich das Bildnis anblicke, je bleicher vollendet sich's ins Unsägliche hinüber und winkt mir zu folgen, indem es entschwindet.

PS: Lest, liebe Leser, lest Gans Gedichte, wenn Euch Spiellaune überkommt, wenn Ihr Eure Melancholien vertreiben möchtet – laßt diese lyrischen Gebilde nicht endgültig dem Vergessen anheimfallen.

Friedo Lampe
Das Gesamtwerk

Vor mehr als zwanzig Jahren, im Mai 1945, wurde Friedo Lampe irrtümlich von einem sowjetischen Soldaten erschossen; zehn Jahre danach, im Herbst 1955, erschien bei Rowohlt sein Gesamtwerk, 312 Seiten Prosa und drei Gedichte. Damals, so erinnere ich mich, wurde dieses Buch enthusiastisch begrüßt, heute sucht man nach Lampes Namen selbst in umfangreichen Prosa-Anthologien vergeblich.

Man könnte diese Nachlässigkeit vielleicht damit erklären, daß Lampe kaum ein lautes Wort geschrieben, daß er einige seiner Erzählungen »geflüstert« hat, daß er über weite Strekken ein »Regionalist« war. Vergleicht man seine Prosa mit der eines anderen Schriftstellers der Nachkriegszeit, Wolfgang Borchert, dann begreift man den noch anhaltenden Ruhm des einen und die fatale Ruhmlosigkeit des anderen kaum: Borcherts jagende Qual verschlüsselt sich immer mehr als das poetische Dokument der Ruinenjahre; Lampes Prosa, so distanziert und kalligraphiert sie ist, hat sich ihre Frische bewahrt, ihre dauerhafte Zeitgenossenschaft. Sie ist in der Form und in den Gesichten ungleich reicher – dies alles vermochte ihr im Gedächtnis der Leser nicht nachzuhelfen.

Lampe wurde 1899 in Bremen geboren, und seine Vaterstadt blieb auch der Spielgrund seines Erzählens. Er studierte, war Bibliothekar, Buchhändler, eine kurze Zeit Lektor, lebte während des Krieges zurückgezogen, und die, die ihn kannten, schildern ihn als einen großen, schweren Mann, einen Melancholiker, der eine Gesellschaft durch seine gebildete Heiterkeit beleben konnte. 1934 kam bei Rowohlt sein erster Roman heraus, ›Am Rande der Nacht‹, ein erstaunliches Debüt, denn Lampe hatte schon die Form gefunden, von der er niemals mehr ablassen würde: Er erzählt Geschichten, die nicht von einer, sondern von vielen, sich kaum berührenden Handlungen getragen werden – wir hören die vielen Stimmen einer Stadt am Abend. Manchmal reden sie durcheinander, sehr oft bleiben sie allein, sanfte Soli, die sich aus der großen Stadtmusik lösen.

Sicher hat Lampe die epischen Bemühungen der Amerikaner gekannt, »Manhattan Transfer« von Dos Passos. Der Aufbau seiner beiden Romane verrät es. Dos Passos hat aber nie die Einzelheit so geliebt wie Lampe, der ins Geringfügige vernarrt war, in das Gekräusel des Wassers, das verebbende Weinen eines Kindes, in den stummen Stolz der Schwäne. Mich erinnert seine detailkundige Kunst an Robert Walser.

Seine Sprache ist von beständiger Zärtlichkeit. Das kann sie monoton werden lassen. Diese Eintönigkeit jedoch ist intelligent und melodisch skandiert, sie überschwemmt die Gegenstände nicht, von denen die Rede ist, sie umfaßt sie, dreht und wendet sie. Ähnlich geht sie mit Personen um: meist sind es Kleinbürger, Arbeiter oder Kinder, deren Dasein seltsam stumpf bleibt, sich einfügt in den Lauf des Tages. Manchmal stehen sie dann an einer Grenze, müssen sich entscheiden: Sie machen es ohne Aufsehen, entschließen sich wiederum für den Tag, der sie hält; sie brechen nicht aus – das überlassen sie ihrer Sehnsucht, die Meere und Kontinente phantasiert.

Mir kommen die Erzählungen vor wie Nachrichten von Verschollenen (und auch darin gleichen sie der Prosa Robert Walsers): Dieses Kleinbürgertum, dessen Boshaftigkeit, ja Bösartigkeit nicht unterschlagen wird, gibt es nicht mehr. Seine verschrobene Würde, seine beengte Tüchtigkeit und sein betulicher, echohafter Comment sind entschwunden. Der Hintergrund, vor dem es sich bewegte, war malerisch wie anachronistisch. Es muckte nicht auf, es fraß in sich hinein, und seine Ruhe wurde bedrohlich. Lampe liebte diese Welt aus kleinsten Lebensquadraten. Ihr entsprach die Art seines Erzählens: Ein wunderlicher Anlagenwärter liest in der Zeitung, daß Ratten die Stadt New York untergraben. Auch in seinem Revier hausen die Ratten. Er haßt sie. So schreibt er an die Stadtverwaltung, sie möge Abhilfe schaffen. Plagt ihn die Vision, die Ratten würden seine Stadt zerstören, oder folgert er nur aus einem Beweisstück, was kommen könnte? Das mischt sich; und da ihm seine Tochter fortgelaufen ist, auf der Straße ihr Geld verdient, er nichts mehr auf der Welt liebt als die Enten auf seinem Teich, trachtet er sie zu schützen vor der Invasion der Ratten. Die

Stadt ist ihm im Grunde gleichgültig. Er hilft seinem winzigen Bereich mit einem Zeitungsausschnitt und der allgemeinen Furcht.

In ›Septembergewitter‹, Lampes zweitem Roman (1937), wird die Perspektive des Erzählers noch deutlicher. Der Roman beginnt mit einem Ballonaufstieg, zwei Männer und ein Mädchen wollen über die Nordsee nach Dänemark fliegen, um eine Wette zu erfüllen und zu gewinnen. Sie sehen das Land, die Städte, die Dörfer spielzeugklein aus der Höhe. Ein Gewittersturm kommt auf, der Erzähler verläßt sie und öffnet weit unter ihnen die Zimmer einer Stadt, eines nach dem andern; er öffnet einen Menschen nach dem andern. Die Unruhe der Luft, die jähe Dunkelheit, das Ungestüm der Elemente bricht die Träume aus ihnen heraus, erhebt und entmutigt sie, vollendet belanglose Schicksale, und erst am Schluß der Erzählung, nachdem das Septembergewitter sein reinigendes Geschäft beendet hat, die Leute wieder die Türen schließen, zurücktreten, erinnert sich der Autor des Ballons und seiner Besatzung, die hoch oben dem Toben ausgesetzt waren. Der Blick richtet sich auf, und dem Leser scheint, als seien ihm die Augen klargewischt worden:

»Und der Mond hob sein Antlitz immer höher über die Stadt hinaus, und die Stadt wurde immer kleiner und ferner, eng zusammengedrängt lag sie nun am Fluß in dem weiten Wiesengrund, und der Mond drehte sein Antlitz weg von der schlafenden Stadt, sah hin über Wiesen, Werften und Bauernhäuser, die hinter den Deichen lagen, sah hinunter den Fluß, der breiter und breiter wurde, und da, an seiner Mündung, in der Nähe der Küste, da fuhr ein Dampfer hin auf silbernen Bahnen, das war die ›Tosca‹ ... Und dann stand der Mond überm Meer. Und im Kühlen, Klaren, Strahlenden segelte ein Ballon dahin, weit, weit draußen auf dem Meer, hoch über dem silberstillen Spiegel ...«

Lampe konnte wie wenige andere die Ruhe aus der Unruhe destillieren. Darum stellte ich ihn neben Robert Walser, dem das ebenso gelang. Sie beide gewannen dem Kleinen, Schäbigen Glanz ab, welcher der Größe fremd ist, doch sie überscheint. Sie haben bescheiden über das Bescheidene geschrieben. Und sie entdeckten Fernen, die nicht bekannt waren. Sie fanden die Verben der Lautlosigkeit, die Bilder

der Blinden. In ihren Geschichten haben die Engel noch Menschengestalt: Sie geben sich nur einigen zu erkennen, sie stehen an einer Straßenecke vor einem weißen Kastenwagen und kaufen sich ein Eis.

Im purpurnen Norden das Land. Auf den Wiesen das braune Vieh mit den schwappenden Eutern. Und die Mühlen, und das Moor, und die schwarzen Segel der Torfboote, sanft gebläht.

Im September aber ist die dunkle Fülle gewaltig. Dahlien, Astern, Georginen, prunkend in den Gärten vorm Haus, satter Klang der Kirchturmglocke ins Dorf, milde und gelb der Schein der Sonne in die kalkweiße Kirche, streifend den Altar mit der roten Decke und der dicken Bibel, und der Küster sitzt an der Orgel, und es summt das geistliche Lied.

Der lungenkranke Lehrer hängt an die gelbe Wand den knisternden Immortellenkranz, und dann sitzt er nieder am braunen Klavier und spielt Walzer von Chopin und Schubert. Die Kinder hören's auf dem Friedhof, bleiben einen Augenblick stehn – Summen der Orgel, Walzerklänge – und dann springen sie wieder hin zwischen den Gräbern im hohen Gras.

Die alten verrosteten Kreuze, schief angelehnt an die Friedhofsmauer, und die Kränze auf dem frischen Grab, halb verfault schon in der brütenden Sonne, und die Bienen, saugend an den Blüten den Todesseim. Das Schwarzbrot, eingebrockt in die dicke Milch, die Brummer über Schinken und Wurst in der Speisekammer, der Fleischerhund, die große gefleckte Dogge, die das rote Stück Fleisch zerreißt, das Philipp, der Schlachtergeselle, ihr zuwirft, und der Mond, weich und groß überm Apfelgarten, die Küsse, das Umfassen, der Erntewagen, der am Abend langsam einfährt, Heuduft, und die Pur-

purträume in der schwülen Kammer, der sanfte Schein der Lampe in der dickbeblätterten Laube – September, so voll im Leben, so nah am Tod.

Und die Jungens, die am Abend in der Wumme baden, ihr Lustgekreisch über die Wiesen, wenn der Nebel schon beginnt zu steigen, das Unterducken, das Plantschen, die Ua-Rufe, und dann still hintreiben im Weichen, im Flüssig-Kühlen, auf dem Rücken liegend, die weißen Leiber im moorigen Wasser, das träg hinfließt unter Weiden.–

Der Augenblick dann, wenn aus Baumdämmer Jan und Didi, die Stärksten, die Wildesten, hervorsprengen auf Ackergäulen, bewundert von den Jungens und gefürchtet, und ihr Zeug abwerfen, einen Klaps auf den klobigen Ackergaulhintern und hinein in die Wumme, platsch, platsch, platsch. Abkühlen die Pferdeleiber, rauchend, harte Knie gepreßt in die Flanken, vorwärts Liese, hü Max, und rauschend das Wasser am Pferdehals, glotzend die Augen ... Und dann wieder raus und gestampft über Wiesen, wo Nebel weich steigen, Luft weich zieht um breite Schultern, triefende Haare, lachenden Mund.

Zur selben Stunde aber ziehen die Mädchen, die kleinen, durchs dämmernde Dorf, in der Hand die bunte Papierlaterne, rötlich leuchtend, und singen:

Laterne, Laterne,
Sonne, Mond und Sterne.
Brenn auf, mein Licht,
Brenn auf, mein Licht,
Aber nur meine liebe Laterne nicht.
Laterne, Laterne ...

Während aber der Pfarrer die Predigt memoriert für den nächsten Sonntag und dabei auf und ab geht in der engen Stube, bereitet Hein Oeltjen alles vor zur Abfahrt. Hochaufgeschichtet lagert der Torf am Deich, hat getrocknet den ganzen Sommer, nun trägt er ihn ins Boot, und als es genug ist, legt er die braune Persenning darüber, zieht hoch das kaffeebraune Segel, sein Weib reicht ihm den Proviant, in ein Tuch gewickelt, und still gleitet das teerschwarze Boot in die Wiesen. Hein raucht die Pfeife und hält das Steuer und wird die ganze Nacht durch fahren und am Morgen in der großen Stadt ankommen und seinen Torf abliefern beim Kaufmann.

Aber die Freude, wenn die Kirchweih da ist, die dunkle Lust, die das Dorf durchflutet, wenn die grünen und gelben und roten Wagen ankommen aus allen Himmelsrichtungen, und auf dem Ulmenplatz vor Meyerdiercks Gasthof Buden entstehen und Karussells und die russische Schaukel, und wenn am Abend dann endlich Orgeln hämmern, Bratwürste duften und Schmalzkuchen, und Lampenkugeln unter Ulmkronen verheißungsvoll schimmern – oh, dann ist's der Gipfel des Jahres. Und die Mädchen holen die besten Kleider aus den breiten Schränken, und die jungen Männer ahnen die Wonne der warmen Nächte, wollen versinken im Strom des Genusses, gehen suchend zum Platz der Freude.

Auch der Schulmeister geht, der lungenkranke, am Arme die Braut, Oeltjens Hanna, die Tochter Hein Oeltjens, des Torfbauern, der mit dem Boote gefahren ist zur Stadt. Und sie gehn durch das dichte Gedränge, grüßen hierhin und grüßen dorthin, aber der Lehrer darf nichts mitmachen, darf keine Wurst essen und keinen Berliner und darf auch nicht auf die russische Schaukel. Und da beißt Hanna allein in die Bratwurst, geht allein in die russische Schaukel, denn sie hat saftige rote Lippen und Brüste und Blut und glänzende Augen, die nach Sättigung dürsten – aber es bleibt nur das halbe Vergnügen. Und sie sagt: »Du amüsierst dich ja gar nicht.« Und er hustet und sagt: »Doch, ist ganz nett hier.«

Und dann kommen sie vor eine rote Bude, und ein Mann ruft durchs Rohr: »Philipp, der Schlachtergeselle, hat Nuno, den Negerriesen, zum Ringkampf herausgefordert, kommen Sie rein und sehn sich das an.« Und plötzlich will Hanna rein in die Bude, sie kennt ja Philipp aus dem Schlachterladen, seine Arme, vom Tierblut besprenkelt, und die Kraft seines Nackens, und da gibt der Schulmeister nach, und schon sitzen sie drin auf der Holzbank und schaun auf den erhöhten Ringplatz.

Und wirklich, wie nichts biegt Philipp zu Boden den riesigen seidenhäutigen Neger, er ist wahrhaftig ein toller Bursche, hält ihn fest in der Klammer und lacht dabei freundlich, und der Neger macht ein blödes Gesicht und verdreht die Augen, daß das Weiße leuchtet aus dem schwarzen Gesicht, und die Zuschauer grölen, und sie hängen Philipp einen dicken Lorbeerkranz um den stämmigen Nacken, und Philipp hebt den Siegerarm und schaut dabei plötzlich auf Hanna. Später aber im Zelt, wo getanzt wird, es krachen Trompeten und Trommeln knallen und Zimbeln klirren, da tritt Philipp an den Tisch und will mit Hanna tanzen. »Bitte, bitte«, sagt der Schulmeister und beugt seinen Kopf über das Bierglas, und Philipp und Hanna gehn auf die Tanzfläche, und er faßt sie fest an und reißt sie hinein in den harten Tanzschritt.

Aber raus aus dem Zelt geht der Schulmeister, geht fort von den Buden, fort aus dem Gedudel, aus dem Geduft und Geleuchte in die Stille der Nacht. Sitzt nieder am Deiche und blickt in das Dunkel, das üppig lagert auf Wumme und Wiesen, sitzt mitten im Weichen, im Schwarzen, im Vollen, fühlt das Brennen der Lungen und die Mattheit der Glieder, möchte hinsinken in den Schoß der Nacht. Da sieht er sich lösen aus sanfter Schwärze den schwarzen Kahn mit dem dunklen Segel und an dem Steuer den stillen Mann. Voll mit

Torf ist er geladen, und leise gluckert die Welle am Bug. Und dann legt er an am Rande des Deiches, und der stille Mann winkt, und der Lehrer steigt ein. Setzt sich bescheiden hin auf die Holzbank, und wieder gluckert die Welle am Bug. Und hin zwischen Wiesen, nächtlich verhangen, auf morastiger Flut, die traurig dahinfließt, treibt dunkel das Boot. Und treibt aus den Wiesen fort in die Moore, und es rauscht das Schilf, und die Seerose glimmt bleich. Da füllt sich die Luft mit hauchender Klage, und trübe dahinten dämmert ein Schein. Bang fragt da der Lehrer: »Sind wir am Ziele?« Und der Fährmann nickt milde und murmelt nur: »Bald.«

PS: Seine Verleger, die Rowohlts, liebten ihn, förderten sein Werk. Es half nichts. Es half auch nicht, daß Schriftsteller wie Hans Bender kenntnisreich für Lampe warben.

Werner Krauss
PLN – Die Passionen der halykonischen Seele

Wie beschreibt man Diktaturen, wie schreibt man gegen sie, wenn man ihnen ausgeliefert ist? Sieht man die Mordwerkzeuge noch, wenn man sie am eigenen Leibe spürt? Entzieht sich eine Figur wie Hitler, auch nach zwanzig Jahren, der Literatur? Ist sie so entsetzlich, daß selbst das kälteste, sarkastischste Wort sie nicht zu erreichen vermöchte? Der Widerstand gegen den Nazismus hat sich ausgesprochen in Briefen, Traktaten, in Reden, Tagebüchern und in Gedichten aus der Todeszelle. Die Erschütterungen und Demütigungen, die solche Sätze bergen, sind unbegreiflich. Sie werden als Zeugnis angenommen, aber ich frage mich, ob diese Zeugnisse, die Gedichte Haushofers, die Tagebuchblätter Bonhoeffers oder Reck-Malleczewens, tradiert werden, ob ihre Todesangst und ihr Todesmut lebendig erhalten werden in der Weitergabe. Dies alles sind Mitteilungen geschlagener, aufrechter Seelen; Literatur konnte, wollte das nicht mehr sein.

Dennoch besitzen wir eine Niederschrift der deutschen Résistance, die bewußt eine literarische Form der Literatur verwandte, die der Allegorie. Nicht Jüngers ›Marmorklippen‹ sind gemeint und auch nicht Bergengruens ›Großtyrann‹. Geschrieben wurde das Buch unter Zwang und Kerkerhaft, geheim, nur mit der Hoffnung des Autors, daß es einen Weg aus der Zelle finden werde. 1946 erschien es bei Vittorio Klostermann in Frankfurt: ›PLN – Die Passionen der halykonischen Seele‹.

Sein Verfasser, Werner Krauss, sagt in einer Vorbemerkung, was er mit dem Band zu erreichen trachtete: »PLN – geschrieben 1943 und Anfang 1944 im Zuchthaus Plötzensee sowie in den Wehrmachtsgefängnissen Berlin-Buch, Berlin, Lehrter Straße 61 und Fort Zinna/Torgau – war der Versuch eines Verurteilten, die Erfahrung Deutschland für seinen Teil zu bewältigen.« Ein überdies einmaliger Versuch, denn es blieb die einzige Erzählung von Werner Krauss, dem geachteten Romanisten, der, erst in Marburg lehrend, mit Dolf Sternberger, Alfred Weber und Karl Jaspers nach dem Kriege die Zeitschrift Die ›Wandlung‹ herausgab und dann eine ordentliche Professur in Leipzig annahm, wo er Hispanistik, französische Literatur und Gesellschaftsgeschichte doziert. Er hat Studien über Corneille als politischen Dichter, über Gracian und spanische Sprichwörter publiziert und von 1953 an mit Hans Mayer ein literaturwissenschaftliches Periodikum ediert.

Ein Mann also, der Schriftsteller wurde, weil er litt und weil er gebildet war. Ihn quälte die rätselhafte wie schmähliche Hingabe seines Volkes an ein verbrecherisches Regime. So personifizierte er den widerwärtigen Wechselbalg »Mitläufer« und schuf eine groteske Gestalt, die durchaus mit dem Mitgefühl des Lesers rechnen kann. Was sie aus der Masse hebt, ist ihre Position als Postminister des Großhalykonischen Reiches; was sie in die Masse verfügt, ist ihr unkontrolliertes, sich für Weilen anpassendes Gemütsleben, dem jedoch nicht zu trauen ist: denn dieser Philatelist von Geblüt, dieser kopflose Philanthrop ist ein Träumer. Und darum ein Selbstmörder.

Er ist der Erfinder der Postleitnummer (PLN), mit der er Volk und Regierung hatte gleichermaßen dienen wollen, doch die Résistance macht sich das Schlüsselsystem zunutze, die Propagandaverse für PLN werden flugs ins Gegenteil, in die Parodie des von Muphti regierten, in einem großen Krieg sich aufreibenden Staates gekehrt, und Aloys Ritter von Schnipfmeier, so der Name des trefflichen Postlers, wird eingekerkert. Viele der Abenteuer, die er heraufbeschwört und die ihm zustoßen, bleiben undeutlich; der Schlüssel zu ihrem Rätselsinn ist die Ungreifbarkeit einer überall anwesenden, mörderischen Macht, die Schnipfmeier nach seinem Postverstand aufnimmt oder übergeht.

Der Hispanist Krauss mochte, den Ritter Aloys vor Augen, an Don Quichotte gedacht haben. Wie der Spanier übertritt Schnipfmeier die Gesetze mutwillig und ahnungslos. Wenn er, der Minister selbst, in einem Postamt Marken verkauft (verschenkt), Telegramme und Anweisungen aufnimmt, eine Aktion, die zu einem turbulenten Volksfest ausartet, dann äfft er das Gebaren eines »Volksregiments« nach, das niemals sich derart unters Volk begibt. Er nimmt großsprecherische Phrasen für wahr hin. Er exerziert sie und stellt ihre Ideologen bloß. Er ist ein Narr, dessen sich der Muphti bediente, bis die Narrheit den Schrecken überwand.

Auf schwankendem Grund wandernd, gerät Aloys an die Gruppen des Widerstandes, und auch sie benutzen ihn als Vehikel ihrer Wünsche. Arthur, der Kopf der Muphtigegner, ist eine der zwiespältigsten Gestalten der Erzählung: Manches, was er und seine Anhänger leidenschaftlich bedenken als Ziel, entspricht schillernd der großhalykonischen Propaganda. Nähert sich an, was sich unvereinbar haßt? Bindet Verachtung? Hier bricht Dämonie in das Buch, ein Zwischenreich wird sichtbar, zähneknirschender Hoffnung abgetrotzt, dem der Mord so nah ist wie das frei atmende Glück. Der schreibende Häftling ist einer furchtbaren Wahrheit auf der Spur; er entläßt seinen Aloys zögernd in sie, denn die Wahrheit liegt hinter seinem wechselreichen, moritatenhaften Lebenslauf.

Aloys wird eingekerkert. Man raubt ihm nicht nur seinen Posten, auch seinen Namen. Solchem Frevel widersetzt er sich. Der Gefangene wandert in seinen Träumen umher. Furcht und Befreiungswunsch wechseln einander ab. Die Wächter reißen ihn aus der Zelle, wohin führen sie ihn? Aloys' Erfinder, der eingekerkerte Gelehrte Werner Krauss, weiß es, im Jahre 1944, nicht: »Etwas Unerhörtes stand ihm bevor. Seine lyrisch-monologische Situation war durchbrochen. Ob die Entführer seine Befreier waren oder die Mörder, diese Frage versank in dem unablässigen Wachstum des Lichtes, zu dem ihn der Motor in einem Aufstieg ohne Ende emporriß. Arthur, immer drohend und zornig, in der gebietenden Entschlossenheit seines Wesens, war wie ein Drache am Horizont erschienen, während die Erde brannte und Hekatomben von Menschen vor ihrem vergeblichen Opfer sich krümmten.«

Mit diesem düster-glänzenden Bild schließt die Odyssee des törichten Aloys Schnipfmeier. Ein Drache also, er die Rettung? Oder erneut die Verwandlung der Erde, des Landes in mörderischen Aberwitz? Arthur, der Befreier? Der Verderber des Verderbers, der wiederum verdirbt? Man kann das Finale auslegen wie einen Kristall: die Wahrheit bricht sich in der Wirklichkeit, unter der man sie sehen will.

Krauss hat für seine Erzählung eine Sprache gefunden, die pendelt zwischen starrer, oft starrsinniger Genauigkeit und verwischender, farbenaufsaugender Eile; pedantischer Sarkasmus und gelächtrige Melancholie ballen sich zu einem Wetterleuchten am Horizont einer politischen Landschaft, die von der Finsternis verschlungen wird. Bisweilen, wenn die Sätze zu hecheln beginnen, wenn zornige Ekstase in sie fährt, meint man die Gefühle des Mannes, der sie mit gefesselten Händen in der Zelle auf Zettel geschrieben hat, zu verspüren: jene Überlegenheit, die der Geist schafft, der durchschaut, und gleichzeitig jene ohnmächtige Angst vor dem Zugriff der Schergen.

Daß hier, der Bedrohung zum Trotz, ein literarisches Werk geplant und vollendet wurde, nicht allein als Dokument der Schmach, sondern als Versuch einer Antwort auf sie, das ist tiefer Bewunderung wert. Dort, wo die Qual des Autors das literarische Muster zerbricht, wo Aloys Gedanken ausspricht, die seinem kauzigen Hirn fremd sind – dort erfahren wir, als wären es Stellen eines Tagebuchs, die Erkenntnisse des Autors: »Und er dachte: Welche Gegensätze in der halykonischen Seele. Diese und jene Menschen, alles doch ein und dasselbe Volk. Nicht einmal Gegensätze! Eine winzige Drehung genügt, um ein Gesicht in die Larve des Tiers zu verwandeln. Bestien regieren. Aber unausrottbar waltet der Anstand in diesem Lande.«

Krauss war es gelungen in einem von Lemuren durchwanderten Wachtraum, die Landschaft einer Zeit nachzubilden, die die Vernunft entthront und die sich dem gespaltenen Geist verschrieben hatte. Was im Expressionismus wie erhitzte, metaphernwilde Prophetie erschien, wird zum Wesen selbst: die Sprache braucht sich ihm nur anzugleichen; der Irrsinn dringt in sie ein.

Hans Mayer hat damals bei Erscheinen der Erzählung in einer Rundfunkkritik angemerkt: »Ein merkwürdiges Buch ..., das seinesgleichen kaum hat. Es wäre zu wünschen, daß es dem Ausland zugänglich gemacht würde. Hier werden es nicht allzu viele lesen ...« Er hat recht behalten. Für die wenigen, die PLN kennen, bedeutet Schnipfmeier eine mögliche, wenngleich überzogene Variante des Widerstandes gegen den totalitären Staat. Sie ist kein Spaß und kein Trost.

Der Offizier begann jetzt mit seiner Rede:

»Sie reden vom Staat, von einer unabwendbaren Fügung, und Sie streiten nur darum, ob er von Gott ist oder des Teufels. Der Staat ist aber bald dieses und bald jenes, so meine ich, um einmal alle Theologie aus dem Spiel zu lassen. Nur als Begriffsgespenst taugt er für jede Gleichung, als Ausdruck der allgemeinen Erscheinung, daß alle Verhältnisse darnach drängen, sich zu befestigen, sich zu kristallisieren, Gesetzeskraft über alle anderen zu erlangen. Wenn wir nun heute den Staat vor uns finden wie eine Mauer, in seinem ehernen Gesetz den Anfang jeder unserer Bewegungen erkennen, so erscheint in ihm die gesammelte Macht der Herrschaft, die dem Beherrschten ihre Gesetze als unerbittliche Folgerung seines eigenen Wesens aufzwingt. Diese Position der Herrschaft liegt am Anfang der neuen Zeit, und nicht am Anfang der Zeiten. Sie ist geschichtlich und nicht von Ewigkeit her. Die Idee der Herrschaft ist das Gerippe, in dem sich der Lebenswille der modernen Menschheit verkörpert. Sie leistet die Zusammenfassung der Menschenwesen zur Errichtung der Menschenherrschaft über die Natur. Absolutismus, Jesuitismus, Rationalismus – alle diese geschichtlichen Nomenklaturen bedeuten die Vielheit der Methoden, mit denen der Mensch sich für seine Aufgabe anschickte. Die Idee der Herrschaft war eine Setzung; sie wirkte durch Repräsentanz; sie war an die Vorbildhaltung bewußter Trägerfiguren gebunden. Erst durch die Erzeugung ihres eigenen Widerspruchs konnte sie sich das konkrete Wesen anlegen, das ihr bisher fehlte. Das Individuum versetzt sich mit all seinen bewußten und unbewußten Kräften in die Freiheit vom Staat, weil es seiner nicht mehr bedarf, weil es in seinem schöpferischen Grund den tieferen Ansatz der Lebensmacht vorfand. Dagegen kehrt sich der Widerspruch unseres Jahrhunderts gegen den negativen Zustand der

Auflösung und Vereinzelung, mit dem Ziel, im Dienst der befreiten Gesellschaft den neuen, seiner außerstaatlichen Zwecke bewußten Staat herauszusetzen.«

Mit dem Fliegeroffizier war, während er dieses sprach, eine seltsame Verwandlung vor sich gegangen. Die Spannung in seinem Gesicht war plötzlich gelöst und einem faltenlosen Zug der unendlichen Trauer gewichen. Die Schwermut als die Grundfarbe seines Denkens verdächtigte den Optimismus seiner Gedanken. Doch wirkte dieser Widerspruch nicht lähmend, sondern erregend auf den Hörer. Der kaustische Gegenüber meldete sich sofort:

»Die klassische Lehre! Jedoch, was wir seit nachgerade 15 Jahren erleben und erleiden, bleibt unser unerklärliches Teil. Es hängt abscheulich heraus aus dem vorgesehenen Rahmen, ein mißlungener Entwurf, ein verfallener Anlauf, ein Rückfall in einen widergeschichtlichen Zustand. Peinlich genug! Die Wirklichkeit geht nicht auf in unserer geschichtlichen Dialektik! Sie kann den von uns staunend gewahrten Zustand der Kräfteballung nicht mehr in sich begreifen, und daher seid Ihr gezwungen, die ganze Entwicklung eines Jahrzehnts des unerhörtesten Energieaufwands aus dem Bereich der Geschichte herauszuklammern, wie eine grausige Episode der Verirrung, in die man unerklärlicherweise verfiel, den Weltgeist der Leere seiner eigenen Gedanken überlassend.«

»Natürlich« – erwiderte der Fliegeroffizier – »ist die Geschichte ein Projekt, so wie die Entwicklung der Arten im Bereich der Natur. Sie arbeitet mit verschwenderischen Experimenten. Erst wenn der menschliche Wille sich in der Zielstrebigkeit der Geschichte sicher weiß, beginnt die Geschichte der Menschheit ihren neuen Abschnitt. Das Schicksal der Gegenwart hat für uns keine Rätsel. Der Individualismus stürzte, auf die Spitze getrieben, in seinen Gegensatz ab; der Staat, als Garant von individuellen Rechten, konnte sich schließlich nur noch in einem wahnsinnigen Feldzug gegen das Individuum behaupten. Das Interesse der Aktien mußte vor dem Interesse der Aktionäre in Schutz genommen werden.«

»Und trotzdem! Die Annäherung der Dialektik an die Wirklichkeit bleibt ein Gedankenbild, eine Theorie, die hundert andere Theorien neben sich aufkommen läßt. Je nach der Ausgangssituation, in der sich so ein Weltbild entfaltet, gelangt man durch die Bewegung der Dialektik zu ganz verschiedenen Zielen.«

Der Flieger leerte sein halbgefülltes Glas und sprach mit dem verdeckten Ärger, den einem der Zwang bereitet, eine längst aufgesagte Lektion wieder und wieder zu sagen.

»Die Dialektik ist darum nicht beliebig, sondern zielgerichtet, weil sie in der Zeit verläuft. Die Zeit, in die sich die Dialektik einläßt, ist unumkehrbar. Man kann sie nur falsch oder richtig auslegen, und nicht beliebig deuten. Die Prägung der Zeit bestimmt sich naturgemäß dadurch, wie die Menschen jeweils mit ihrer Zeit verfahren: durch die Form ihrer Schöpfung, durch die Methode ihrer Arbeit. Der Geist liegt in diesen typischen Haltungen gebunden. Alles Tun ist ein Wiedertun. Aller Fortschritt entsteht durch größere Genauigkeit der Einstellung, durch Schärfung der Sicht. Die Zeit sieht sich selbst erst, wenn sie sich selbst fraglich zu werden beginnt, wenn die alten Rezepte versagen, die Arbeit in ihren gewohnten Formen einem neuen Anspruch auf Leistung nicht mehr gerecht wird. Nur in den Zeiten der Wende tritt der Geist aus den ausgetretenen Bahnen: dann fordert die Praxis die gestaltende Tat.«

Schnipfmeiers Gegenüber kicherte vor sich hin:

»Die Geschichte hat also tatsächlich den Sinn, die ›großen Wenden‹ zu veranstalten, auf daß der Glücksfall des Geistes Ereignis werde. So sind wir gesegnet, in dieser Zeit zu leben, und wenn der Gipfel der Zerstörung erreicht wird, werden wir zu dem Augenblick sagen: Verweile doch, du bist so schön!«

PS: Das Buch wird es schwer haben, auch wenn es nun neu aufgelegt wird. Noch immer sträuben sich viele vor einer offenen Beschäftigung mit unserer nächsten Vergangenheit. Noch immer wird beschönigt, verdrängt, umerzählt. Vielleicht mehr denn je. Umso aufmerksamer sollte man auf diese lautere, klare Stimme hören.

Hermann Grab
Der Stadtpark

Es war ein kleiner Komet gewesen; manche erinnern sich noch seiner feinen Spur. Gleichwohl ist dieses Buch so verschollen, daß man die wohlgeordnete, über die Jahre unversehrte Kunst, die sich bei jedem Lesen erneuert und bestätigt, am liebsten nicht wahrhaben möchte. In keinem Nachschlagewerk, auch nicht im Kürschner von 1952, fand ich Hermann Grab verzeichnet. Am Schluß des Bändchens steht, daß er 1901 in Wien geboren sei und den ›Stadtpark‹ 1932 geschrieben habe. Vor einigen Tagen hörte ich, Grab sei Ende der vierziger Jahre in New York gestorben. Hat er die Kindheitsgeschichte des ›Stadtpark‹ fortgesetzt? Oder vermochte er diesen überraschend genau gestimmten, an Proust geschulten Ton nur über diese kurze Strecke einzuhalten? War es ein einziges Licht gewesen, dem er nachlief und das, als er es erreicht hatte, erlosch?

Wir sind auf das Musterbeispiel einer zeitgenössischen Novelle gestoßen. Sie verleugnet ihre Muster nicht – aber diese sind so in sie eingegangen, daß sie nicht mehr sind als ein glückliches, beflügelndes Geleit. Selbst Handlungsparallelen lassen sich konstatieren, wobei es freilich nicht sicher ist, ob Grab sich ihrer bewußt war.

Was er beschreibt, ist, an der Oberfläche, nicht viel: Es wird uns der dreizehnjährige Knabe Renato vorgestellt, kurz vor dem Ausbruch des Ersten Weltkrieges, in Prag. Die Stadt selber spricht weniger durch die Beschreibung von Häusern, Gassen – allenfalls durch die säuberliche Nachzeichnung des Stadtparkes –, deutlich jedoch durch den Tonfall der Niederschrift, der einer sensiblen, manchmal sich splitternden Melodie folgt. Schnitzler und Hofmannsthal sind Nachbarn.

Was Renato, einem behüteten Bürgerjungen, zustößt, begreift er als ein unauflösbares Gewirk von Lebensbezügen. Er ist wehrlos. Auch seine Gefühle – die Sympathie etwa zu seiner englischen Erzieherin, Miß Florence, und die Liebe zu dem Schulmädchen Marianne – scheinen gar nicht die seinen, sie werden ihm eingegeben von einer mächtigen, vieler Qualen kundigen Hand. Das Dasein des Kindes spielt sich nach einer trockenen, nur durch die abenteuerlichen Vorstellungen seiner Seele belebten Choreographie ab: Die Schule, der tägliche Gang durch den Stadtpark, der dreiste Freund Felix, die ersehnte (und spielerisch-ahnungslose) Marianne, die Gänge auf und ab, stereotype Bemerkungen von Eltern und Bekannten (die böse Verkrustungen des täglichen Nichts sind), das Klavierspiel, kleine, alberne Kinderfeste, und hinter allem die Drohung einer Fremde, in die hineinzuwandern sich Renato anschickt.

Also nicht doch nur eine von vielen Kindheitsgeschichten? Grab hat sein poetisches Verfahren im Verlauf einer Szene zwischen Marianne und dem Buben Felix selbst erklärt; er spricht durch Renato hindurch: »Aber dieses erste Zusammentreffen von Felix und Marianne, diese kleine Szene behielt Renato trotzdem sehr lange und auch noch in viel späteren Jahren im Gedächtnis. Sie hatte sich erhalten in Gestalt einer jener Momentaufnahmen, die unser Geist vielleicht recht wahllos produziert, deren Aneinanderreihung aber das Album ergibt, das wir gelegentlich durchblättern und das wir für unser Leben halten.«

Grab will nicht die Geschichte einer Entwicklung erzählen, er übt sich auch nicht in Genre-Malerei. Ihm geht es um die »Momentaufnahmen« der reminiszierenden Sprache. Szenen kristallisieren sich um einen Kern tiefster Verwunderung oder Verletzung. Das Flüchtige wird zum Markanten. Dazu bedarf es einer Schreibweise, die in der Nervosität gelassen bleibt. Denn es handelt sich ja nur um Bruchstücke einer Realität, die erst Leben erhält, wenn sie von einer Stimme aufgenommen und besprochen wird, die gleichsam auf der Suche nach ihrem Leib ist. Sie hat sich von ihm getrennt, um frei zu sein für alles Unbesprochene eines frühen Lebens; und sie muß zurückkehren, um Gestalt werden zu können.

Dieses Unternehmen ist gefährlich: Man spürt dem Buch ab und zu die Mühe an, die Grab sich gibt, innere und äußere Wirklichkeit ohne Übergang zu verschweißen. Das kann zu Stilisierungen führen (und er ist davor nicht an allen Stellen gefeit). Doch die Distanz, auf die der Autor drängt, damit er sich nicht in bloßer Anschaulichkeit verliere, bewahrt ihn vor psychologischen Plattheiten. Wie aus der Höhe vieler Jahre sieht er die Figuren über die drei Alleen des Stadtparks wandern. Sie berühren sich, sie weichen voneinander, sie treten aus dem Kreis.

Ein erbärmlicher Skandal macht der Bewunderung Renatos für Marianne ein Ende: das Mädchen läßt sich mit Felix ein, wird von einem Lehrer ertappt, und die Mutter bringt sie ins Internat Sacré cœur nach Wien. Felix besucht ihn nicht mehr. Einem anderen Schüler spielt Renato auf dem Klavier Partien aus dem ›Freischütz‹ vor. Der Krieg ist ausgebrochen. Es ist Frühling. Renato geht mit Florence allein durch den Stadtpark (das aus weiter Perspektive notierte Spiel hat sich vereinfacht und ist dadurch schmerzlich geworden; man ahnt, daß Renato den Bereich des Parks bald verlassen wird): Von Marianne wird nicht gesprochen.

Die vorher erwähnte Parallelerzählung ist bei Proust nachzulesen, auch dort spielen ein Garten und ein halbwüchsiges Mädchen die verwandelnden Rollen; Georg D. Painter erzählt in seiner Proust-Biographie von den kindlichen Spielen auf den Rasenstreifen der Champs-Elysées: Hier begegnet der kleine Marcel seiner großen, sein Gedächtnis für immer prägenden Liebe, dem Schulmädchen Marie de Benadarky. Seine Leidenschaft hat er zuerst im ›Jean Santeuil‹ umschrieben, eine Erläuterung der »Momentaufnahmen«, von denen Grab spricht (und der Vergeblichkeiten, die dunkel zwischen ihnen liegen): »Das Vergnügen an ihrem Anblick maß er an der Unendlichkeit seines Verlangens, sie zu sehen, und an seinem Schmerz, sie fortgehen zu sehen; denn ihre tatsächliche Gegenwart genoß er nur sehr wenig.« (Proust hatte Marie bald verloren, war mit Selbstmordgedanken umgegangen – er fand sie wieder in der Gilberte der ›Recherche‹.)

Die Keime sind vergleichbar. Vielleicht sind es sogar die Mittel der Erinnerung. Allerdings spannte Proust einen gewaltigen Bogen, für den wir bei Grab nur die Ansätze erkennen. Hatte er mehr vorgehabt als eine Novelle? Hätte Renato später, nach den Verwirklichungen eines kaum geahnten Lebens, zurückkehren sollen in den Park? Heinz Politzer deutet in dem Klappentext an, daß Grab einen Roman um

Renato geplant habe. Es mag sein, daß er an der allzu geschlossenen Ordnung des Anfangs gescheitert ist. Denn sehen wir eigentlich für Renato ein Später? Uns kommt es vor, als ende diese Bahn am Rande des Parks, als bleibe nichts als das grüne Geviert mit seiner Dauer und seinem Verlust.

Der Stadtpark war von drei Alleen durchzogen, von der oberen, der unteren und der breiten mittleren. In die obere Allee – sie war neben dem Bahnhof gelegen – ging man nur, um Abwechslung zu suchen, und immer geschah es, daß man sie bald verließ. Die obere Allee wurde von Menschen passiert, die den Stadtpark nur als Durchgangsort benutzten, und es war, als würde mit den Paketen, die sie trugen, mit dem Strohgepäck der Frauen und den schwarzen Holzkoffern der Soldaten der Geruch des Eisenbahncoupés, der Geruch von Ruß und Orangenschalen bis an die freie Luft getragen. Hier saß auf seiner Bank der Mann mit dem hölzernen Bein. Die Welt seiner Finsternisse, der Schreckensbilder von Spital und Nachtquartier, hatte ihn so sehr in ihren Bann gezogen, daß man ihn immer wieder nur hierher kommen sah, nur zu dem muffigen oberen Weg, nicht in die lichteren Bezirke des unteren Weges und der Hauptallee.

Der untere Weg war immer menschenleer. Man suchte ihn sehr gerne auf, und am Anfang des Spazierganges bogen die Kinder ab, um die Fräulein unbemerkt dahin zu leiten. Der Weg war geschlängelt, und mit der Ordnung der Gebüsche an der Seite – im Winter ein dicht verfilztes Ästewerk – gab er immer wieder einen überraschenden Aspekt. War es Renato gelungen, Marianne zum Lachen zu bringen – mit einer unglaubwürdig einfachen Bemerkung konnte das geschehen, wie etwa: »Schau dort in der Gasse der Mann mit seinem Bart!« –, dann konnte er hoffen, der ganze Spaziergang werde so verlaufen.

Der untere Weg wurde aber auch knapp vor dem Nachhausegehen aufgesucht. Man war daran, den Stadtpark zu verlassen, aber im letzten Augenblick schienen sich die Gouvernanten zu besinnen und sagten: »Wir gehen noch einmal den unteren Weg.« Um diese Zeit war in der angrenzenden Mariengasse ein oder das andere Fenster schon erleuchtet und fuhr dort ein vereinzeltes Gefährt vorbei; so schien mit dem Aufschlagen der Hufe und dem Rattern des Wagens auf seiner Fahrt über das schlechte Pflaster die Stille um so deutlicher zu werden, aus der das Geräusch heraufkam und in der es sich wieder verlor.

Mit Marianne hatte sich Renato nicht zu verständigen gewußt, aber während er neben ihr herging, dachte er schon an das nächste Mal. Nächstens – so dachte er – würde er versuchen, vom ›Freischütz‹ mit ihr zu sprechen, ihr dasselbe zu sagen, was Felix heute in der Schule über das Stück geäußert hatte. Er wird Felixens Rolle spielen, und sie wird gezwungen sein, dabei dieselbe Spannung zu empfinden, mit der man Felix immer zuzuhören pflegt.

Übrigens wurde aber auch der untere Weg nicht allzu oft betreten. Die Fräulein bevorzugten die Mittelallee. Breit und kerzengerade angelegt, gab sie einen weiten Blick, und die anderen Kinder und ihre Gouvernanten waren schon auf eine große Distanz hin zu erkennen. Manchmal kam man so zu einem Haufen zusammen, ein großes Rudel von Kindern und ein großes Rudel von Fräulein. Meist aber blieb man mit den anderen nur für eine kurze Weile stehen. Miß Florence und Miß Harrison kamen nicht in die Hauptallee, um sich allzu häufig in ihrer Unterhaltung stören zu lassen. Es steht allerdings nicht fest, ob es sich nicht ganz anders verhielt, ob sie nicht hierher kamen gerade in der Hoffnung, mit den anderen gehen zu können. (Die Hochachtung, mit der Miß Florence von allen Gouvernanten sprach, macht die Vermutung nicht ganz unwahrscheinlich.) Vielleicht waren es die anderen, die einen ständigen Verkehr mit den Engländerinnen zu vermeiden suchten, vielleicht aber waren auch beide Teile daran interessiert, die Freundschaft des anderen zu gewinnen, und es gab als Hinderungsgrund nur die beiderseitige Ungeschicklichkeit.

Mit Helene Pauer freilich und mit ihrer Gouvernante ging man jedesmal, wenn man sie traf. Wenn Marianne Helene kommen sah, dann freute sie sich, und Renato wußte, daß der Spaziergang endgültig verdorben war. Er mußte zusehen, wie die Mädchen eng umschlungen abseits gingen, wie sie leise miteinander sprachen und auch manchmal lachten. Freilich war er dann bemüht, so auszusehen, als kümmere ihn das alles nicht, aber es war sehr fraglich, ob es ihm gelang. Denn Felix Bruchhagen hatte ihm schon einmal gesagt: »Ich hab dich gestern beobachtet, mein Lieber, das war ja entzükkend anzuschauen, wie die Mädchen dich im Stich gelassen haben, und dein Gesicht dazu.« So mußte er also an den Tagen, an denen man mit Helene ging, auch befürchten, von Felix überrascht zu werden.

Was die Mädchen einander erzählten, das konnte er in der Entfernung nicht verstehen, aber er hörte, was die Gouvernanten sprachen, und hörte die Lamentationen Fräulein Stöwes über die Zustände im Hause Pauer. »Das ist alles nur eine Mache«, pflegte sie zu sagen, »außen hui, innen pfui, heißt es hierzulande. Das wäre übrigens bei uns doch nicht möglich, daß ein gesunder, kräftiger Mann, wie dieser Herr Pauer, zu Hause seinem Profit und seinen Geschäften nachgeht, während sich draußen so viele blühende junge Menschenleben opfern müssen. Aber dabei ist das eine Kleinlichkeit und ein Geiz, das kann man gar nicht schildern! Neulich kommt die Frau zu mir: ›Ach, Fräulein Stöwe‹, sagt sie, ›Sie könnten doch mit uns in den neuen Kriegsfilm kommen.‹ Aber wie wir dann hingehen, heißt es plötzlich: man hat nur eine kleine Loge bekommen, und mir gibt man so einen schlechten Platz, daß mein Kopf nachher noch drei Tage am Zerbersten ist von dem Geflimmer. Aber nach außen hin alles vornehm und tipptopp. Na, unsereins kommt eben doch dahinter. Da genügt es auch schon, die gemeine Art mitanzusehen, wie der Herr und die Frau miteinander streiten. Das geht den ganzen Tag lang, und auch bei Tisch nimmt man kein Blatt vor den Mund. Für so ein Kind ist das natürlich Gift.«

Miß Florence nickte mit tiefem Ernst und dennoch mit Befriedigung zu den Erzählungen des Fräulein Stöwe. Sie träumte von einer Welt, die nach einem besseren Gesetz geordnet war, von einer Welt, in der die Gouvernanten, mit Ehren überhäuft, das Leben der Familien, ja vielleicht sogar der Völker leiten würden. So nahm sie die Schilderungen Fräulein Stöwes mit der Würde und dem Verantwortungsgefühl des Generals entgegen, der einen Bericht über die feindliche Kriegsmacht erhält, zugleich aber auch mit dem überlegenen Lächeln des Historikers, dem neues Tatsachenmaterial zugetragen wird, ein Forschungsergebnis, das sich zur Stützung seiner These und seiner politischen Überzeugung sehr gut in sein Gesichtsfeld fügt.

Allerdings geschah es nicht allzu häufig, daß man Helene und Fräulein Stöwe traf. In einem anderen Stadtteil wohnend, besuchten sie meist eine andere Parkanlage. Miß Florence und Miß Harrison dagegen blieben dem Stadtpark treu, blieben treue Besucherinnen seiner Hauptallee. Nur in den Sommermonaten ging man nicht hierher. Da gab es die Gärten der Peripherie, auch war im Stadtpark das Gedränge allzu groß. Aber im Winter waren die Besucher der Hauptallee auf solche Distanzen hin verteilt, daß man an das Bestehen eines höheren Gesetzes glauben mußte, das nur deshalb die Bäume entlaubt und große Strecken eines grauen Himmels freigelegt hatte, um nach allen Richtungen hin Platz zu machen, und das so durch Verwandlung der Erde in ein übersichtliches Gelände die Freuden der kalten Jahreszeit vermehrte.

War der November eingezogen, so hatte er wohl in den Straßen der Stadt die Fassaden alle in eine Dunstschicht gehüllt, das Innere der Kirchen schon am frühen Nachmittag in eine Dämmerung versinken lassen, in der die Menschen, die jetzt den Raum betraten, das Ewige Licht wie in unendlich weiter Ferne glimmen sahen. Hier aber in den Parkanlagen hatte der November die andere Seite seines Januskopfes über dem Prospekt erhoben. Nachdem das Laub endgültig abgeräumt war, hatte der Maronimann mit seiner kleinen Lokomotive in der Hauptallee Aufstellung genommen, und auch die Kinder, mit Gamaschen und warmen Mänteln bekleidet, waren bereit, die Fahrt in den Winter anzutreten.

Um aber die wehmütige Fröhlichkeit dieses Abreisebildes noch durch einen letzten Handgriff zu beleben, hatte es sich der Maler nicht versagt, mitten in die hellgrauen Töne einige karminrote Flecken aufzusetzen, die Nasen der alten Herren, deren kleine Phalanx sich langsam durch die Hauptallee bewegte. Allerdings waren es nicht die Nasen, die auf den Bildern von Jordaens und von Ostade als Prunkstück in den Gesichtern der Greise figurieren und die, umspielt vom Duft, der aus einem Weinglas steigt, in ihrem milden Glanz die Unbekümmertheit der Jahre widerspiegeln, die als Epilog dem Fluß der Zeit enthoben sind und die darum den Kinderjahren gleichen, die dieser Fluß noch nicht ergriffen hat. Die Nasen der alten Herren waren ganz einfach von der Luft gerötet, von jener Luft, in der erst Kälte (wie Siphonperlen, die künstlich ins Trinkwasser gepreßt sind) aufstieg, um mit ihrer Schärfe gegen die Zartheit des Gewebes vorzudringen. Und die Flügel dieser Nasen, schon beim ersten Hauch erzitternd, suchten vergebens die Atmosphäre wiederzufinden, aus der man sie getrieben hatte und die, sorgsam bewahrt mit Hilfe der Teppiche am Fensterbrett, zwischen den Löwenköpfen der Fauteuils den rechten Aufenthalt gewährte, mit ihrer Mischung von Ofenwärme, Plüschgeruch und jenem Holzgeruch, der dem Büfett entströmt – seit vierzig Jahren steht es in seiner eichenen Pracht in Erwartung imaginärer Festlichkeiten. Gewiß, auch diese Alten waren ins Kinderland zurückgekehrt, doch hatte nur das erneute Schutzbedürfnis sie diesen Weg gewiesen, den Weg, der bei allem noch immer recht beschwerlich war. Gab es nämlich etwas zu sagen, dann blieben sie stehen, wandten einander die Köpfe zu und hielten so alltäglich eine Probe für den Leichenzug ab, der sich ebenso langsam vom Trauerhause fortbewegen würde, um immer wieder einen kleinen Halt zu machen, bei einer Straßenkreuzung oder beim Vereinslokal, wo der Verewigte die Stelle eines Vorstandsmitglieds eingenommen hatte.

PS: Mehrere Versuche, Grabs schmales Werk zusammenzufassen, scheiterten. Aus Furcht vor ökonomischem Mißerfolg. Und weil Grab unter Kritikern und Literaturliebhabern keine Lobby hat.

Ernst Kreuder
Die Gesellschaft vom Dachboden

Rowohlt brachte Kreuders großes Verschwörermärchen 1946 heraus; es war das erste deutsche Buch, das nach dem Kriege in andere Sprachen übersetzt wurde. Welch eine wundersame Botschaft aus dem zerschundenen, geschlagenen Land: Da wanderte einer, im zerschlissenen Kittel, ohne jeglichen Besitz, vertrauensvoll und in sich versunken über die Grenzen, voll von Märchen und träumerischer Zuversicht, eine arg ramponierte blaue Blume in der Hand – der erste literarische Gesandte.

Mein Exemplar ist zerlesen; das schlechte Papier welkt bräunlich an den Rändern, doch die Einbandzeichnung von Xaver Fuhr hielt sich frisch und erzählt in Weiß, Gelb und Grün von dem Erinnerungsgestrüpp des Buchs: das Gerümpel auf dem Dachboden, Stühle, die aufmarschieren, als gäbe es Ionesco schon, Kartons, Bierseidel; in einem Schrank schläft ein Mann, den wir als Waldemar kennenlernen werden; auf der Rückseite, sehr entfernt, erkennen wir an einem Pult den, der schreibt – ist es Wilhelm, ist es Kreuder?

Ich habe viel in dem Band gelesen, immer wieder in den Jahren, man kann in ihm blättern, da die meisten Absätze Bildern gleichen, kunstvoll-unbeholfen gemalten. Die Gedanken während der Lektüre wandelten sich mit der Zeit. Kreuder hatte gegen die Epoche schreiben wollen. Indem er sich das halbe Dutzend Männer auf dem Dachboden imaginierte, sie über die und aus der Natur sprechen ließ, indem er holde Märchen einstreute, Parabeln vom weise dosierten Glück, wendete er sich ab von einer Epoche, die er seelenlos schalt, die der Maschine und dem Mord verfallen ist. Gleichwohl stahl sich die Atmosphäre des Kriegsendes in sein Buch.

Wer zurückdenkt, kennt sich aus in diesen wünschenden, verlangenden, prophezeienden Sätzen. Viele kleine Gesellschaften hatten sich damals zusammengefunden, auf den Dachböden, in den Kellern, in windigen Wohnungen und in alten Waggons. Sie scherten sich nicht um Besitz, aber sie waren besessen vom Geist und von der Hoffnung, daß sich der Geist des Aufbruchs bewahren möge. Bald hatten sie Wänste und Heimweh. Noch ein wenig später hatten sie Erfolg, Dächer überm Kopf, und ihr »Weißt du noch?« umschrieb, unter dröhnendem Lachen, eine Art von Indianerspiel.

Bei Kreuder ist das Beginnen rein und unangefochten geblieben. Er hat seine Träume weitergeschleppt. Seine ›Gesellschaft vom Dachboden‹ findet mühelos verborgene Türen und verwunschene Verliese. Da streicht einer unbefangen und mit heiterster Miene den Horizont hell an und wettert wider den Trübsinn und den faden Realismus der zeitgenössischen Schriftsteller: »Macht Schreiben sauer? Krematoriumsmusik! Es liegt daran, daß sie sich einem unerbittlichen, melancholischen Realismus verschrieben haben. Als ob die Kunst etwas mit der Realität zu tun hätte. Visionen! Meinetwegen Halluzinationen! Und dann, die Realität, wie wir sie kennen, ist nicht das letzte Wort.«

Was Waldemar seinen Freunden predigt, meint Kreuder. Es ist das Programm, dem er sich verschrieb. Eine Poesie des Naturvertrauens, des Rätsellobs, der Humanität des Wunderlichen, des erweckten Märchens, der unverdorbenen, unzerdachten Romantik. Vielleicht ist es nützlich, daß ich ein paar Wegstrecken nacherzähle. Der Erzähler trifft auf einem Spaziergang einen Mann, den er offenbar nicht kennt, aber sogleich bei seinem richtigen Namen nennt: er sagt zu ihm »Wilhelm«, weil der andere behauptet, man habe sich lange nicht gesehen. Das Buch hat von Anfang an einen eigenen, sehr genau gehaltenen Ton: der Unsinn, der Traum verhaken sich in eine altmodisch wirkende Realität, die wiederum selbst geträumt wirkt, von der aber der Schreiber steif und fest annimmt, daß sie die angemessene Wirklichkeit sei.

So ist also bereits die Plattform, auf der gespielt wird, eine Spiegelfläche. Kreuders Figuren sind aller dieser Brechungen kundig. Sie sind schon Verschworene, ehe sie sich zur Gesellschaft auf dem Dachboden von neuem verschwören. Sie steigen aus einer Konvention, die durchaus poetisch ist; in der »anderen Welt« bewegen sie sich in putzigen Tarnungen (einer zum Beispiel ist Dienstmann), als parodierten sie die naiven Figuren eines Wilhelm Scharrelmann. Ein Gefühl der Sonntäglichkeit durchströmt ihre Gemeinschaft.

Sie gründen, im Gerümpel, den »Bund der Sieben«. Ihre Programmpunkte lauten: Aufrichtigkeit, Anhänglichkeit, Beharrlichkeit, Barmherzigkeit, Überschwenglichkeit, Friedfertigkeit, Unüberwindlichkeit. Der eine ist Detektiv, der andere verkauft, auf dem Dachboden, in einem Kinderladen Brot. Unten, auf der Straße, im »Leben«, gehen sie, sich verkleidend, den nötigen Geschäften nach. Der Straße freilich weicht man, so gut es geht, aus, damit das auf der Lauer liegende Märchen allen auf der Spur bleibe. Und siehe! schon bricht es ein.

Einer hat, in den Büchern auf dem Speicher stöbernd, einen in Geheimschrift verfaßten Plan gefunden. Ein Schatz sei in einer benachbarten Ortschaft vergraben. In einem hohlen Baum werde man auf ein Tiergebiß stoßen; in einem hohlen Zahn stecke weitere, präzisierende Botschaft. Der Erzähler macht sich auf die Suche und gerät ins Irreale: Er begegnet einem unglücklichen Vater, dessen liebliche Tochter Clothilde von der Rabenmutter (die wünscht, das Mägdelein möge einen blöden Reichen heiraten) zur Vernunft- und Hungerkur eingesperrt worden ist. Clothilde wird befreit und, dem Fortgang ins Märchenhafte gemäß, in Lysiane umgetauft. Der Zettel im hohlen Zahn verweist auf den »Alten am Wehre«, der, ein Weiser, mit polizeilicher Genehmigung böse Menschen einlocht, damit sie ihre Widerwärtigkeiten mit dem Angstschweiß ausschwitzen.

Der Schatz ist da: Die Gesellschaft kann sich, wie sie es erträumt hatte, einen Dampfer kaufen, um – getrennt vom festen Lande, auf schwankender, wandernder Insel – ihr eigenes Dasein nach ihren ebenso seltsamen wie edlen Statuten zu führen. Nur Wilhelm und Karl, zwei der Verschworenen, werden in den Tag zurückkehren. Wilhelm findet zu seinem Vater, dessen Drogerie Karl pachten wird, auf daß Wilhelm unbehelligt an seinen Gedichten feile, die Pacht verzehrend.

Die andern schiffen sich ein. Waldemar, unumstritten der Gedankenführer des Bundes, führt den Erzähler zu seiner Kabine. Es ist alles bereit für die neue Geschichte: ein Schreibtisch, Feder und Tinte, ein dreibändiges Lexikon, eine alte Remington Portable und eine altmodische Kaffeemaschine. »Die Worte jagten sich schon in meinen Gedanken ... ich schrieb, saugend holte ich aus, Schicht um Schicht mich aus mir entfernend, schrieb schneller, das atemlose Verlieren trat ein, verloren war ich schon nicht mehr bei mir, eine Beute von Gesichten und Stimmen, fiel ich in eine andere Welt.« Es ist das Finale. Und dies wiederum besingt die köstliche Unendlichkeit der Phantasie. Wie merkwürdig, daß einer aus einer »anderen Welt« in eine »andere Welt« fällt, die Welt aber, in der er sich realiter bewegt, gar nicht wahrhaben will. Flieht er ununterbrochen? Täuscht er sich, ein Gaukler des bilderreichen Scheins? Kreuder hat seit eh und je der Macht der Poesie gehuldigt. Er flieht nicht. Er setzt ein. Er verwandelt. Wen? Für wen?

Es könnte sein, daß der Wahn überwindet. Die Romantiker waren dieser Ansicht auch. Sie verloren sich ins Labyrinth des Uralten und siedelten in ihm die Chimären an. So brach eine Revolution aus, die uns nun in der Tat lehrte, daß der Wirklichkeit nicht zu trauen sei. Daß sich Wirklichkeit mit Wirklichkeit überbiete, daß Träume Siedlungshäuser werden können und Philosophien Alpträume. Da kenne sich noch einer ohne Wünschelrute und dritten Blick aus. Hatten wir erwartet, daß Stühle die Komödianten ablösen würden? Daß das Geplapper in der Urne uns in den Ohren schrillt wie Hiobs Jammer?

Die Naivität Kreuders hat ein junges, pausbackiges Gesicht und weiße Haare. Man kann seine ›Gesellschaft vom Dachboden‹ als Märchen, als Parabel, als Wunschphantasie auffassen. Auch als Gebrauchsanweisung für Spiele. Das Buch sollte in einer billigen Ausgabe erscheinen. Dann läsen es die jungen Leute und erführen die Geschichte einer fröhlichen Rebellion. Zur Linken dessen, der sie sich ersann, geht der Detektiv Emil, zur Rechten Heinrich von Ofterdingen. Der in der Mitte genießt die Nachbarschaft.

I

Ich war früh aufgebrochen.

Nach einer Stunde kam ich an den Fluß; nebliger Dunst wehte über dem Wasser. Es hatte in der Nacht geregnet, die Erde war noch dunkel von Feuchtigkeit. Unter dem Brückenbogen war der Erdboden trocken. Am jenseitigen Ufer, hinter den bewaldeten Höhen, wurde der schattengraue Himmel mit einem Male strahlend gelb. Ich saß unter dem Brückenbogen und betrachtete das Wasser. Es schien zu dampfen, der Dunst verflog, über den Höhen kam die Sonne herauf, das Licht glitzerte in Streifen auf den dahinfließenden Wellen. Zuweilen blinkte es auf, das Licht blitzte im Wasser. Da wurde ich angerufen.

Jemand rief meinen Vornamen. Dann kam eine Gestalt, ein langer, barhäuptiger blonder Mann, winkend auf mich zu. Er hatte flußabwärts geangelt. Als er näher kam, erkannte ich ihn.

»Wir haben uns lange nicht gesehen«, sagte er mit staunendem Lächeln und streckte mir die Hand hin. Er hatte nichts gefangen. Ich überlegte, woher ich ihn kannte. Vielleicht war er ein ehemaliger Schulkamerad.

»Ja, Wilhelm«, sagte ich.

»So trifft man sich wieder«, sagte er und legte die Angelrute auf den Boden. Er setzte sich neben mich. Seine Augenbrauen waren nicht gebogen, sondern wuchsen nach außen schräg in die Höhe. »Bist du auch so vergeßlich geworden?« sagte er und begann mit beiden Händen in seinen Taschen zu suchen, bis er ein grünes Kuvert gefunden hatte. Es lagen einige zerdrückte Zigaretten darin. Wir steckten uns eine an und rauchten.

»Ich bin etwas kurzsichtig«, sagte ich, »ich erkannte dich nicht gleich.«

»Warst du nicht schon in der Schule kurzsichtig?« fragte er.

Ich nickte. Dann zog ich das kleine Notizbuch aus der Tasche und schrieb etwas hinein.

»Vielleicht wollen die Kurzsichtigen gar nicht weit sehen«, sagte ich, »und sind mit der Nähe zufrieden.«

Während Wilhelm mich aus runden, erstaunten Augen ansah, sie waren leuchtend blau, hatte ich den Eindruck, daß er angestrengt an etwas völlig anderes dachte. Das Leuchten erlosch, das Staunen schwand, schweigend rauchte er und sah mich in stillem Einverständnis an.

»Wir wollen gehen«, sagte er. Er nahm das Angelgerät und stand auf. Wir gingen den Weg am Ufer entlang, flußabwärts. Die Morgensonne erwärmte die kühle Luft. Nachdem wir unter der zweiten Brücke hindurchgegangen waren, stiegen wir die grasige Böschung hinauf und kamen auf die asphaltierte Straße, die zur Stadt führte. »Hellgelb«, sagte ich, »sind hier die Straßenbahnen. Woanders sind sie blau oder grün.«

»Wir müssen nachher einen kleinen Umweg machen«, sagte Wilhelm. »Man soll uns nicht sehen, wenn wir hineingehen.«

In der Geschäftsstraße mit vielen Läden blieben wir vor einem vielstöckigen Kaufhaus stehen.

»Am besten kaufen wir auch etwas dort drin«, sagte er. Ich folgte ihm durch die Drehtüre. Das Warenhaus war erleuchtet. Wir schoben uns langsam durch die Menge nach der Abteilung »Bücher und Schreibwaren«. In einem großen Kasten lagen billige Bücher, antiquarisch. Sie kosteten 50 Pfennig. Wilhelm erwarb eine ›Anthologie jüngster Lyrik‹, ich kaufte den Detektivroman ›Der einzige Zeuge‹. Wir steckten die Bücher ein und schoben uns einem der hinteren Ausgänge zu. »Hof« stand über der Tür, durch die wir hinausgingen. In dem weiten Hinterhof standen viele Kisten und Fässer. Wilhelm öffnete zwischen den Fässern eine Lattentür und ließ mich in den Nachbarhof treten. Als ich mich umwandte, sah ich, wie er das Angelgerät hinter den Fässern verbarg.

Wir gingen durch den leeren, stillen, großen Hof und sahen aus einer der vielen Türen einen Mann in einer blauweiß gestreiften Jacke treten. Er rauchte eine Shagpfeife und setzte seine blaue Dienstmütze auf. Über dem Mützenschild waren die Messingbuchstaben »A & O« befestigt, das »O« hing etwas schief. Die Hände auf dem Rücken, kam er langsam auf uns zu. Da die Hauswände so hoch waren, konnte die Sonne noch nicht in den Hof dringen.

»Zu wem?« fragte der Mann lauernd. Sein Gesicht war starr und so weiß, als wäre es in Seifenbrühe ausgelaugt worden. Er legte die rechte Hand hinters Ohr.

»Wir wollen die Koffer abholen bei Dr. Sörensen«, sagte Wilhelm.

Ich nickte.

»Will er schon wieder verreisen?« fragte der Hausmeister.

»Mit dem Mittagszuge«, sagte Wilhelm. »Wir sollen die Koffer an die Bahn bringen.«

»Es geht ja auch nicht mehr lange gut mit ihm«, sagte der Hausmeister und blickte uns mißtrauisch an. »Aber ich habe nichts gesagt«, fuhr er mürrisch fort, »oder habe ich etwas gesagt?«

»Nein«, sagte ich.

»Wir haben nichts gehört«, sagte Wilhelm.

Der Hausmeister nahm die Shagpfeife aus dem Mund und pfiff zweimal. Bellend schoß ein kleiner, weißer Spitz in den Hof, schnupperte an unseren Schuhen und rannte dann hüpfend um den Hausmeister herum, der langsam in das Haus zurückging. An der Tür blieb er stehen und blickte uns nach, bis wir den Hinteraufgang betraten. In dem halbdunklen, stillen Treppenhaus stiegen wir hinauf. Niemand begegnete uns. Im vierten Stock läutete Wilhelm an einer dunklen, hohen Tür. Nach einigen Minuten wurde neben der Tür langsam ein Schalter geöffnet.

»Entschuldigen Sie, bitte«, sagte Wilhelm, »können Sie uns sagen, wo Konsul Fredenhagen wohnt?«

»Einen Stock tiefer«, sagte eine leise Stimme hinter dem Schalter. Der Schalter wurde geschlossen.

»Es war das Dienstmädchen von Sörensen«, sagte Wilhelm, »falls uns der Hausmeister beobachtet.«

Wir warteten einige Minuten auf dem Treppenabsatz. Dann stiegen wir weiter hinauf. Ich zählte die Stockwerke. Im siebten Stock waren wir unterm Dach angelangt. Es roch muffig und nach Staub. Wir folgten einem langen, halbdunklen Gang. Wilhelm wäre beinahe über das Bett gefallen.

»Hier stellen sie immer ihre Sachen ab«, sagte er. Wir schoben das Messingbettgestell an die Wand. Die schrägen Dachfenster waren mit Staub bedeckt, Regentropfen hatten dem Staub ein gehämmertes Aussehen, ein Regenmuster gegeben. Dort, wo Wilhelm eine Tür öffnete, war es ganz dunkel. Wir traten in einen großen Dachboden, darin es ziemlich hell war. Es standen so viele Kisten, Körbe, alte Möbel, übereinandergestellt, herum, daß man zuerst nicht viel sehen konnte. Wilhelm kannte den Weg. Registrierkassen, Öfen, Geschäftspulte, Leitern, Gardinenstangen, Vogelkäfige, ineinandergeschoben und festgeklemmt, alles lag durcheinander und übereinander, aber Wilhelm kannte den Weg. Zuletzt stiegen wir über einen braunen Klubsessel, in dem der Sitz durchgebrochen war. Einige Dachfenster standen offen, ein gedämpftes, bräunliches Licht lag in dem weiten, stillen Raum.

»Seid ihr da?« fragte eine helle Stimme hinter dem schwarzen, dreiteiligen Ofenschirm.

»Ich bin's«, sagte Wilhelm und ging weiter bis an die

Schulbank. Er klappte den braunen Pultdeckel herunter, es waren Tintenspritzer darauf, Namen waren in das Holz geschnitzt. Wir setzten uns in die Bank. Gegenüber stand ein großer Schrank, er hatte keine Türen und keine Rückwand. Bis zur Hälfte war er mit rotweiß gestreiften Matratzen gefüllt. Hinter dem Schrank stand ein Stapel Kisten. Sie trugen die Aufschrift »Nicht stürzen! Glas!«. Auf den Matratzen im Schrank lag ein Mann und schlief. Er drehte uns den Rücken zu. Wilhelm hatte die ›Anthologie‹ auf das Pult gelegt, stützte den Kopf mit beiden Händen und las. Ich legte das kleine Notizbuch vor mich hin und schrieb. Über uns stand ein Dachfenster offen. Es war ganz still. Nach einiger Zeit klappte Wilhelm die ›Anthologie‹ zu, schob sie unter die Bank, holte ein blaues Schulheft hervor, einen roten Bleistift und schrieb. Ich blickte in das Heft, er schrieb ein Gedicht.

Ich steckte das Notizbuch ein und begann, den Detektivroman zu lesen. Er war sehr altmodisch und spannend. Bald war ich so vertieft darin, daß ich nicht merkte, wie sich der Mann im Schrank herumdrehte. Er mußte mich schon eine ganze Zeit betrachtet haben. »Gehämmerte Prosa«, sagte er plötzlich, und ich blickte überrascht in sein großes, rundes, volles Gesicht. Er lächelte großzügig, weitherzig, verschwenderisch, ohne sich zu bewegen. »Gehämmerte Prosa«, wiederholte er, »das ist es, was heute verlangt wird. Aber laßt euch nicht stören.«

»Du störst uns nicht, Waldemar«, sagte Wilhelm, er preßte die Lippen zusammen und lachte. Das Schulheft verschwand unterm Pult. »Gemeißelte Prosa«, sagte der Mann auf den Matratzen und lachte leise, »knapp, präzis, dabei biegsam wie Damaszenerstahl. Ich habe mir nie etwas daraus gemacht. Der Marmorstil. Ehern. Aber zur Sache. Ich las neulich die ›Marquise von O.‹ wieder einmal. Vorzüglich. Kein überflüssiges Wort. Man wird nur so durch die Geschichte hindurch getrieben, gejagt, gehetzt. Man kommt nicht mehr zu Atem. Es ist, als hätten die Sätze den Leser gepackt, ein Satz wirft dem anderen Satz den hilflosen Leser zu, wie ein Ball wird er weitergeworfen. Aber nirgends ist ein Baum. Kein Gras. Auch kein Licht. Wo bleibt der Himmel, möchte ich fragen. War die Welt damals farblos? Ein spannender Aktenbericht. Warum eigentlich immer als das novellistische Vorbild gepriesen?«

»Geräusche«, sagte ich, »kommen darin vor. Aber es ist doch unerhört erzählt. Besonders der Schluß ist meisterhaft. Dort, wo die Marquise zum Grafen sagt, ›er würde ihr damals nicht wie ein Teufel erschienen sein, wenn er ihr nicht, bei seiner ersten Erscheinung, wie ein Engel vorgekommen wäre‹. Das ist kein ›Ende gut, alles gut‹, sondern die unbedingte, dichterische Wahrheit.«

»Sie haben ihn wörtlich zitiert«, sagte Waldemar. »Fällt Ihnen nicht auf, daß man nichts sehen kann? Erschienen, Erscheinung? Dieser junge russische Offizier hat kein Aussehen, dafür Eigenschaften. Einmal wird er rot im Gesicht, ich glaube, es ist die einzige Farbe, die darin vorkommt. Man sage mir nichts gegen Farben! Sie können alles ausdrücken, selbst Musik! Aber ich muß ja aufstehen, mich waschen, bügeln, rasieren, kämmen, baden, trocknen, ich weiß, ein Baudelaire hat selbst im größten Elend noch immer zwei Stunden für seine Toilette verwandt. Und ich bin niemand. Dann will ich mit euch frühstücken.«

Er sprang aus dem Schrank, und ich sah, daß er noch größer als Wilhelm war und beinahe noch einmal so breit. Er verschwand hinter einem Gebirge von schwarzen, numerierten Stühlen. Wir hörten ihn prusten, schnaufen, in einer Waschschüssel plätschern.

»Dann wollen wir zusammen frühstücken«, sagte

Wilhelm, der vergnügt und stumm uns zugehört hatte. Ich legte das Buch unter das Pult. Aus dem großen Briefkasten, der hinter der Bank hing, zog Wilhelm eine grüne Salatgurke und einen Kranz getrockneter Feigen. »Ob der Bäcker Brot gebracht hat?« sagte Wilhelm. »Wir wollen zu Karl in den Laden gehen.«

Wir standen auf, Wilhelm kannte auch hier wieder einen Pfad durch den Möbeldschungel. Ganz am Ende des Dachbodens, in der linken Ecke, saß ein kleiner Mann in einem großen, weißen Spielzeugladen. Er saß hinter der kleinen Theke und las in einem Groschenheft. Es war ›Der neue Lederstrumpf‹. Nun richtete er die sanften blauen Kinderaugen auf uns und fuhr sich verlegen über den kahlen Kopf. Er hatte keine Augenbrauen und keine Wimpern mehr.

»Wir wollten dich fragen, Karl, ob du vielleicht Brot hast«, sagte Wilhelm.

»Brot ist ausverkauft«, sagte Karl und stand auf. Er war ein wenig verwachsen, seine Stimme war leise und dünn. »Dürfen es vielleicht Zwieback sein?«

»Ja, bitte«, sagte Wilhelm, »ein Pfund Zwieback.«

»Es sind echte Friedrichsdörfer«, sagte Karl, er stellte die Waage auf die Theke, griff in eine große Blechbüchse und füllte die Waagschale mit Zwieback.

»Ein Pfund, bitte«, sagte er, »die Tüten sind mir ausgegangen.«

Wir steckten die hellbraunen Zwiebäcke in die Taschen.

»Brauchen wir sonst noch etwas?« fragte Wilhelm und sah mich an.

»Vielleicht Schnupftabak«, sagte Karl, »echten ›Schneeberger‹. Oder Himbeerbonbons?«

Wilhelm kaufte noch eine Tüte Himbeerbonbons. Er bot die Tüte zuerst Karl, dann mir an.

PS: Da gibt es viele Bemühungen, Kreuders Bücher unter die Leute zu bringen. Manche seiner Erzählungen und Romane erscheinen in namhaften Reihen. Aber wieviele zählen sich schon zur »Gesellschaft auf dem Dachboden«, dieser romantischen Verschwörerbande?

Palinurus (Cyril Connolly)
Das Grab ohne Frieden

Vergessen? Nein, vergessen ist dieser schmale Band bei manchem nicht; und er ist der eifrigen Erinnerung wert. Denn als er damals, 1952, in der Bibliothek Suhrkamp erschien, wirkte er auf uns wie eine rätselhafte, aus einer fernen Zeit und von einem entlegenen Eiland angeschwemmte Flaschenpost: Ein Vorbote oder ein Nachzügler des Intellektualismus des Fin de siècle – die Botschaft eines übriggebliebenen Dandy und dennoch die zeitnaheste Prosa (in England erschien ›The Unquiet Grave‹ 1944), schon wieder zeitlos, wie auf Steinblättchen gekritzelt, behende und ungefüg, besessen und träg, allwissend und merkwürdig taub: Zeugnisse einer dialektischen Existenz, verwirrend mondän.

Palinurus, Steuermann des Aeneas, Vergils Geschöpf und aus Troja, berühmt in seinem Beruf und nur zweimal seiner Kraft nicht mächtig, das erstemal im Göttersturm auf dem »unermeßlichen Meer«: »... und Palinur selber beteuert, er könne / Nimmermehr den Tag von der Nacht am hohen Olympus / Unterscheiden, verkenne die Bahn inmitten des Meeres« – und das zweitemal, sein Schicksal besiegelnd: er schläft am Steuer ein, stürzt in die See, treibt drei Tage und drei Nächte auf den Wogen, wird an der Lukanischen Küste angetrieben und von den Einwohnern umgebracht. Am Styx, wo er seit einer Ewigkeit, verdammt, auf die Überfahrt wartet, trifft ihn Aeneas wieder. Palinurus, der Unbegrabene, hofft auf die Güte der Götter, auf Ruhe; was ihm als Ersatz gewährt wird, ist die Unsterblichkeit des Namens: »Dieses Volk ... wird / Dir ein Grabmal erbaun und durch Leichenopfer dich ehren: / Ewig wird dann dieser Ort den Namen Palinurus führen.«

Ein Jahr lang hat Cyril Connolly während des Zweiten Weltkrieges das Logbuch des Vergilischen Steuermannes geführt. Er hat im letzten Teil des Bandes über das Schicksal des Palinurus gegrübelt und sich mit ihm vereint. Was bindet ihn an den Schatten aus der Aeneis? Da wogt ein Meer von Bildung und erinnernder Erfahrung, gefährlich, voller Untiefen und Riffe, und an Sirenenlockung mangelt es nicht ... Ist es dies? Oder fährt der sein Wissen traktierende Engländer in solchen Sätzen in die Haut des Palinurus?: »Als Mythos jedoch, und vor allen Dingen als ein Mythos, der wichtige psychologische Aufschlüsse gibt, ist Palinurus offensichtlich der Typ, der scheitern will, der eine Abneigung gegen Erfolg hat, der im letzten Augenblick aufgibt und ein dringendes Bedürfnis nach Einsamkeit, Isolierung und Verborgenheit hat. Palinurus verließ seinen Posten im Augenblick des Sieges ...«

Ein gewagtes Porträt des Intellektuellen also? Oder läßt sich die Niederschrift des Palinurus auch auf andere Weise enträtseln? Wird hier dem wissenden Scheitern, der bewußten Absage eine Inschrift gesetzt?

»Je mehr Bücher wir lesen, desto klarer wird es, daß die wahre Aufgabe eines Schriftstellers die ist, ein Meisterwerk zu schaffen, und daß keine andere Aufgabe einen Wert hat.« Mit kühlem Hochmut beginnen die Aufzeichnungen. Ecce gubernator! Und ihn im Auge, begibt sich der Leser hinaus in die Unendlichkeit europäischer Erfahrung und Überlieferung. Eine Sturzflut von Namen, Erinnerungen, Assoziationen, Selbstprüfungen: der Untergrund wird aufgewühlt. Bilder reihen sich an Bilder: ergeben sie einen Sinn? Das Buch besteht aus kurzen Parabeln, privatem Stückwerk, bösen und freundlichen Beobachtungen, kennzeichnenden Lesefrüchten, Polemiken mit Lebenden und Toten, Essays in fünf Sätzen.

Je tiefer man in das Werk eindringt, desto stärker werden Faszination und Betäubung. Man gibt sich einem Rausch hin, den zu definieren man sich auch nach dem Erwachen nicht getraut. Wie seltsam: die Mythen werden nicht am gläubigen Eifer, sondern an distanzierender Ironie lebendig. Connolly zitiert viel, scheinbar ohne Zusammenhang, und vier Seiten danach begreift man das Licht, das er, so wahllos offenbar, über die Landschaft seines Denkens geworfen hat: eine fliegende Fackel. Er dringt, in Gestalt des Palinurus, in sich selbst. Das Meer, das außen gewesen war, die Bildung, die er vor sich gehalten hatte, nicht ohne Eitelkeit, ist überwunden, die Horizonte werden dunkler, doch der Steuermann verirrt sich nicht auf den Gewässern seines inneren Daseins. Es wird experimentiert: Drogen helfen.

Mit einem Male sehen wir Palinurus unter Verwandten: Baudelaire und Poe, Huxley und Michaux, den Comte de Lautréamont und Proust; auch Pascal und Leopardi, Epiktet und Kierkegaard. Er nennt sie. Er fürchtet sie: sie sind ihm zu nah, auf »dem Wüsten-Eiland des Ego«. Seine Zärtlichkeit gilt den Kindern, den Unerfahrenen, den Künstlern im Moment der schöpferischen Naivität: »... biopsychisches Gleichgewicht ist eine so starke und unfehlbare Quelle des Glücks.« Befindet er sich noch in der Nähe seines virgilischen Gefährten? Trennt er sich von ihm?

Er will nicht, daß einer aus seinem Maskenspiel klug werde. Er wünscht, daß man den Witz der Tarnung respektiere. Wohin führt das? Immer wieder zu den Quellen dieses brillanten Gedankenwerfers. Gewiß hat er Palinurus nicht ohne Bedacht gewählt, den, der sein Grab erst findet nach der Unruhe der Namenlosigkeit. Jetzt ist sein Name steinerne Markierung: die Nautiker richten sich nach ihm.

Aber vor dieser Hoffnung, die er sich als äußerstes Ziel setzt, läßt er sich von anderen Geistern verführen. Ich habe einige ihrer Namen genannt. Er wünscht sich von ihnen spirituelle wie habituelle Ähnlichkeit: ihr Dandytum wird ihm zur Erklärung aller ihrer Qual und Größe. So grüßt er sie – sie erläuternd – und nähert sich ihnen. So erklärt er sich. Er macht sich selbst, den Schreibenden, der Palinurus sein wird am Ende des Buches, zur europäischen Kunstfigur: die Eleganz seiner Gedanken schont gleichsam ihren Tiefsinn; die auf Extreme erpichte Intelligenz versteht sich nicht minder in tändelnder, Äußerlichkeiten streichelnder Zärtlichkeit. Die Suche nach dem künstlichen Rausch wird zur klaren Exegese der Hybris. Und die dialektische Existenz des Dandy wird mit großmütiger Offenheit vorgeführt: der Ausdruck seines Bewußtseins ist die Melancholie.

Wir haben das Buch damals genossen; wir haben Stellen auswendig gekonnt; ohne daß wir seine Tradition ermessen konnten, begriffen wir seine entschlossene Spielerischkeit und seine hochfahrende Klarheit. Der dies geschrieben hatte, war ein Außenseiter. Seine Gescheitheit erschloß uns Vergangenheit und Zukunft. Er lehrte uns denken und schreiben. Darüber vergaßen wir, so wie er es wohl wünschte, den Autor selbst. Wir sprachen von Palinurus, als sei er einer von uns: der Steuermann auf dem Schiffe des Aeneas.

Später erst entdeckten wir ›Horizon‹, die Zeitschrift, die Cyril Connolly lang herausgegeben hatte, ein avantgardistisches Blatt, hörten wir von Romanen, die er geschrieben hatte, lasen Aufsätze von ihm: und wiederum entzückte uns die Kunst eines Mannes, der die Verzweiflung des europäischen Wissens in ironischen Kürzeln bannte – aus palinurischer Erfahrung, die uns fehlte.

Keine Furie kann so böse sein wie eine geschiedene Frau auf der Suche nach einem neuen Liebhaber. Wenn wir sehen, wie eine Frau demütig an der Seite ihres zweiten Mannes einherschwatzt, kann man sich schwer vorstellen, wie brutal, unbarmherzig und kleinlich sie die anderen wegjagte. Im Leben einer Frau gibt es zwei große Augenblicke: einmal, wenn sie merkt, daß sie ihren Mann glühend liebt – und wenn sie ihn verläßt. Beim Verlassen hat sie die beiden Möglichkeiten, sowohl sadistisch wie masochistisch zu sein: sich nicht erweichen zu lassen, wenn er sie anfleht zu bleiben, und zu weinen, weil sie sich entschlossen hat zu gehen. Frauen unterscheiden sich dadurch von den Männern, daß sie einen dunklen Drang befriedigen, wenn sie mit der Vergangenheit brechen und den Ehepartner dabei kleinkriegen. Deshalb werden auch die Freundinnen einer Ehefrau sich von der bevorstehenden Trennung ebenso befriedigt fühlen wie sie selber. Zusammen setzen sie den Abschiedsbrief an den Mann auf, der ihm den Verlust seiner Freundinnen anzeigt. Sie wollen das genaue Datum wissen, sie schüren das Feuer, und wenn das Ungeheuer allein ist, kommen sie angelaufen, um es in Augenschein zu nehmen. Hundert Straßen entfernt hören sie schon das Kofferpacken.

Man hüte sich vor Frauen, die zu viele Freundinnen haben, denn sie werden immer versuchen, das eheliche Wir zu zerstören. Eine einzige Freundin ist noch schlimmer, es sei denn, man heiratet sie später. In Amerika haben alle Frauen eine ganze Garnitur von Freundinnen; einige sind Kusinen, andere sind noch Schulfreundinnen. Diese bilden ein ständiges Komitee, das über die gegenseitigen Angelegenheiten wacht, sie werden gemeinsam »in die Gesellschaft eingeführt«, sie heiraten gemeinsam und lassen sich gemeinsam scheiden; sie werden schließlich jene tüchtigen, gefühllosen, wohlunterrichteten Mitglieder der Frauenklubs, von denen die Gesellschaft regiert wird. Ihnen ist das Ehepaar hilflos ausgeliefert, und der Mann ist in ihren Augen nur ein biologisches Intermezzo.

Im Kampf der Geschlechter ist Rücksichtslosigkeit die Waffe des männlichen, Rachsucht die des weiblichen Teils. Beide werden wechselseitig entwickelt, aber bei einer Frau überdauert die Rachgier alle anderen Empfindungen.

»Ihre Rache ist wie die Tatze des Tigers.
Sie treffen tödlich, rasch und vernichtend.
Aber auch ihnen ist Qual beschieden.
Wo sie zerschmettern, sind sie selber getroffen.«

Wenn nun jedes unfreundliche Wort über Frauen gesagt worden ist, so müssen wir doch mit Byron zugeben, daß sie netter sind als Männer. Sie sind zärtlicher, selbstloser und aufrichtiger in ihren Empfindungen. Wenn der in ihnen ruhende Zündstoff aus Grausamkeit, Hinterlist und Rachsucht in Brand gerät, so hat immer die Rücksichtslosigkeit eines Mannes das Feuer angelegt.

Eine Frau, die nicht Unterwürfigkeit vortäuscht, kann niemals einen Mann glücklich machen und deshalb auch niemals selber glücklich sein. Es hat niemals eine glückliche Suffragette gegeben. In einer vollkommenen Ehe sind Mann und Frau wie ein mit einer Sehne bespannter Bogen. Wer soll sagen, ob die Sehne den Bogen krümmt oder der Bogen die Sehne strafft? Aber der männliche Bogen und die weibliche Sehne stimmen in voller Harmonie zusammen, und ein Pfeil kann aufgelegt werden. Ungespannt erschlafft der Bogen und hat kein Ziel; die Sehne baumelt müßig herab.

Ein Mann, der nichts mit Frauen zu tun hat, ist unvollkommen. Ein Puritaner ist deshalb unvollkommen, weil er jene Hälfte seines Selbst ausschaltet, vor der er sich fürchtet. Er wird deshalb, je mehr er sich in seine schwer zu befriedigenden Ansprüche einspinnt, um so größere Schwierigkeiten haben, eine Frau zu finden, die tapfer genug ist, die Durchschnittlichkeit vorzutäuschen, durch die er erlöst werden kann ...

... Morgenfrühe am Mittelmeer: helle Luft, erfüllt vom harzigen Duft der Aleppo-Föhre, Wasser spritzt über den blanken Asphalt der Nationalstraße, auf dem sich dunkel das Frühling-Sommer-Grün der Platanen spiegelt; Mauerschwalben schwirren um den Oleander, Kellner nehmen die übereinandergetürmten Rohrstühle herunter und scheuern die Kaffeehaus-Tische; riesige Mengen von Gartennelken am Blumenstand, Pyramiden von Zitronen und Auberginen, Rascasses auf dem Verkaufstisch des Fischhändlers glotzen, Knaben strolchen umher mit einer Haut wie dunkler Wein; Geruch von Brioches aus den Bäckerläden, Geräusch der raschelnden Rohrvorhänge im Friseurladen, Geklirr aus dem Wellblechkiosk, der für »Le Petit Var« geöffnet wird. Unsere Schuhsohlen aus geflochtenen Stricken werden warm auf den Kieseln des Hafens, in dem sich die »Jean d' Agrève« für eine Fahrt zu den Inseln bereit macht und der anamitische Boy alles, was aus Messing ist, blank reibt. Jetzt steigen Köche von vielen Jachten mit ihren Marktkörben ans Ufer, einäugige Katzen wühlen in den Fischabfällen, während die heiße Sonne das tanzende Glitzern des Meeres auf der Markise des Cafés wiederholt, bis das Meer ein grüner Gin-Fizz aus Stille wird, in dessen Tiefe ein Sprottengewimmel fröhlich hin- und herflitzt.

Totes Laub, Kaffeesatz, Grenadine, Maryland-Tabak, erwartungsvolle Gedanken – Wohlgerüche, die der Nord-Süd mit sich bringt; Ankunft des Herbstes auf der Pigalle oder Aufbruch von Notre-Dame-des Champs zu den Lichtern des Montparnasse, wo die aus dem Eingang der Untergrundbahn rot angeleuchteten Kastanienbäume in einem wärmeren Klima leben als ihre Artgenossen ...

Unsere Erinnerungen sind Karteikarten, die von Mächten, über die wir keine Gewalt haben, zu Rate gezogen und dann in Unordnung wieder zurückgelegt werden.

PS: Bei Palinurus frage ich mich, ob sein Bändchen noch Gleichgesinnte um sich sammelt. Ihm schadete es nicht, wenn es in den Untergrund ginge. Da gehört es hin und gewinnt neuen Zauber.

Georg K. Glaser
Geheimnis und Gewalt

Georg K. Glasers Bericht ›Geheimnis und Gewalt‹ erschien kurz nach der französischen Fassung auf deutsch bei Scherz und Goverts im Jahre 1953. Der ganz und gar unbekannte Autor überraschte durch ein autobiographisches Bekenntnis, dessen Stil eigenständig und eigenwillig Situationen und Charaktere zu umreißen verstand. Die Kritik applaudierte, denn obwohl inzwischen zahlreiche Schilderungen der Jahre von 1920 bis 1945 vorlagen, obwohl Kommunisten wie Nazis, Emigranten wie Mitläufer, Engagierte wie Neutrale ihre Porträtisten, Lobsänger und Verdammungsrufer gefunden hatten – eine frische, wilde, widerborstige Stimme wie diese hatte man kaum erwartet.

Glasers Buch über seine Jugend, die eines kommunistischen Freischärlers vor und nach 1933, seine Emigration in Frankreich, seine zweifelnden und verzweifelten Mannesjahre bis 1945, den Abbruch und den Beginn aller Hoffnungen, erscheint uns heute noch als ein einsames Dokument. Der Mann, der es geschrieben hat, lebt als Silberschmied in Paris, mühte sich gelegentlich weiter mit der Feder, doch nichts gelang ihm, konnte ihm mehr gelingen: Dieser Bericht hatte seine Begabung, seine visionäre Kraft verschlungen. Es verwundert den, der ihn wieder liest, nicht. Es ist ihm, als wäre der Schriftsteller Glaser durch den geborstenen Spiegel seiner und vieler Jahre gegangen und dahinter verschwunden, ein wortgewaltiger Zeuge. Das ist er wirklich gewesen. Man kann zwar in seinen über fünfhundert Seiten starken Aufzeichnungen Partien von hohlem, trommelndem Pathos finden, von nachlassender Aufmerksamkeit (vor allem im letzten Teil), aber die Mitteilungen über die Jugend des Valtin Haueisen sind von solch brutaler Überredung, daß man sie nicht vergessen kann und als Exemplum zu werten gewillt ist.

Glaser wurde 1910 in Guntersblum am Rhein geboren – der Strom rollt wie ein ungerührter Refrain durch seine Erzählungen –, kämpfte als Knabe erbittert gegen einen tyrannischen Vater, dann gegen Heimerzieher und, noch ein wenig später, als Kommunist gegen Bourgeoisie und Nazismus. 1933 floh er über das Saarland nach Paris, kehrte zur Saarabstimmung zurück, wich erneut dem Zugriff des »Reiches« aus, arbeitete in der französischen Schwerindustrie, trat, mürb und einsam geworden, aus der Kommunistischen Partei aus (Arthur Koestler, nun längst auf seiner Seite, versuchte ihn damals der Partei von neuem zu gewinnen), er kämpfte als Poilu im Zweiten Weltkrieg, geriet unter falschem Namen in Gefangenschaft und sah so die alte Heimat, fuhr nach dem Zusammenbruch nach Paris und baute dort eine Silberschmiede auf.

Seinen »Bericht« durchwandert und durchleidet er unter dem Namen Haueisen: ein gelungener Versuch, sich zu objektivieren, die Erinnerungen von sich weg zu halten.

Über Glasers Werk gibt keine Literaturgeschichte Auskunft. Es liegt vergraben unterm Bücherberg, obwohl ›Geheimnis und Gewalt‹ bei Ullstein auch als Taschenbuch herauskam. Weshalb übersehen die Literarhistoriker diesen Mann und sein Buch? Schieben sie den Band ab in die Sparte »politische Literatur«? Stört sie seine manchmal rüde Diktion? Läge ihnen nicht dennoch ein ausgezeichneter deutscher Entwicklungsroman vor? Rührt es daher, daß Glaser nicht – wie Koestler oder Silone – entschieden eine Gegenposition bezog und mit seinen Kenntnissen, seinen Erfahrungen in den Streit des Tages eingriff, daß er seinen Zweifel redlich verteilte? Oder rechnet man es ihm auf, daß ihm nach diesem Buch nichts mehr gelang?

Der erste Satz, den Glaser niederschrieb, ist eine Explosion des Hasses. Er wird gekeucht, er ist ungefüg. Er schlägt den Ton aller ihm nachfolgenden Sätze an und die Richtung allen Zornes. Alle Bewegung geht von ihm aus: »Er hat acht Kinder in die Welt gesetzt und alles getan, um sie wieder abflatschen zu sehen.« Er: das ist der Vater, ein Unhold hinter der Beamtenmaske, doch stets wird der Sohn, der aufbegehrende, allezeit flüchtige, allezeit sich unter der prügelnden Faust des Vaters duckende Valtin Haueisen, erfahren müssen, daß »das Recht« auf der Seite des Alten steht, nicht auf der seinen, denn er ist rechtlos und auf unfaßbare Art frei – am Ende seines Berichtes, wenn er nichts mehr besitzt, wenn er alles verloren hat: die Heimat, die Freunde, die Genossen, die großen Parolen, die zukunftsweisenden Ideale, jenen »Gott, der keiner war«.

Um die Freiheit geht es hier. Sie hat nichts mit der Freiheit gemein, die im schäbigen Gewand der Tagespolitik die Magd eines jeden ist, der Toren und der Hundsfötte. Die Freiheit, die wir mit dem geschundenen Valtin zaghaft annehmen, erscheint kläglich und schüchtert womöglich ein: Sie ist dem Begriff, der Phrase entwachsen und hat sich mit der Einsamkeit vereint.

Sie meint das wissende, sich im Widerruf erkennende Individuum, den Intellektuellen unseres Jahrhunderts (vergessen wir jedoch nicht Candide!), der die Väter und die Länder hinter sich gelassen hat, an dem die Ideologen scheiterten, der die hehren Wörter verlacht und sich einrichtet (nein, wir haben Candide nicht vergessen) nach allen Stürmen, Siegen und Niederlagen in dem überschaubaren Bezirk seines Geistes, der erfahren hat, was er ist, was er vermag. Nicht viel und doch alles.

Diese Freiheit bedeutet also gleichermaßen bitteres – nicht verbittertes – Bescheiden. Sie erkennt, sie zeichnet auf. Handelt sie noch? (Diese Frage zu diskutieren würde wohl manches Mißverständnis zwischen Intellektuellen und Politikern klären.)

Aus dem Bericht wird keine Botschaft: die verlorene »Religion« fordert den Haß, die Agitation bei diesem Mann nicht heraus. Was er uns mitteilt, ist nichts anderes als die unaufhörliche Flucht vor dem Vater, aus dem Väter werden – und das Heimweh nach den Ruhepunkten der Hetze gehört dazu, nach der Gemeinschaft aller Flüchtigen, die, oft geschlagen, nach der Erlösung suchen.

Wie weit haben wir uns entfernt von dem, das uns als Hölle erscheint und dem viele sich mit Herz und Verstand verschworen? Ist die Freiheit Glasers noch die unsere? Begreifen wir seinen unbändigen Stolz? Was bedeutet uns die Furchtlosigkeit seiner Erinnerung? Nur Geschichte? Ich bin nicht sicher. Umsonst sollten Männer wie Glaser nicht verloren haben. Ihren Gewinn heimsten wir ein, ohne nachzudenken und ohne uns zu bedanken.

Die Literarhistoriker übergehen, wie gesagt, das Werk.

Und die Pädagogen? Schon mit einigen Partien könnten sie ihren Schülern das Leben der Geschichte darbieten: Den sengenden Atem einer sich in Frage stellenden und Diktaturen gebärenden Epoche. Die jungen Leute erführen eine der Wahrheiten über ihre Väter, und nicht die schlechteste. Vielleicht würden sie begreifen, daß Qual und Aufbegehren die Geschichte adeln können.

Er hat acht Kinder in die Welt gesetzt und alles getan, um sie wieder abflatschen zu sehen. Meine älteste Schwester ist allen seinen furchtbaren Bemühungen zum Trotze am Leben geblieben, aber für immer entstellt. Sie ist nach den Vereinigten Staaten gegangen, wie in ein tausend Meilen entferntes Versteck, für immer verstört, das Nasenbein schlecht verheilt, das er ihr mit unmenschlichen Schlägen zertrümmert hatte, als sie noch nicht drei Jahre alt war. Ich bin Franzose geworden, der Drittgeborene wurde ein verstockter, blasser Streber und Angeber, die kleinste Schwester zu einem verschüchterten Wesen. Den jüngsten Bruder habe ich nicht mehr aufwachsen sehen, zwei Geschwister sind in der Wiege gestorben – hat er dazu geholfen? – und Maja hat sich beharrlich geweigert, mit ihm zu leben. Sie hat aufgehört zu leben – ihr geduldiges, stummes Nein war nicht, was man Sterben nennt.

Ich wußte nicht, woraus mir allein unter allen Kindern die Kraft erwuchs, dem Alten in einem jahrelangen Kampf zu widerstehen und damit seine zerstörende Gewalt auf mich allein zu lenken. Zu jener Zeit lag alles in einem Nebel des Entsetzens, den Farbtöne durchbrachen, die allein mir alles vermittelten. Die lichten, Freude und Mut spendenden Farben kamen mir von der Mutter, nicht nur ihrer auserlesenen Eigenschaften halber, sondern auch, weil sie die stete Gegenwart ihres Heimatdorfes bedeutete, in dem ich die einzigen glücklichen Jahre meiner Kindheit verbracht hatte, während der Alte im Felde war. Mit ihr zusammen fühlte ich mich dauernd wie in einer Verbannung.

Ich spürte, daß der mörderische Haß des Alten durch meinen Widerstand verursacht war, aber ich konnte mich nicht unterwerfen, denn es ging um mehr als um mein Leben. Er schlug selten hart in aufbrausendem Zorne. Wollte er mich strafen, so wurde er bleich und befahl mich in die Waschküche, die eigentlich ein Keller war, von einer Treppe im Hofe aus zugänglich. Diese gewissenhaften Vorbereitungen waren fast entsetzlicher als die Strafe selbst. Der Raum war halb dunkel, kalt und feucht von vergangenen Waschtagen. Der Boden war mit Steinen belegt, die Wände grau. Er folgte mir kühl und seltsam beherrscht und schloß sorgfältig die Tür, ehe er sich mir zuwandte.

Es ist erstaunlich, daß er mich nicht erschlagen, ja nicht einmal schwer verletzt hat. Ich erinnere mich eines schweren eichenen Wanderstockes mit eiserner Spitze, den ich mit meinem ersten selbstverdienten Gelde gekauft hatte – ich liebte gewichtige Stöcke und breite Gürtel, ich weiß nicht warum. Er war dick wie der Stiel eines Vorschlaghammers, und der Alte schlug ihn mir auf dem Rücken in drei Stücke, nur um mich dafür zu strafen, daß ich mein Geld dafür ausgegeben hatte. Gewöhnlich jedoch verwandte er den Spannriemen, den die Schuster gebrauchen, um ihre Arbeit fest zwischen den Knien zu verankern. Mittels einer großen eisernen Schnalle war er zu einer vollendeten Schlaufe geschlossen. Das Leder des Riemens hinterließ nur breite, blaue Striemen auf mir, die Schnalle jedoch riß blutende Wunden in meinen Rücken, an denen tagelang meine Leibwäsche klebte, weil ich sie aus Scham verheimlichte; worauf sie eiterten.

Immer wieder wollte ich mutig bleiben, aber schon der Gang nach dem Keller war stets zu viel. Ich schrie nach den ersten Hieben um Hilfe, flehte und suchte nach einem Loch in der Wand. Ich näßte und beschmutzte meine Kleider. Und darüber begannen seine Züge sich zu verzerren. Er geiferte vor rasender Wut, und seine Zähne bleckten fast wollüstig. Er schlug immer gewaltiger und packte mich mit einem einzigen Sprung, wenn ich zu entfliehen versuchte. Er schlug, als wehrte er sich in einem Kampf auf Leben und Tod.

So sehr ich mich dessen nachträglich schämte, ich dachte in meiner Not an Kindererzählungen, klammerte mich an ihn und schrie: »Lieber Papa, lieber Papa!« Er aber stieß mich von sich, um den günstigen Abstand zum Schlagen wiederherzustellen. Es kam vor, daß er seinen Spannriemen beiseite warf und mit geballten Fäusten auf mich einschlug, und in solchen Minuten blitzte die Mordlust in seinen Augen.

Aber nie, nie hatte ich Angst vor dem Tode, denn zu gewaltig war das Entsetzen, das andere, das mich seitdem verfolgt, wohin ich auch geflohen, dieses unheimliche, gähnende Schwarz, die Furcht vor einer Verminderung, vor einem halben Tode.

Meine Mutter war eine überragende Frau. Erst zwanzig Jahre später erfuhr ich karge Einzelheiten des Kampfes dieser Frau, die sich entschlossen hatte, die Kraft der Gewalt durch die Kraft der Liebe, Geduld und Sanftmut zu besiegen. Aber schon in meinen ersten Jahren hatte ich verstanden, daß sie schöner, klüger und fähiger war als die meisten anderen Frauen. Sie behielt stets die stolze, aufrechte Haltung und den geschmeidigen, edlen Gang der Bäuerinnen ihres Heimatdorfes, die von Jugend auf gewohnt waren, ihre Körbe zu Markte und zu den Schnittern und ihre Krüge vom Brunnen auf dem Kopfe zu tragen ...

... Ich wagte, aus einer Luke zu schauen. Ich sah die letzten Nachhuten sich aus der Vorstadt zurückziehen. Blutjunge, verschmutzte, müde Gesichter, trostlose Augen. Ich nahm den letzten bitteren Abschied von den letzten Schatten meiner Jugend, meines Traumes, des geschundenen und geplünderten Traumes. Die Jungen hatten ihn durch eine Welt zu tragen geglaubt, und sie hatten nur zerstört, zerstört, zerstört. Sie waren besiegt und geschlagen und wanderten in ein grauenhaftes Nichts.

Eine Stunde Schweigen über den Trümmern begann. Fünf Jahre zuvor hatte ich die Grenze der neuen Gewalt von außen nach innen überschritten, als ich gefangen worden war. Aber ich konnte sie nicht mehr von innen nach außen überschreiten, indem ich freigelassen wurde. Denn sie war gewachsen und umfaßte die Erde, heimlich, halb öffentlich oder unverschämt. Ein Leben war zu kurz, um sie wieder zu erreichen. Der Versuch meiner Zeit war beendet.

In dieser Stunde Schweigens schon zeichnete sich Europa ab; ein Vorfeld aus verwüsteten Ländern, bewohnt von sich zerfleischenden Stämmen, über allem Wissenschaftler, die kühl Gefühlsmischungen zusammenstellten, berechnet und ausgewogen.

Meine Gefährten warteten. Sie kannten die Anklage, die gegen sie gerichtet war: die Gesamtschuld. Eine Belastung, der sie nicht entrinnen konnten. Denn die Verbrechen, deren man sie schuldig hielt, waren nach demselben Grundsatz der Gesamtverantwortung begangen worden. Die Mörder hatten die Klage eingeleitet.

PS: Nichts macht mich so wütend wie die Wirkungsgeschichte dieses Buches, die – ernstgenommen – keine ist. Zwar erschienen mittlerweile mehrere Ausgaben, doch nicht ein einziger wichtiger Kritiker nahm sich des Buches an, mahnte, es endlich als das zu verstehen, was es ist: eines der seltenen Bücher, das unserer jüngeren Geschichte literarisch und menschlich gewachsen ist, ein überrumpelndes Exempel von Widerstand, Empörung und Erschöpfung.

Wolf von Niebelschütz
Der blaue Kammerherr

In meiner Erinnerung wölbte sich über der Landschaft dieses Buches ein blauer Himmel, über den, verwegen sichtbar, ein lächelnder Kulissenschieber Wattewolken zog. Ich hörte Musik, ein bißchen Strauß und ein bißchen Mozart, Gespräche von geistvollem Schabernack, sah Göttern zu, die sich verwandelten und manchmal auf halbem Wege der Metamorphose steckenblieben, dachte an Opern und violette Tinte, an einen überaus artifiziellen Geschmack, dem eingegeben war, die Vielfalt der Einfälle nie dem Blöden, Groben anheimfallen zu lassen – und ich war sicher gewesen, ehe ich dieses umfangreiche Buch, die Geschichte des Blauen Kammerherrn, des allerhöchsten Gottes und der halbwüchsigen Prinzessin Danae von neuem aufschlug, daß ein paar Sterne aus der Bläue purzeln würden und mein Gedächtnis mich tröge.

Die Ereignisse hingegen reicherten sich noch an, die Handlungshinweise, versteckte, sich verzweigende Anspielungen trafen jäh vordem unbekannte Ziele, und der Rundhorizont einer ernsthaft-verspielten Bildung offenbarte sich dem Besucher der ägäischen Insel Myrrha.

Auch bei diesem Buche könnte man mir entgegenhalten: so vergessen ist es nicht. Wohl dem, der es kennt. (Erschienen ist es 1949 zum erstenmal bei Suhrkamp, 1961 als »Hausbuch« desselben Verlags.) An Kritik hatte es dem ›Kammerherrn‹ jedenfalls gemangelt (abgesehen von einer ausführlichen Würdigung durch Walter Boehlich im ›Monat‹); an Zustimmung und nicht zuletzt an korrespondierender Exegese, denn selten ist in den letzten Jahren ein Roman erschienen, der, in unbegreiflicher Heiterkeit, die europäische Summe zog. Es scheint, als frische sich Geschichte am Gaudium auf, als triebe man mit Helden und Göttern bloßen Scherz.

Es scheint so. Aber dann, wenn unmerklich Parallelen gezeichnet werden, wenn die Gegenwart unvermutet das Rokoko-Kostüm streift, tritt die blanke Wahrheit auf den Leser zu, der die Erschütterung nicht mehr leugnen mag: Der Blaue Kammerherr, die pardelfellgeschmückte Danae und auch die in ihren vorlauten Reden häufig unterbrochenen Götter selbst geben sich als tiefsinnige, des Leichten nie entratende Exempel eines herrscherlichen Daseins zu erkennen.

Da rufen dann einige aus dem Parkett, das Spektakulum mißmutig verfolgend: Reaktionär! Nicht wahr, damit hätten wir das schleunige, verfälschende Stichwort gefunden? Eine unverhohlene Huldigung der monarchischen Idee! Und wie wird, im dritten Teil des Romans, der Volksaufstand verhöhnt, welcher Schwachsinn wird den Rebellen zugemutet, wie triumphal das Finis Danaes.

Dem zu widersprechen, schenkt Niebelschütz seinen Helden und Poseuren die elegantesten Waffen: die der Rede, des historischen Figurierens und Philosophierens, der Verwandlungsgabe, kurz: der allmächtigen Phantasie. Sie allein bleibt die Krone, die er seinen Monarchen – ein Poet nicht ohne Güte – aufs ersonnene Haupt setzt. Von ihr geht er, erzählend, aus, zu ihr kehrt er zurück, ein Herrscher über seinen Herrschern, ein Reaktionär des Hellen und der beweglichen Vernunft.

Der Keim lag auf einem fremden Beet. In seinem Fragment ›Danae oder Die Vernunftheirat‹ schlägt Hofmannsthal den Ton an, den Niebelschütz hernach mit ungewöhnlichem Aufwand orchestriert, ausspinnt und einem purgierenden Finale zutreibt. Er transportiert die Gestalten mit freundlicher Hand und amüsierter Feder aus der Antike ins anhebende Rokoko, auf eine ägäische Insel, eine sich durch die Politik schaukelnde Kleinmonarchie, gepreßt zwischen Venedig und die Türkei.

Fragte man mich, welche Partie des Buches ich am meisten schätze, so würde ich den ersten Teil nennen, die köstliche Introduktion aller männlichen Gegenspieler der kleinen Danae in einer einzigen Figur, der des venezianischen Gesandten auf Myrrha, Don Giovanni. Die maskuline Imposanz in Person: zu bewundern ohne Mühe, zu lieben mit Bedacht: ein kluger Spieler und Genießer, ein Fürsprech des Eigenwillens; er wird sehr langsam sterben, da man – die Prinzessin und die recht verwirrten Götter vor allem – seiner sammelnden Strahlkraft heftig bedarf. Aus einem Geflecht schält sich, sanft, die Idee des Buches: Es gibt Männer, die den Göttern nah sind, weil sie das Dasein göttlich genießen, weil sie der Schläue der Geschichte schlau begegnen, weil sie im Selbstbedenken reifen. Sie tun's, das Beschwerliche, mit der Attitüde des Ungewichtigen. Sie widersetzen sich endlich dem Götterspruch, sich an den eigenen Gestikulationen und Erkenntnissen aufklärend, um der Vernunft dienen zu können, die dem »Schicksal« mit klarem Auge opponiert. (Wo spürte da einer noch ein Fünkchen Reaktion? Ließe sich nicht Voltaire ins Herz des Gesandten zitieren, ihm zur Freude?)

Wir verloren die Götter auf dem Pfad des Referats. Sie werden uns zürnen wie den Leuten von Myrrha. Denen entbieten sie Erdbeben, Lava-Ausbrüche, massenhaft Epiphanien und andere Scherze, auf daß sie sich besännen – worauf nur? Die Rankünen der Minister unter dem nachsichtigen König sind unglaublich. Die Königin poussiert mit dem Premier. Danae pflegt ihre Pubertät und denkt, es durchschauert sie, gelegentlich an die blauen Augen des verstorbenen Giovanni. Er kehrt, flugs eine Verwandlung, in der Gestalt des Herzogs von Scheria wieder, der in Wahrheit der goldfingrige König Midas ist, dem die Prinzessin angetraut werden soll.

Und zum dritten bricht die Revolution aus, es wird gestorben und hingerichtet, die Prinzessin erinnert sich an den Mittelteil des Buches, in dem ein seltsam germanischer Herr von Weißenstein mit Monokel aufgetreten war, rätselhaft und nicht im Gotha stehend, sich entlarvend durch die folgenden Ereignisse als Zeus mit wotanischem Bluteinschlag (eine Posse von erlesener Delikatesse!), der ja auch, wie bekannt, als Goldener Regen die herzige Danae zu erobern trachtet.

Nicht so will Niebelschütz; sein Olymp, wohl noch fähig, die Erdkruste zu rühren, ist theologisch geschwächt. Die Reminiszenz an die voltairische Erscheinung des Giovanni stärkt die Prinzessin, und in einem apotheotischen Zweikampf obsiegt sie, verliert sie ihre pubertären Plagen, der Gott reist auf immerdar zur Burg Weißenstein (anderwärts Olymp genannt) und überläßt der wackeren jungen Dame, in die wir uns inzwischen auch verschossen haben, den König Midas und die Krone.

Man frage uns nicht, von welcher Art das Regime der

Danae sein wird. Wir fügen uns ihm bedenkenlos. Uns scheint es nämlich das Amalgam des Europäischen zu sein, dem Niebelschütz das Loblied sang: jene Verschwisterung von götterschaffender Phantasie und götterentsagender Vernunft, jenem dialektischen Sprung, dem ein endloses Heimweh nach Gestalten und Gesetzen folgt.

Weshalb ist dem ›Kammerherrn‹ der große Erfolg versagt geblieben? Weil das Buch wahrhaft gebildet ist und tändelnd mit Bildung umgeht? Weil diese Ironie der gespaltenen Zunge nicht so einfach zu begreifen ist? Weil es, wenn man so will, ein Märchen ist, ein europäisches Märchen? Werde jemand daraus klug. Ist Virtuosität anstößig; sind graziöse Intelligenz, gescheite Phantasie ärgerlich? Eines sind sie sicher: rar.

Niebelschütz ist 1960 gestorben. Er hatte, nach dem ›Kammerherrn‹, noch eine zweite epische Rückschau präsentiert: ›Die Kinder der Finsternis‹. Doch da verhaspelte sich der einfallsreiche Mann im staufischen Zeitalter, das Allzugermanische verdickte seine Sprache, kein Herr von Weißenstein wurde mehr des Götter entführenden Witzes inne, der schwerbeinige Ernst bekam sein volles Recht.

Giovanni, Danae, dem resignierenden König und Midas werden wir fürderhin die Treue halten. Sie sind von bester Laune und werden auf Myrrha siedeln, streiten, herrschen und der Verwandlungslust frönen, solange es Leute gibt, die der Meinung sind, daß das Märchen Europa durch ein europäisches Märchen begriffen werden kann.

Eine einsame Bark zog weiß und still ihres Weges durch den Glanz der Frühe, tief unter dem hohen Himmel, über das glitzernde Meer, auf dessen Horizonten hin und wieder ein Wald, eine rosige Marmorklippe schwamm, das waren die Inseln des Archipelagos ... und fern, von wo man gekommen, stand noch der flache Rauchpilz aus dem gemütlich vor sich hin dampfenden Vulcan wie ein grauer, feiner Strich über der Kimm, die im Dunste Wellen und Luft ineinander verschmolz. Die Bark trug den Namen San Marco so stolz an ihrem Bug, daß es ersichtlich war, sie mußte venedisch sein. Ein Fräulein mit braunem Haar lehnte decorativ an der Brüstung, um gedankenvoll oder gedankenlos – das läßt sich bei so jungen Damen nie ganz unterscheiden – dem Spiel der Delphine beizuwohnen, die glatt und schnell aus der Flut schäumten auf ihrer Reise von Element zu Element. Das Fräulein war frisch und rosig und sah sehr sechzehnjährig aus, im Haar trug es Agraffen von Schildpatt, sein Kleid war von grüner, orangerot gestreifter Seide, die Lippen schmollten ein wenig. Auf dem Achterdeck, unter ausgespannter Persenning, milde und verklärt, ruhte eine schweigende Stiftsdame, der zu Liebe und der zur Erbauung zwei Zofen mit verteilten Rollen aus dem Buche Hiob vorlasen, unbekümmert darum, daß in diesen Breiten das Alte Testament nicht mehr als modern und schicklich galt, aber vielleicht genügte es, vom Adel und Stiftsdame zu sein, um dergleichen Vorurteile zu despectieren.

In Daphni, unterdessen, oben auf der Herberge zum Vater Georgios, im Schatten der Loggia, saß ein vornehmer Herr in ultramarinblauem Frack und elfenbeinfarbigen Culotten, wippte ein paar Mal, die Kniee lässig übereinander geschlagen, mit seinen eleganten Lack-Escarpins, daß ihr Glanz durch den Epheu der Pergola hindurch bis in die höchste Sphaere hinaufblitzte, und unterhielt eine junge Dame, die träumerisch in ihrer Hängematte lag. Über die Ränder des leise schaukelnden, anstößig orientalischen Bettes floß die teegelbe Seide des Déshabillés, kleine Lichtflecken spielten auf weichem, etwas widerspenstig sich scheitelndem Haar, auf schlanken Händen und schönen Formen. Am Himmel brauste das Sonnengespann dem Zenith entgegen, Helios, im Vorüberflimmern, lächelte dem blauen Herrn ein wenig zu, der, mit hochmütiger Miene, sein Einglas ins Auge klemmte, während die Rechte, ganz verstohlen, einen chevaleresquen Gruß hinaufwinkte. Und unermeßlich breitete sich die See.

Eine einsame Bark zog weiß und still ihres Weges durch die Reine des Morgens, durch die kühle Meeresluft, die sich dem heißeren Atem der Sonne mischte, und mit ihr zogen, durch die glatte, leichte Flut, Poseidons maîtres de plaisir, die großen, feucht schimmernden Delphine. Dieses Daphni, dachte das Fräulein und schaute ihnen, mit flatterndem Halstuch über den Bug gelehrt, zu, dieses Daphni, hatte man ihr erzählt, war nur ein Punct auf der Landkarte, ein Pünctchen. Es war ein Spielzeug, ein vergessenes, Gott hatte es verloren in seiner Jugend, und so klein war es, daß es inmitten seiner Nachbarn wirkte wie ein Kind unter nachsichtig blickenden Erwachsenen, ein zierliches Kind, zart und wohlgebaut und von vermögenden Eltern. Und dorthin war man verbannt – wie langweilig. Man wurde in die Wüste geschickt – wie unfreundlich von dem lieben Onkel. So zog die Bark ihres Weges nach Norden, Inseln glitten vorüber, Cypressen, ernst und bedenklich, wiegten die Häupter, als hörten sie zu, wie auf dem Achterdeck die Klagen Hiobs, des Knechtes, sich mit dem angestrengten Discant zweier Stimmen vermählten, die wechselnd in der Höhe brachen, in der Tiefe kenterten, und oben am Himmel, einsam und weiß und pfeilgerade mit schnellen Flügelschlägen, flog eine Taube, den Fuß von chiffriertem Zettel umringt, durch den Sonnenglanz nach Süden, durch Blau und Gold.

Fern hinter dem westlichen Horizont, in einer Wolke von Möwen, kreuzte die Flotte von Myrrha über den Untiefen von Keraunos, schwerfällige Kriegsschiffe manœuvrierten mit ächzendem Takelwerk durch die

Klippen, an denen das Kielwasser leckte und schäumte und kleine Blasen trieb; die Mannschaften enterten in Rahen und Masten, sie troffen von Schweiß in der unbarmherzigen Hitze, Commandos ertönten, man setzte die Segel, man reffte und strich sie, setzte sie wieder, unablässig, immer aufs neue, immer die gleichen, entnervenden Handgriffe, und die Matrosen bissen die Zähne aufeinander vor übermenschlicher Anstrengung, denn ihr Admiral war bei ihnen. Ihr Admiral, ihr Gott, ihre Sonne und ihr Vaterland ... Bis eine Brigantine sich längsseits des Flaggschiffes legte, ein Officier, weithin zu sehen im weißen Sommerrock, den Laufsteg emporeilte und wenig später beide Herren an Bord des schnellen Bootes gingen, während der Stander eingeholt, die Befehlsgewalt dem nächstfolgenden Rang-Inhaber übertragen wurde. Die Manœuvres nahmen den vorgeschriebenen Verlauf, der Admiral aber schwamm schon weit zwischen Cap Chimaira und Daphni auf den tiefblauen Wogen, von langen Schaumbahnen gefolgt. Ein unvorhergesehenes Ereignis hatte ihn abgerufen, der Mittag glühte.

In der Loggia hingegen, wie frisch war es da und angenehm. Steinerne Wölbungen, neu gekalkt, zogen sich unter dem Felshang hin; Marmor bedeckte den Boden; ein Brunnen spendete feuchte Kühlung; Hortensien und Lorbeer in großen, grünen, etwas beschimmelten Holzkübeln standen vor den Wänden; Kresse und Epheu wucherten, wohin man blickte, und die Nußbäume mit leisem Knarren gaben Schatten, tiefen, von würzigem Duft durchhauchten Schatten, durch ihr Blätterdach fiel hin und wieder ein spielerischer Lichtkringel auf die Dame und auf den Herrn – und unermeßlich breitete sich das Meer.

Nun aber war die weiße Brieftaube fast angekommen, so schnell flog sie dahin, und auch die einsame Bark, die weiße und stille, glitt bereits nah ihrem Ziel.

Reine, flimmernde Luft ringsum, atmosphaerische Farbenspiele über den Stränden, den Wassern und Horizonten, und das Fräulein genoß es mit all seinen sechzehnjährigen Sinnen. Die schwarzen, flinken, venezianischen Augen glänzten, das braune Haar wiegte sich ungläubig, die kleine Dame lauschte den Worten des Schiffers, der ihr weis machte, es sei eine Art Paradies, dieses Pünctchen, ein Garten Eden, wohin die faulen Leute reisten und junge Hochzeits-Paare, wenn sie für nichts mehr Gedanken hatten als für den Zauber Cupidos. Vom Achterdeck, unterdessen, ertönten im Falsett die Klagen Hiobs, dessen Unglück die Züge der Tante Clara Eugenia unter dem Sonnensegel verklärte ... Vielleicht würde es gar nicht einmal so häßlich sein in Daphni, gar nicht einmal so langweilig, wie das Fräulein in seinem Kummer gedacht hatte. Eine aphrodisische Perle im unendlichen Archipel ... und dahin reiste man nun, um Gras wachsen zu lassen über den Ärger des lieben Onkels, bis der Klatsch der Hofgesellschaft ein neues Opfer gefunden haben würde. Man war verbannt – wie großartig! Man wurde in die Wüste geschickt, und die Wüste war ein Paradies – wie wundervoll!

Da lag es nun, das Pünctchen, da war es mittlerweile aufgetaucht, das Spielzeug, das vergessene. Rosiger Marmor stieg spiegelnd aus den Fluten; Orangen-Gebüsche tunkten ihre Zweige ins Meer; ernste Cypressen mißbilligten es; würdige Nußbäume schauten hochwohlgeboren auf Pomeranzen herab; an terrassierten Hängen, von Lorbeer hie und da unterbrochen, wuchs Wein die Fülle; hie und da Epheu, der über Felswände hing; Steinkessel voll Ginster und Goldlack und wildem Salbei – und darüber der frische Bergwind. Weiße Häuser, die sich verwinkelt an Klippen emportürmten; alte cuppelgekrönte, kleine Kirchen, mit dicken Ziegelpfannen gedeckt; Marmorpfade, von

Grün berankt; überwucherte Lauben und Balcone; Wäsche, an schwanken Leinen flatternd – und unten plätscherte die See gegen die Mole, blau und ungetrübt und durchsichtig bis auf den flachen Grund, mit schlanken, träumenden Fischerbooten ... Ja, dies hatte sich Gott so ausgedacht für das weiche und empfängliche Herz derer, die keinen Gedanken kannten als den an Liebe und süßes Kosen.

»Unerträglich wie alle Paradiese«, sagte oben auf dem luftigen Dachgarten, bei dem Geplauder des Brunnens, der blaue Herr zu der teegelben Dame. »Finden Sie es hier so besonders amön?«

PS: Gehört der so wunderbar ausufernde Roman inzwischen zum »Bestand«? Gehört er dazu?

Josef Guggenmos
Gugummer geht über den See

Er hat, von fern betrachtet, ein bißchen Ähnlichkeit mit dem Dr. Enzian von Peter Paul Althaus, auch mit Palmström und Korf. Sie alle eint das leichte, weiße Blut der verwandlungssüchtigen Geschöpfe, die sich nach Belieben aufheben und neu verkörpern können – eine geisterhafte Beweglichkeit, die keine Schranken kennt. Aber Korf oder Enzian sind ungleich sprichwörtlicher, also bekannter, während Gugummers Seelenexistenz nur durch die fröhliche Erinnerung einiger Leute belebt wird. Zudem hat sein Schöpfer, der Allgäuer Josef Guggenmos, nicht durch weitere Gestalt-Abenteuer von sich Reden gemacht, sondern hat allenfalls unter den kleinsten Lesern einen gelobten Namen, als Autor feinsinniger Kinderbücher, eine Anhängerschaft, der Erich Kästner beispielsweise und wir bedenkenlos trauen werden, die aber in Sachen Literatur nicht gilt.

Gugummer trat mit leisen Schritten unter uns; er machte wenig Aufhebens von sich, und zudem sind die Bücher des Verlages, der ihm zum Erscheinen verhalf, für unsereinen nicht ohne Schwierigkeiten zu bekommen: ›Gugummer geht über den See‹ kam, begleitet von fünf köstlichen Holzschnitten des Berliners Günter Bruno Fuchs, im Mitteldeutschen Verlag, Halle an der Saale, 1957 heraus. Dem Hörensagen nach soll der Erfolg des Bändchens drüben beachtlich gewesen sein; dort, wo man unterm Drusch der Parteiliteratur nach geisterhaft Unbeschwertem lechzt, trat Gugummer auf wie ein sanfter Lossprecher: er bot die Gewichtlosigkeit an, die verschmitzte Traurigkeit und auch das, was man sich dort wie anderswo bisweilen sehnlich wünscht – die Tarnkappenkunst: denn Gugummer vermag flugs unter die Erde, in die Wolken zu tauchen, wenn Scheußlichkeit und Aberwitz ihn umzubringen drohen.

Wer ist er denn? Eine lyrische Figurine, ein Nachbar des trefflichen Korf, doch auch, wenngleich um einige Gassen getrennt, des Kaspar Hans Arps, der Erfindungen Hugo Balls, aller jener libellösen Einfälle älterer und jüngerer Poeten, die nach Überwindung der Schwerkraft und der figurativen Einmaligkeit trachten, Nachfahren Ovids und seiner wechselkundigen Tüchtigkeit.

»... einer, den keiner kennt« – das ist die letzte Zeile aus dem Vorstellungspoem, und man ist geneigt, ihr zu widersprechen, denn man hält sie für eine Vereinfachung: man kennt ihn und man kennt ihn nicht. Den einen, doch nicht den andern. Gugummer, zwar mit einem Namen versehen, nimmt seinen Namen von Gestalt zu Gestalt. Gleichwohl bleibt er Gugummer: unter den Masken, die uns absichtsvoll verwirren, steckt immer der eine Gugummer-Kern, der sich als der magische Antrieb erweist. Das ist die unscheinbare Kraft, die unablässig überwinden will, die jegliche Fessel – die der natürlichen Umgebung und die der gestellten Umwelt – witzig mißachtet und sprengt.

Ein Tölpel, der übertölpelt. Ein Narr aus Wörtern, die ihn beleben und allmächtig machen. Nur eine Empfindung sucht ihn oft beschwerend heim: die Melancholie. Sie ist es auch, die ihn uns sichtbar macht, als wäre sie eine Chemikalie, die den Hauch färbt.

Was diese zierliche Marionette der Phantasie über uns erhebt, ist die Nichtachtung aller Zeitbindung. Nicht, daß sie den treibenden Sinn der Zeit verkennte – sie spielt mit ihm und rechtfertigt sich durch ihn:

Er geht der Zeit nicht auf den Leim,
Gugummer weiß genau,
er lebte einst als Glockenton
auf der Insel Reichenau.

Gugummer, wie er vor dir steht,
ist tief davon durchdrungen,
er sei vor tausend Jahren schon
überm Bodensee verklungen.

Man verspürt Lust, an der Bemerkung »wie er vor dir steht« zu rätseln. Daß einer, der die Gabe hatte, seinerzeit zu verklingen, sich hernach wieder verleibliche – welcher Übermut spricht sich da aus? Oder ist es schiere Geisterspielerei? Wir verlieren uns erst gar nicht in solchen Nachdenklichkeiten, da wir meinen, daß der tausendjährige Weg vom Ton zum Wort, den der Glocke zum Gugummer eine überaus reizvolle Beschreibung der dichterischen Verwirklichung ist. Was schert den Gugummer die Ungleichheit von Materie, wenn er sie in sich vereint?

Wie die Zeit, so der Raum – sie sind tauschbar, sie werden verraten, um neu zu erstellen:

> Gugummer ist imstand:
> er läßt sich auf einem Birkenbänklein sitzen
> und geht in ein ganz anderes Land.
>
> Während der Bursche sanft entschlummert
> ergeht er sich frei
> dort, wo es nicht mehr gugummert.
>
> Das ist alles gleichsam blitzblank,
> die Leute, das Vieh, der Morast.
> Und er vergißt ganz den andern auf seiner Bank.

Hier wird das Gugummrische denunziert. Offenbar scheint sich selbst in ihm Unwirtlichkeit auszubreiten (oder gerade in ihm?), und was sich Gugummers Auge an Hiesigem bietet, ergötzt ihn. Bei genauerem Lesen beginnt das »gleichsam« vor dem »blitzblank« allerdings eine höhnische, das Gugummrische rechtfertigende Rolle zu spielen.

Hat, fragen wir uns, um die doppelsinnige Arglosigkeit dieses Geschöpfes besorgt, Gugummer nicht doch eine Aufgabe, die er sich stellt und die er, leger durch Epochen hüpfend, bewältigt? Er redet, was manchmal erschreckt, von seinem Herzen. Ein guter Lyriker pflegt über dieses Organ, mit Recht, nur in verzweifelter Umschreibung zu sprechen, da es beredt zerredet worden ist. Gugummer kennt da, zugunsten seiner Selbsterläuterung und zuungunsten seiner Verbalisierung, keine Scheu. Er hält dieses Herz für eine selbständige Erscheinung, die in diesem Falle Gugummer heißt und mit metamorphosetüchtigen Instrumenten ausgerüstet ist. Herzlich bisweilen, herzig nie: da hütet Gugummer die naive, in Metaphern behutsame Sprache seines Herrn.

Guggenmos schreibt – eine Lehre, die Morgenstern in den Galgenliedern und im Palmström unnachahmlich erteilte – über die vertrackten Gugummereien in gereimtem Schulaufsatzton. Er läßt sich nicht auf runzlige Kindlichkeit ein, er weiß jedoch, daß Kinder den Zauber ohne Anstrengung und Weitschweifigkeit benennen. Magie überwältigt, wenn sie im Geläufigen wahr wird.

Dies gelingt Guggenmos nicht immer. In einigen Gedichten über Gugummer geht Gugummer verloren, weil sein Poet meint, daß man Gugummer interpretieren müsse oder weil nun wahrhaftig das Herz, von dem die Rede war, eine Speckschwarte bekommt. Das ist schade. Ist sich Guggenmos hingegen der Eigenständigkeit seines Geistes gewiß, dann bekommt seine Sprache einen dünnen, gespannten Ton: man merkt, daß sich eine intelligente Sensibilität genau eingestimmt hat.

Was wir von Gugummer nicht erwartet hatten, geschieht in den Schlußstrophen: er legt sich zu Sarge, und sein Herr und Meister schreibt auf den Grabstein:

Gugummer ging wie ein Mäuschen leis,
und doch hat es ihm geschienen,
als schlurfe er durch die vornehme Welt
auf polternden Holzpantinen.

Um nicht das hochedle Menschengeschlecht
zu stören mit tölpischen Sohlen,
hat sich der Gute bei Nebel und Nacht
unter die Erde gestohlen.

Nun läuft die Welt, wie sie laufen soll,
nicht erschreckt sie Gugummer, der Arge,
so denkt er, reglos ausgestreckt,
und lächelt in seinem Sarge.

Ich hörte, daß der Band, jetzt in der Bundesrepublik, neu aufgelegt werden soll. Dies ist zu wünschen, denn: Soll die Welt laufen, wie sie läuft? Bedürfen wir nicht Gugummrischer Kühnheit? Ach, laßt sie uns pflegen, diese Perle aus Palmströms Krone.

Der Brief

Gugummer schreibt einen Brief,
zarte, geneigte Zeilen,
die einem toten Freund
in die offenen Arme eilen.

Er war ein so froher Junge,
inwendig lauter Musik.
In Rußland hat ihn zerrissen
eine Granate im letzten Krieg.

Nun begegnen die Augen sich wieder
weit draußen in tröstlichem Dämmer.
Wie ferne Geschütze verhallen
vor dem Fenster die Preßlufthämmer.

Gugummer ist über die Erde gegangen

Gugummer ist über die Erde gegangen,
das Land war verschneit und der Himmel verhangen.
Und einmal ist er stehengeblieben
und hat sein Herz in den Schnee geschrieben.

Gugummer geht über den See

Gugummer geht über den See,
auf sein Haupt fällt gemächlich der Schnee,
und manchmal knackt das Eis.

Der Wind zaust ihm in den Haaren,
er singt vom treuen Husaren,
und manchmal knackt das Eis.

Ob ihn die Fische wohl hören?
Ach was, das wird sie nicht stören.
Und manchmal knackt das Eis.

Gugummer putzt sich die Nase,
vor drei Wochen starb seine Base,
und manchmal knackt das Eis.

Der Schnee fällt dichter und dichter,
in der Ferne verschwinden die Lichter,
und manchmal knackt das Eis.

Wo ist jetzt noch vorne und hinten?
Nur zu, das wird sich schon finden.
Und manchmal knackt das Eis.

Unnütz

Gugummer lief durch die Straßen wie irr.
Ich fragte ihn, was ihm fehle.
Er suchte als Balsam ein gutes Werk
für seine unnütze Seele.

Er hätte so gern einen Blinden geführt,
doch kein Blinder ließ sich blicken.
Kein armes Weiblein ging und trug
eine schwere Last auf dem Rücken.

Er suchte nach einem brennenden Haus
um unter Einsatz des Lebens
daraus zu retten ein weinendes Kind.
Jedoch, er suchte vergebens.

Er sah nur, unerreichbar fremd,
vieltausend Menschen eilen.
Er sah nur Autos ohne Zahl
und stumme Häuserzeilen.

PS: Die Kinder lieben seine Geschichten und Gedichte. Lassen die Erwachsenen deswegen seinen Gugummer links liegen? Dann verdienen sie's nicht anders.

Im von Loeper Verlag erscheint ca. 1987 eine Neuausgabe dieses Buches.

Herbert Eisenreich
Böse schöne Welt

Herbert Eisenreich ist beileibe kein »vergessener Autor«; er ist literarisch präsent durch seine 1966 erschienenen Erzählungen ›Die Freunde meiner Frau‹, durch Hörspiele (nicht zuletzt durch den 1955 zum ersten Male gesendeten, unvergessenen Dialog ›Wovon wir leben und woran wir sterben‹) und auch durch Essays, in denen er manchmal von österreichischen Zwängen heimgesucht wird. Wie überhaupt dieser bemerkenswerte Autor, auf dessen seit langem angekündigten Roman wir erpicht sind, in den letzten Jahren mit kurioser Aufsässigkeit die zu rettenden Vorzüge seines Vaterlandes preist und Austriazismen auch dort für wahr hält, wo sie nur Enge und Einseitigkeit mit schwachem Charme verbrämen. Sein Talent vermag derartige selbstgebaute Hürden meist mühelos zu überspringen, und wenn er stürzt, dann tut er's mit ausgeprägtem Stilgefühl. Das bewahrt ihn wie uns vor größerem Ärger.

Eine seiner ersten Erzählungen habe ich in der ›Zeit‹ gelesen, ehe der Erzählband erschien, von dem die Rede ist und auf den erneut hinzuweisen es wert ist. Ich kann mich nicht mehr an ihren Titel, auch an die Handlung nicht mehr erinnern, doch genau an die Reaktion, die sie in mir auslöste: Ich spürte eine Art der Übereinstimmung im Erinnern. Hier schienen Momente aus dem Zeitstrom gelöst, die zwar nicht »typisch«, doch »zeitphysiognomisch« zutreffend waren. Fragmente von Haltungen und Verhaltensweisen, die einer unendlichen Geschichte an ganz bestimmten Punkten entnommen worden waren und nun, aus ihrer Beschränkung, zum einen von der ganzen Geschichte Mitteilung machten, zum andern jedoch zu selbständigem Zeitgerinnsel geworden sind.

Liest man jetzt die Geschichten in dem Buch ›Böse schöne Welt‹ (das 1957 bei Scherz und Goverts erschien und in den Jahren danach auch bei anderen Verlagen herauskam), dann wird einem diese Gestik noch deutlicher. Diese Erzählungen binden sich wissentlich an eine bestimmte Zeitspanne und entbinden gerade dadurch die beredten, beschriebenen Gestalten der Fixierung. Wenn ich also – auch in vierzig Jahren noch – jemandem den Geruch, die Sehnsüchte, die Melancholien, das Verhalten von Leuten in den vierziger und fünfziger Jahren unseres Jahrhunderts anschaulich machen möchte, dann kann ich mir mit einer Erzählung von Eisenreich helfen. Ich werde dann nicht einmal genau erläutern können, warum.

Ist es jene psychische Mitte zwischen dem Stumpfsinn, der reglosen Gräue, der ziellosen Hysterie des Nachkriegs und einer angespannten, mancher Erfüllung schon nahen Erwartung? Oder sind es die Figuren selbst, in denen sich dies alles in eigentümlichen, sich häufig verwischenden Aktionen ballt, auch in Kurzschlußhandlungen, in tödlichem Versagen, gar in der Aufgabe ihrer selbst, ehe sich ihnen die erwünschten Aufgaben stellen (in der kurzen wie bösen Erzählung ›Am Ziel‹)? Und finden wir Bestätigung für unsere Überlegung nicht auch in Eisenreichs Sprache, die allen Handlungsreizen nur verstohlen nachgibt, die immer dann sehr aufmerksam wird und sich spannt, wenn kleine Niederlagen sich im Echo bestürzend vergrößern?

Eisenreichs Sprache ist zurückhaltend; aus dieser Attitüde empfängt sie ihre Musikalität. Zudem ist die österreichische Sprechweise unverkennbar nicht allein in der Sprache, sondern vor allem in jenen Einbrüchen von Mutlosigkeit, die alle Handlung betäuben und in starren Methaphern sich bekunden. Es gibt solche wie unter einem universalen Schrecken sich duckenden Sätze auch bei Hofmannsthal und Schnitzler; bei Gütersloh baut dieses Lebensgefühl Szenerien, denen die unglaublichsten Tollheiten der in sie ausgesandten Akteure nichts anhaben können. (Austriazismen in der Sprache, eher Dialektschlampereien, sind bei Eisenreich seltener als bei Doderer, der unbedenklich sagen kann, daß dieser oder jener eine Sache »am Tisch« gelegt habe; bei Eisenreich liest man: »Sie war beim oberen Tor hereingekommen und schon beim Fernschreiber oben gewesen« – das häßliche doppelte »beim« hätte er leicht vermieden, wenn er das erste durch ein grammatisch richtiges »zum« ersetzt hätte.)

In den meisten Erzählungen konfrontiert Eisenreich Leute

mit Dingen und Leuten, denen sie nicht gewachsen sind, an denen sie gleichwohl wachsen können: Das kann sich, unheimlich, verdoppeln, wenn beide Seiten, agierend, verlieren, so in der Erzählung ›Erlebnis wie bei Dostojewskij‹. Eine vermögende Dame wird auf der Straße von einem Mädchen um Geld gebeten. Sie lädt das Mädchen ein, mit ihr zu essen. Es willigt zögernd ein. Wie unter einer Glocke höchsten Drucks sitzen die beiden Frauen beim Essen und trennen sich dann; die junge hatte, der Barmherzigkeit der anderen nachgebend, den letzten Blick auf den Geliebten verpaßt, die ältere, verwirrt durch deren Gebaren, empfand mit einem Male, daß sie zu helfen gar nicht imstande gewesen war und verlor sich in einer unergründlichen Trauer, die im Grunde auch die Trauer des von ihr aufgelesenen Geschöpfes war.

Oder (›Tiere von ganz natürlicher Grausamkeit‹): Hungernde Soldaten auf dem Marsch in Rußland. Sie kommen in ein armseliges Bauernhaus, finden einen versteckten Topf mit Hirse, die den Frauen und Kindern offenbar als Notnahrung hätte dienen sollen. Eine Katze spielt in der tristen Stube mit einer Maus. Sie quält sie, läßt sie laufen, fängt sie wieder ein. Die Soldaten kommentieren, erst belustigt, dann bestürzt die »natürliche Grausamkeit«. Die Kommentare durchlöchern gleichsam die Geschichte, öffnen sie, widerlegen das Vorhergegangene, setzen Zukünftiges voraus, das dann so sich nicht abspielen wird: denn als in der Nacht eine der Frauen sich einem schlafenden Soldaten nähert, legt sich als Schattenriß das Bild von dem Katz-Maus-Spiel über die Szene: die Frau schlägt ein Kreuz über der Stirn des Mannes. An dieser Stelle, und es ist das einzige Mal im ganzen Band, übertreibt Eisenreich den Symbolwert einer Geste. Nachdem er ohne Abschweif berichtet hatte, scheint ihm am Ende eine »Übersetzung« notwendig – aber es wird in eine Sprache übertragen, die nicht die seine ist.

Ohne Makel scheint mir Eisenreichs Kunst in der acht Seiten langen Geschichte ›Ein Augenblick der Liebe‹. Der Titel taucht auch in Eisenreichs theoretischem Nachwort zu dem Band auf: »Eine Geschichte – was ist sie denn anderes als ein wortgewordener Augenblick ... ja, fast möchte ich sagen: ein Augenblick der Liebe, wo der Erzähler seine ihm angemessene Ruhe und Würde, seine Distanz und Sachlichkeit opfert; wo er, urplötzlich mit einem ihm ins Auge gefallenen Steinchen Leben innigst konfrontiert, jede Fassung verliert und unvermittelt, aus einem durch Wortfülle gesprengten Munde, darauflos erzählt, als wäre er längst schon mitten drin im Erzählen (weil der wirkliche Erzähler immer, ohne Unterlaß, erzählt, auch wenn er es selbst gar nicht mehr merkt).«

In der Geschichte macht er's wahr. Wenngleich sie aus vielen Sätzen besteht, ist sie doch in einem Satz gesagt, atemlos, atemholend: Die kurze Begegnung eines Mannes und einer Frau in einem Lokal, er momentan seiner sicher, sie ihrer Sicherheit längst beraubt. Sie tanzen miteinander. Er geht, sie wußte es. Im Hintergrund seine privaten »Peinlichkeiten«, ihre Misere – von einem einzigen Satz umschlossen, der nichts anderes will, als den Augenblick umgarnen, umwuchern, bewahren und in die Sprache verlieren.

Die Hochzeitsreise

Sie hatten geheiratet ganz in der Art, die in diesen ländlichen Gegenden üblich ist, aber am anderen Morgen, mit benommenen Gliedmaßen noch und mit Schleiern vorm Aug' von der nachtlangen Feier, kletterten sie in sein Auto und rollten, indes die Leute ihrer Familie unschlüssig, steif und in der Herbstluft fröstelnd unter dem Tor des Hofes standen, die holprige, grasnarbige Zufahrt hinunter auf die Straße, welche nicht weit von da in die große asphaltierte Chaussee einmündet: er am Volant, sie neben ihm, er ohne zurückzuschauen, weil er auf seine schmale Fahrbahn zu achten hatte, sie ohne zurückzuschauen, weil sie gewillt war, seinen Blick mit dem ihren zu begleiten, nicht anderswohin zu schauen als er, und das war: immer vor sich hin, auf die Strecke, auf die nächsten zwanzig, achtzig, dreihundert Meter, die in sich bargen all die künftigen hundert und tausend und Millionen Meter, dargeboten in jenen zwanzig, achtzig, dreihundert Metern, die das Auto überholte und doch nie hinter sich bringen, die es schluckte und doch nicht verzehren konnte; und sie, sie sieht vor sich in dem länglichen Viereck der Windschutzscheibe, wie die Gegend sich auftut, das Hügelland sich entfaltet, und inmitten dieser Gegend sieht sie ein anderes längliches Viereck, gleich einer Photographie, die zu Boden gefallen ist und schief auf dem Muster des Teppichs liegt, voll von Bäumen, von dem Grün einer Wiese, und jäh vom Himmel, blaßblauer Himmel eckig inmitten der Gegend, dann die ineinander geschachtelten Häuser des Marktes, kubisch und vielfärbig stumpf, vom Kirchturm überragt, und über dem rosa Blechdach dort die schon schüttere Krone der Linde vorm Wirtshaus, alles ganz klein und unglaubwürdig, ohne Beziehung hineingestellt in die riesige, schier grenzenlose Landschaft vor dem Auto, oder eingelegt in sie, wie feingemasertes Edelholz in eine grobe Tischplatte, jetzt nicht mehr der Ort, sondern der Hof, schräg vor dem sich neigenden Fichtenwäldchen, zitternd, vibrierend, schaukelnd, und plötzlich wie, da blau der Himmel hereinbricht in das Bild, von Wellen überspült, gehoben wieder und endlich verschlungen, ein winziger Ausschnitt, aber voll Puls, voll lebendiger Unrast, welche ihn scharf heraushebt aus der allmählich erstarrenden Landschaft hinter der Windschutzscheibe; während er in dem Rückspiegel, der in der Wagenmitte oder der Windschutzscheibe, in diese hereinhängend, montiert ist, nichts als das Band der Straße sieht, das er abrollt hinter seiner Fahrt, das er abspult wie ein Nachrichtenkabel, das er hinter sich läßt, als wäre es seine persönliche Spur, eingekerbt in die sich bräunenden Wiesen und in die schwarzscholligen Äcker des Landes, grau und braun und gelb und gefleckt, meist mäßig gewunden, mancherorts mit unvermittelten, leicht abgeschrägten Kehren und Bögen, unbelebt außer von rasch verflatternden Staubfähnchen, deren Partikel sich kaum abheben von dem morgenfeuchten Untergrund, dem sie für kurze Weile entrissen worden, und so sieht er die Straße, die hinter ihm ist, gleichsam am Rande seines Vorwärtsschauens mit, und er sieht sie vor sich inmitten der immer neu und endlos sich weitenden Gegend, und zuweilen, bevor es hügelan geht, sogar inmitten der immer neu und endlos sich dehnenden Straße vor sich, inmitten der Gegend, in die hinein er sich windet, über die hinweg er sich windet, die er überwindet ohne Bedacht, ohne besonderen Stolz sogar, er sieht in der Landschaft vor sich nur die hinter sich gebrachte Strecke, seine Spur, seine flüchtige und nichtige Markierung; während sie, reglos hingebannt, nichts andres mehr sieht als, umrahmt von der Gegend vor dem Auto, das kleine Viereck gerüttelten Lands, das vor ihr ist und unabweisbar vor ihr bleibt, auch wenn es nur ein Vorüberhuschen ist, als wische ihr etwas über die Augen, als zucke eine Erinnerung durch die Seele, eine Angst durchs Herz, wie jetzt der Giebel, das braune Dach mit den schwarzgrünen Moospolstern und mit den hellroten Flecken dort, wo neue Ziegel auf die Sparren gelegt worden sind, und jetzt ein Eck der weißgekalkten Hauswand, das Spalierobst daran, dessen Zweige schon über die Fenster wuchern, sie enger rahmend von Jahr zu Jahr, so steht es, verhalten bebend, gleich einer Spieglung im Teiche, still, und fällt so jäh, als wäre ihm der Boden entzogen, hinweg ins Unsichtbare, und nach einer neuen Verschiebung ist es der Hang, hinauf zu der rot und gelben Sandgrube, die Ränder schwarz, eine Eiterwunde, und drüber die beiden Kirschbäume, welche die steinerne Muttergottes zwischen sich, mitsamt dem Himmel dahinter, oval fassen, als wär's ein Medaillon auf blaßblauem Grund, dann aber Wipfel, dicht und eng wie Farn, der Wald des Nachbarn, rasend schnell in die Quere stürzende Baumstämme, gefällt von der Schnelligkeit, und alles bebend, zuckend, hastend, ein endloses Gleiten und Gaukeln zurück zum Elternhaus, wo sich Rauch um den Schornstein wickelt und fetzig auf dem Dache klebt, Rauch von dem Herd, auf dem sie jetzt die Rahmsuppe wärmen, und noch ein paar vorüberfallende Bäume, deren entlaubtes Geäst ein Netz wirft über die Bilder dahinter, über den Zaun, den Brunnen, das Haus, das noch einmal da ist, aber anders gelagert in der Ebene des Blickes, als habe die Perspektive ein Loch, und in diesem Loche tänzelt der Hof, zierlich und schwerelos hochgekantet gleich einem Spielzeugklotz, er hüpft und kippt heraus und ist verloren, verloren in die graue Bläue des Himmels, der eben ist wie der Boden, verloren in graues Gras und in irgendein Haus schon, blaß, als quelle Nebel die Hänge herunter und fülle die Mulde, dicker, grauer, regloser Nebel, körperlich doch ungreifbar, darin die dem Auge vertrauten Ansichten ertrinken, langsam wie in einem Sumpf, aber gnädig ihr, deren Augen allmählich sich zu weiten beginnen, über die verlorenen Ränder des kleinen Vierecks hinaus ihr Blickfeld erweitern, bis sie schmerzlos erblinden; aber er, nachdem er mit seiner behandschuhten Rechten mehrmals rasch und ohne hinzublicken über die Windschutzscheibe gestrichen, wischt nun, ehe er die Hand zurückzieht zum Volant, ebenso rasch über das von ihrem Atem beschlagene Glas des Spiegels, um sehen zu können, was er hinter sich hat: so daß sie nun wiederum sieht, was hinter ihr bleibt.

PS: Eisenreich lebt und schreibt unter uns, unser Zeitgenosse. Wir vernachlässigen ihn sträflich. Vielleicht hat sein früher Ruhm daran Schuld? Aber warum sollten wir ihn, indem wir seine Kurzgeschichten lesen, nicht auffrischen?

Rainer Maria Gerhardt
Umkreisung

Einige Jahre nach dem Kriege, 1949 und 1950, gab es, scheint mir, eine Chance für die deutsche Lyrik, die sie nicht annahm, die sie, erfaßt vom Schwung der Repetition, nicht begriff: Damals gewannen an manchen, wenn auch unscheinbaren Stellen, jene amerikanischen Poeten Einfluß, die wir erst heute in ihrer magistralen Größe entdecken: William Carlos Williams, Kenneth Patchen, E. E. Cummings, Ezra Pound und Charles Olson. Die Zeitschrift ›Lot‹ stellte sie vor, die ›Perspektiven‹ ebenso – das waren Organe, die von Emigranten redigiert wurden, Männern, die während des Exils auf diese Werke gestoßen waren: Sie ließen sich faszinieren von einer Lyrik, die Esoterik mit Kraft und Männlichkeit zu vereinen verstand. Die Resonanz dieser Veröffentlichungen war, wie sich im Nachhinein feststellen läßt, nicht groß. Erst jetzt, fünfzehn Jahre später, holt man nach, was im Lernen schon unwiederholbar ist.

Auf die einzige Ausnahme und auf den einzigen Dialog, der sich damals über den Atlantik hinweg entspann, möchte ich hinweisen, vor allem aber auf den deutschen Partner der Unterhaltung, auf Rainer Maria Gerhardt. Gerhardt hat zwei dünne Gedichthefte veröffentlicht – 1950 den ›tod des hamlet‹ und 1952 die ›umkreisung‹ –, war Verleger und Herausgeber einer literarischen Revue; beide, Verlag und Zeitschrift, hießen ›Fragmente‹.

Gerhardt, 1927 in Karlsruhe geboren, als 19jähriger mit dem Jugend-Literatur-Preis der Stadt Wien ausgezeichnet, schrieb sich 1947 als Gasthörer an der Universität Freiburg ein, wo er offenbar Claus Bremer kennenlernte, der ihn bei der späteren Arbeit als Verleger und Übersetzer mit Eifer unterstützte. Es bildete sich eine poetisch-didaktische Zelle, die entfernt mit Ferlinghettis Kreis in San Francisco zu vergleichen ist.

Natürlich, liest man die Gedichte Gerhardts, leuchtet es einem ein, weshalb er sich so entschieden an die Amerikaner wandte. Bei ihnen wie bei ihm spricht das »Gedächtnis der

Geschichte«, seine Zeilen, die Inseln der Bildung, der Überlieferung tauchen auf aus dem Ozean der Zerstörungswut und erklären sich als Fragmente der Wahrheit. Was verloren und ruiniert schien, wird mit jungem Pathos angerufen, die Sätze umklammern Epochen und Kontinente. Der Rausch, den die Scherbenwelt Ezra Pounds verströmt, findet sich bei Gerhardt, dünntönender, wieder. Als die deutschen Lyriker noch die Erfahrungen Rilkes, des Expressionismus und des Surrealismus nach- und umschrieben, war ihnen Gerhardt schon um Schritte voraus. Er ahmte das Zukünftige nach. Er schrieb vor dem Hintergrund, der, lange nach ihm, Corso und Ginsberg stützt. Seine Meister waren die Meister einer ihm folgenden Generation.

Gerhardt verfiel, die Destruktion auf sich nehmend, dem polyglotten Bewußtsein der europäischen Poesie; in einigen seiner Gedichte reden Griechisch, Latein, Deutsch, in anderen Französisch und Englisch durcheinander. Die schwellende Müdigkeit des alten Kontinents offenbart sich ihm in reminiszierenden Fluchten. Daraus zieht er formale Konsequenzen: die Zeile öffnet sich nach beiden Seiten: dem Sog der Retrospektive antwortet der Sog einer sich unter der Mitteilung wandelnden Landschaft. Die Heftigkeit seiner Trauer bringt – und das ist gar nicht paradox – die Gegenstände seiner Trauer zum Strahlen. Durch alle seine Verzweiflung bricht ununterbrochen mythisches Gut, die Gestalten des vergangenen, größeren Europa fesseln ihn, doch er kann sie, in Anbetung, verhöhnen. Manchmal erinnert mich der strenge Lauf seiner Verse an Stefan George, nur schrieb George niemals auf dem Grunde des Sarkasmus, wie es Gerhardt tat, ein Priester, der seine Gemeinde über die Taten der Priester bitter aufklärte.

Ab und zu wurden seine Strophen leichtfüßig, Narrenwitz sprang in sie und eine schöne, monotone Melodie:

cegestes cegestes auf der nackten haut
ist dir eine sehr schwierige figur geschrieben
die kleine rose möchte ein märchen erzählen
das kleine pferd möchte ein wenig spielen

1950 schrieb Gerhardt seinen lyrischen ›Brief an Creeley und Olson‹. Er war wohl, vor allem durch seine Übersetzungen, an einem Punkt angelangt, wo er Zustimmung und Absage poetisch fassen mußte. In drei Teilen bot er, mit hymnischer Inständigkeit, die Fragmente seiner Erfahrung dar:

als oben der tamar warf das netz
in den azurenen einsamkeiten der alten kontinente
ein   neu zeichen zu aufbruch
ein   alt zeichen zu untergang
verloren die tragische pose
die luft einzig für uns
des verfall   atem

Und im dritten Teil:

im alten europa
übersetze pound
und williams
versuche
diese vokabeln in einer methode hier noch unbekannt
zu neuer hebung
belastet mit
den pfaden des sees
der abgeschiedenen
im mondnen gedächtnis
alter gaul
mit jungen jahren
ein altjunges pferd   zugeritten in
manchen sprachen in
dieser noch störrisch

Olson, der stille und gewalttätige Lehrmeister, antwortete ihm. Seine Replik steht in dem unlängst in der Edition Suhrkamp von Klaus Reichert herausgegebenen ersten deutschen Auswahlband von Olsons Gedichten. »An Gerhardt, dort, inmitten der Dinge Europas, von denen er uns geschrieben hat in seinem ›Brief an Creeley und Olson‹«: Es ist ein einzigartiger Dialog, von didaktischer Entschlossenheit und lyrischem Bekennen. Olson schont seinen jungen Kontrahenten, »diesen jüngst gekommenen Bärensohn«, nicht: »geschirr ist keins kaputt, doch auch kein lächeln in meinem mund.«

> Die aufgabe, Gerhardt,
> ist genau zu sein, gleich
> von anfang an,

und was für Olson Genauigkeit bedeutet, erfährt Gerhardt in der Verneinung dessen, was ihn ins Gedicht getrieben hatte: die schwärmerische Reflexion. »Du bist nach faulen beeren den baum hochgestiegen / und heruntergefallen und gestorben«, »magie, mein leichtfingriger faust, / wirkt nicht so einfach sympathisch.«

Ich weiß nicht, ob Gerhardt seinem amerikanischen Lehrer erwidert hat. Mich ergreift dieses Zwiegespräch, denn alles, was uns teuer war, was uns kräftigte, »die litanei der städte Europas«, bricht unter Olsons zuschlagender Faust, er löscht den Wahn des Evokativen, die Betäubung aller schuldig gewordenen Bildung mit einem herrlichen und brüderlichen Satz: »Es gibt keine zerbrochenen steine, keine statuen, bilder, sätze, werke / als die, / die Creeley und ich auch haben ...«

Gerhardts formale Überlegung war der seines Freundes Olson verwandt; die Offenheit des Satzes, der Zeile forderten beide. Olson war ihm darin freilich weit voraus, und Gerhardt, bedrückt von der Last der geschundenen und noch immer betörenden Metaphorik Europas, folgte ihm nicht. 1954 schied er freiwillig aus dem Leben.

PS: Ich kann einfach nicht begreifen, wieso sich kein Verleger findet, der das Gesamtwerk Gerhardts ediert. Es markiert einen Beginn: unseren, nach dem zweiten Weltkrieg. Wir gehen mit dem, was wir haben könnten, übel um.

Hertha Kräftner
Warum hier? Warum heute?

Am 18. November 1951 starb in Wien Hertha Kräftner an einer Veronalvergiftung. Sie war 23 Jahre alt geworden. Sie hatte in Zeitschriften Gedichte und Prosa veröffentlicht, nicht viel, doch man hatte ihre Stimme vernommen; sie war von Hans Weigel gefördert worden, der auch eine Gedenkrede auf sie hielt: »... wenn wir Hertha Kräftners Tod nicht verstehen, ist das unsere Sache, nicht ihre. Vielleicht ist es gewesen ..., daß sie starb, weil sie in diesen Wochen des Herbstes 1951 sehr glücklich gewesen ist ...«

Hertha Kräftner selbst hatte, einige Monate vor ihrem Freitod, in einer kurzen, ein wenig ironischen, fast boshaften Meditation den Freunden die Erklärungen für den Tod gegeben: »Wenn ich mich getötet haben werde, können die anderen voraussichtlich eine Menge Mutmaßungen, Verdachte, Motive und Interpretationen angeben«, die dann allesamt von ihr durchgedacht werden. Am Schluß verfängt sich alles Denken in einem lyrischen Schnörkel, in einer märchenhaften Wendung: »Die wirkliche Ursache, warum der Tod einen trifft, zu wissen, ist niemals möglich; wirklich und ausschlaggebend ist nur, daß der Tod auch nach Teheran kommt.« Ist es möglich, diese in mädchenhafter Verzweiflung vor sich hinredende Poesie der Vergessenheit zu entreißen? Paul Hühnerfeld hat schon 1957 in seiner Sammlung ›Zu Unrecht vergessen‹ auf sie hingewiesen, und als vor zwei Jahren im Stiasny Verlag eine Auswahl aus ihren Gedichten, Skizzen und Tagebüchern unter dem nicht sonderlich anziehenden Titel ›Warum hier? Warum heute?‹ herauskam, war in den deutschen Zeitungen kaum eine Notiz zu lesen. Dem schmalen, gewiß unfertigen und in sich gebrochenen Werk scheint das Odium des Verlorenen anzuhaften. Nur wenigen sind die Gedichte aufgefallen, die Horst Bingel in seine Anthologie ›Deutsche Lyrik seit 1945‹ aufgenommen hatte; sie hätten zu dem Werk, zu der Gestalt führen können.

Wer in den Tagebuchblättern liest, wird hinter aller Stilisierung bald das Bild eines Mädchens finden, das von einer gespannten Unruhe erfüllt war. Mit siebzehn Jahren hatte Hertha Kräftner zu schreiben begonnen, noch auf dem Gymnasium. Ihr Vater, ein Wiener Kaufmann, war 1945 gestorben, sie wuchs bei Tante und Großmutter auf. Die junge Lyrikerin fand bald Anhänger und Förderer: Hans Weigel, Herbert Eisenreich, Jeannie Ebner, Andreas Okopenko. Ein Kreis von jungen Schriftstellern, die, wie sich nachträglich bemerken läßt, bei aller Experimentierlust deutlich einer Tradition anhingen, die in manchen Versen von Hertha Kräftner durchbricht, wie von selbst und neben den Sätzen der Autorin her zu reden anfängt: Ich meine das landschaftsverwandelnde Gedicht Trakls.

Immer wieder müssen Melancholien über das Mädchen hereingebrochen sein, in ihren Tagebüchern spricht sie davon: Sie wolle nichts mehr sagen, sich nicht mehr bewegen. Sie verliebt sich, und die amourösen Erlebnisse enden stets in Fluchten und hymnischen Absagen. Sie reist nach Skandinavien und nach Paris: von dort bringt sie Gedichte und die erneute Erfahrung der Verlassenheit heim. Sie studiert Psychologie, macht die Bekanntschaft von Viktor E. Frankl.

In den wenigen, hier abgedruckten Briefen pocht eine nervöse, den Geist unentwegt herausfordernde Unruhe. In dem letzten Brief jagen Dinge und Menschen wie auf einem Karussell um sie herum, die Konturen verwischen sich; sie schreibt, einen Tag vor ihrem Tod: »Ich werde langsam verrückt.«

Die Vermutung liegt nahe, daß dieses getriebene, Glück und Verzweiflung verschwisternde Geschöpf ekstatische, hektische Lyrik schrieb, aufgewühlte Prosa. Aber ihre Verse sind ruhig, über Zeilen hinweg gemurmelt, wie aus einer gebändigten Tonlosigkeit gesprochen, aus freiwilliger Ferne. Sie sind von kräftiger, erfahrener Anschaulichkeit, oft lyrische Reiseberichte. Am Anfang tauchen noch Metaphern Trakls auf: »Das Bildnis hat die Augen eines weißen Rindes / und weint bisweilen abends zu den Windgesängen« oder Rilkes: »Und durch die Tage, die sie nicht mehr rührten, / trug sie – wie eine jener Nieverführten – / ihr Antlitz wie ein Bündel weißen Mohn«.

Je mehr sie sich auf eigene Erlebnisse verläßt, auf deren wörtlichen Widerschein, um so genauer und persönlicher werden die Zeilen. Sie schreibt schmucklos; diese Gedichte entstanden zu einem Zeitpunkt, als die jüngeren Lyriker dem Nachhall des Surrealismus verfielen, als man die frühen Expressionisten wie Carl Einstein und Ehrenstein eben wieder entdeckte, als die Dada-Legende sich an neuer Sympathie erfrischte; da schrieb Hertha Kräftner überaus einfach und ungeziert, sie stellte die Welt nicht probeweise auf den Kopf, sie versuchte sich nicht in den Abenteuern des Spiegelraums. Bisweilen ist sie der bäurischen Welt Christine Lavants nah, nur daß deren Strophen krauser und glühender sind – in einem der schönsten Gedichte Hertha Kräftners ist dies spürbar:

Dorfabend

Beim weißen Oleander
begruben sie das Kind
und horchten miteinander,
ob nicht der falsche Wind
den Nachbarn schon erzähle,
daß es ein wenig schrie,
eh seine ungetaufte Seele,
im Halstuch der Marie
erwürgt, zum Himmel floh.
Es roch nach Oleander,
nach Erde und nach Stroh;
sie horchten miteinander,
ob nicht der Wind verriete,
daß sie dem toten Knaben
noch eine weiße Margerite
ans blaue Hälschen gaben ...
Sie hörten aber nur
das Rad des Dorfgendarmen,
der pfeifend heimwärts fuhr.
Dann seufzte im Vorübergehen
am Zaun die alte Magdalen:
»Gott hab mit uns Erbarmen.«

Die reimlosen Gedichte haben häufig denselben balladesken Unterton, einen raschen Rhythmus, der zu einem pointierten Ausruf oder Bild drängt. Doch wird die Umgebung breiter geschildert: Es sind Blätter zu einem lyrischen Tagebuch – beispielsweise der Anfang von ›Abends in einer fremden Stadt‹:

> Reneé lag auf dem grünen Bett
> und sprach von Leuten, die ich nie gesehn.
> Die Fenster offen in die warme Nacht.
> Der Montparnasse war nicht sehr fern.
> Unter der kleinen Lampe
> bestrich ich meine Nägel mit rosa Lack.

Diese scheinbar formlos aneinandergereihten Zeilen werden zusammengehalten von einer Stimme, deren Atem die Wörter warmgehalten hat. Es ist eine wahrhaft unheimliche Ruhe, in der berichtet wird. Die Hysterie lauert hinter der Wand. Die Realität wird ihrer Herr; in den alltäglichen Tätigkeiten kann sie hingegen jählings erwachen. Auf diese Weise sind die Sätze gespannt.

In der Prosa kann solche kunstvolle Anstrengung zum Krampf führen, zum sanften Kitsch. Dort, wo Hertha Kräftner aus dem Moment schreibt, in den Tagebüchern, in einigen Skizzen, wird die Sprache lebendig, und die Traurigkeit wandert nicht über wohlgeordnete Blumenfelder. Da können die Sätze der Liebenden scheu zusammenfahren und der lippenpressende Hochmut der Trennung macht die Wörter spitz. In der Prosa ist sie viel jünger als in den Gedichten, viel tastender und unbeherrschter.

Sechs, sieben Gedichte von ihr haben uns ihr Bild erhalten, und das mädchenhafte Aufbegehren und Klagen ihrer Tagesnotizen. Sie hat viel über den Tod geschrieben. Der Umgang mit ihm war für sie nicht, wie für viele andere, eine aparte Note der schönen Künste. Sie ist ein paar Jahre lang auf ihn zugegangen, einmal zögernd, angstvoll, dann wieder ganz und gar mit ihm vertraut.

Wenn ich mich getötet haben werde

Wenn ich mich getötet haben werde, können die anderen voraussichtlich eine Menge Mutmaßungen, Verdachte, Motive und Interpretationen angeben. Am häufigsten wird man wohl davon sprechen, daß die unangenehmen Situationen, in die die meisten Menschen geraten, nur neurotischen oder gar psychopathischen Persönlichkeiten unerträglich werden. Ferner wird die Annahme berechtigt sein, daß ein hysterischer Selbstmordversuch unabsichtlich ein unglückliches Ende nahm. Noch weiter werden jene gehen, die – da sie sowohl meine Lebenshaltung als auch meine Schreibweise als traurige kennen – meine Tat als Konsequenz einer Psychose werten werden; die Melancholie endet sehr oft mit Selbstmord; das ist vielen bekannt.

Neben diesen Deutungen, die sich alle auf die Annahme einer krankhaften Veranlagung stützen, wird es jene geben, die ein schockhaftes Erlebnis als Ursache angeben. Ihnen zufolge könnte der Tod eines Nahestehenden, eine Untreue des Geliebten, der Bruch eines langjährigen Verhältnisses, Streit in der Familie oder dergleichen mehr die Veranlassung zur Tat gewesen sein. Niemand wird etwas genaues wissen, aber alle werden von der Richtigkeit ihrer Annahme überzeugt sein.

Die dritte Kategorie der Beurteilenden aber wird meinen Tod als völlig ursachlos empfinden, denn ihre Argumente heißen: Dieses Mädchen stand am Anfang ihres Lebens, sie war weder gefährlich krank, noch häßlich oder verunstaltet; sie war gescheit und gebildet, ihr Professor nannte sie fähig und namhafte Literaten fanden sie begabt. Sie hatte bereits schriftstellerische Erfolge. Wo immer sie hinkam, war sie den Leuten sympathisch, sie konnte sich ihren Mitmenschen anpassen. Sie hatte einen Freund, der sie liebte, wenn sie aber neben ihm nicht glücklich war, so hatte sie Gelegenheit genug, einen anderen zu wählen. Sie hatte eine sorgende Familie und bekam nicht nur, was sie brauchte, sondern auch was sie sich wünschte. Hatte dieses Mädchen also Grund, sich zu töten? Nein, antworten die Philister.

Das dürften im großen und ganzen die Linien sein, innerhalb derer – natürlich mit einigen Abweichungen – die Interpretationen sich bewegen werden. Aber ich bin überzeugt, daß es keinen geben wird, dessen Trauer um mich so groß ist, daß die Frage nach dem Motiv in seinem Herzen keinen Platz findet.

Was die Auswirkung meines Selbstmordes auf fremde Gemüter betrifft, so werden es die meisten bedauern und einige darüber trauern. Sollte jemand in Verzweiflung geraten, so ist der sichere Trost gegeben, daß er früher oder später – eher früher – darüber hinwegkommt. Ich bin sicher, daß man oft – vor allem unter den Kommentatoren erster Kategorie – den Satz hören wird: Das Kranke muß absterben, das ist ein biologisches Gesetz. Ob wohl unter den vielen Leuten, die mich kennen, sich einer den stillen Vorwurf machen wird, daß man mir hätte helfen können? Er wird bald einsehen, daß er sich den Vorwurf ersparen kann, denn es war schließlich nicht seine Schuld, daß ich meine gefährdete Situation nicht deutlich genug zeigte.

Wenn es möglich wäre, mich nach meinem Tod um die Ursache zu fragen, so müßte ich antworten, daß ich durchaus geneigt sei, mich einer der oben dargestellten Theorien anzuschließen, sofern sie nur überzeugend genug vorgebracht wird. Die wirkliche Ursache, warum der Tod einen trifft, zu wissen, ist niemals möglich; wirklich und ausschlaggebend ist nur, daß der Tod auch nach Teheran kommt.

Beschreibung eines Geliebten

Ein Fremdling unterm Weidenbaum, nur mir vertraut.
Dürstendes Tier, immer zitternd vor Unruh und Stärke,
Träume – wandelnd durch sein schwarzes Blut – wissen nichts von seinem Hirn;
nur sein Gefühl ahnt manchmal eine Treppe bis zum Mond.
Ausgesetzt jener Liebe, die die Einsamen haben:
das Herz sich zu durchbohren
und aufzufädeln auf ein Haar,
das die Geliebte in der Leidenschaft verlor.
Und immer hungernd nach dem bitteren Geschmack
von gelben Blumen, verloren vor der Zeit.
Verirrte Bilder hinterm Lid ...
Und manchesmal schreckt er sich süß vor einem Wort,
das andere ihm sagen, weil er darinnen spürt,
wie alles ihn vertreibt.
Dann tastet er nach einem Weidenbaum,
nur mehr vertraut der Trauer. Nicht mehr mir.

Vor Mitternacht

Ich hörte im Traum, daß die Rohrdommel sang,
als der Nachbar den Nachbar erschlug;
der Veitstänzer tanzte den Schierling entlang,
eine Kröte sprang braun über den sumpfigen Hang,
und der Mörder trank Mohn aus dem blauen Krug.

Die Nonne begoß den Salbei im Garten,
indessen der Priester die Nachtmesse las;
im Wirtshaus gewann der Reiche die Karten.
Als die Frau und der Nachbar den Toten verscharrten,
schmeckte ihr Mund nach sauerem Gras.

PS: Ich kann mir nicht vorstellen, daß diese neben Ingeborg Bachmann wichtigste österreichische Lyrikerin der Nachkriegsjahre trotz einer nun vorliegenden Auswahl im Taschenbuch unentdeckt bleibt. Nur weiß ich: Der Zufall ist ein wankelmütiger Bruder der literarischen Erinnerung.

Quellenverzeichnis

Johannes R. Becher: Abschied. Aus: Auswahl in sechs Bänden, Bd. 4, Berlin 1952, S. 211–217 (Westdeutsche Ausgabe: 1965 Limes-Verlag, Wiesbaden). Mit freundlicher Genehmigung des Aufbau-Verlags, Berlin.

Ernst Blass: Die Straßen komme ich entlang geweht. Aus: Sämtliche Gedichte (Hrsg. von Thomas B. Schumann). München 1980. Mit freundlicher Genehmigung des Carl Hanser Verlags, München · Wien.

Paul Boldt: Junge Pferde und andere Gedichte. Aus: Die Aktion, Bände 1912 und 1913 (Fotomechanischer Nachdruck). Stuttgart 1961. Mit freundlicher Genehmigung des Walter-Verlags, Olten.

Ludwig Derleth: Auswahl aus dem Werk. Heroldsberg 1964, S. 101–105. Mit freundlicher Genehmigung des Glock und Lutz Verlags, Heroldsberg.

Herbert Eisenreich: Böse schöne Welt. Erzählungen. Stuttgart, 1957, S. 106–110. Mit freundlicher Genehmigung des Autors.

Gustav Falke: Die Stadt mit den goldenen Türmen. Berlin 1912, S. 362–369.

Peter Gan: Von Gott und der Welt. 2. Aufl. Zürich 1954, S. 180–184. Mit freundlicher Genehmigung des Atlantis-Verlags, Zürich.

Rainer Maria Gerhardt: Umkreisung. Karlsruhe 1952.

Georg K. Glaser: Geheimnis und Gewalt. Stuttgart 1953, S. 9–11 u. S. 548. Mit freundlicher Genehmigung des Claassen Verlags, Düsseldorf.

Hermann Grab: Der Stadtpark. München 1947, S. 20–26. Rechtsnachfolger nicht auffindbar.

Josef Guggenmos: Gugummer geht über den See. Halle/Saale 1957. Eine Neuausgabe erscheint ca. 1987 im von Loeper Verlag, Karlsruhe.

Max Herrmann-Neiße: Die Gegenstände. Wieder ein Sommer verloren. Gedichte. Mit freundlicher Genehmigung des Carl Hanser Verlags, München · Wien. Trostlied der bangen Regennacht. Gedicht. Mit freundlicher Genehmigung des Albert Langen · Georg Müller Verlags, München.

Franz Hessel: Von den Irrtümern der Liebenden. Berlin 1923, S. 16–25. Mit freundlicher Genehmigung des Rogner & Bernhard Verlags, München.

Rudolf Kassner: Buch der Erinnerungen. 2. Aufl. Zürich 1954, S. 269–274. Mit freundlicher Genehmigung von Dr. Eugen Rentsch, Erlenbach bei Zürich.

Fritz Alexander Kauffmann: Leonhard – Chronik einer Kindheit. Stuttgart 1956, S. 188–192. Mit freundlicher Genehmigung der Deutschen Verlags-Anstalt, Stuttgart.
Ellen Key: Das Jahrhundert des Kindes. Berlin 1902, S. 211–224. Mit freundlicher Genehmigung des S. Fischer Verlags, Frankfurt.
Paul Kornfeld: Blanche oder Das Atelier im Garten. Reinbek 1980. Mit freundlicher Genehmigung des Rowohlt Taschenbuch Verlags, Reinbek.
Sonja Kowalewsky: Erinnerungen an meine Kindheit. Weimar 1963 (Erstveröffentlichung: Berlin 1897).
Hertha Kräftner: Warum hier? Warum heute?. Graz 1963, S. 25, 47, 194–197.
Werner Krauss: PLN – Die Passionen der halykonischen Seele. Frankfurt 1946.
Ernst Kreuder: Die Gesellschaft vom Dachboden. Stuttgart 1946, S. 5–14. Mit freundlicher Genehmigung des Suhrkamp Verlags, Frankfurt.
Friedo Lampe: Das Gesamtwerk. Reinbek 1955.
Fritz Mauthner: Prager Jugendjahre. München 1918.
Božena Němcová: Die Großmutter. Zürich 1950 (Erstveröffentlichung: 1855).
Wolf von Niebelschütz: Der blaue Kammerherr. Frankfurt 1972, S. 183–187. Mit freundlicher Genehmigung des Suhrkamp Verlags, Frankfurt.
Palinurus: Das Grab ohne Frieden. Frankfurt 1952, S. 31–33 u. 122–123. Mit freundlicher Genehmigung des Suhrkamp Verlags, Frankfurt.
Friedrich Percyval Reck-Malleczewen: Tagebuch eines Verzweifelten. Bonn 1981. Mit freundlicher Genehmigung des Dietz Verlags, Berlin · Bonn.
Albrecht Schaeffer: Elli oder Sieben Treppen. Leipzig 1949, S. 26–29.
Charles Sealsfield: Tokeah oder Die weiße Rose. Zürich 1964, S. 673–678. Mit freundlicher Genehmigung des Manesse-Verlags, Zürich.
Thea Sternheim: Sackgassen. Wiesbaden 1952, S. 140–143. Mit freundlicher Genehmigung des Limes Verlags, München.
Robert Walser: Das Gesamtwerk. Frankfurt 1978. Mit freundlicher Genehmigung des Suhrkamp Verlags, Frankfurt.

Hinweise auf Neuausgaben

Johannes R. Becher: Abschied. Deutscher Taschenbuch Verlag, München 1987.

Ernst Blass: Die Straßen komme ich entlang geweht. Sämtliche Gedichte. Hrsg. von Thomas B. Schumann. Hanser Verlag, München 1980.

Paul Boldt: Junge Pferde! Junge Pferde! Das Gesamtwerk/Lyrik-Prosa-Dokumente. Vorw. von Peter Härtling. Hrsg. und Nachwort von Wolfgang Minaty. Walter-Verlag, Heitersheim 1979.

Ludwig Derleth: Das Werk. 6 Bde. Hrsg. von Christine Derleth und Jost Dominik. Hinder + Deelmann Verlag, Gladenbach 1971/72.

Georg K. Glaser: Geheimnis und Gewalt. Claassen Verlag, Düsseldorf 1969. Geheimnis und Gewalt. Der autobiographische Bericht eines Einzelkämpfers. Rowohlt, Reinbek 1983.

Hermann Grab: Der Stadtpark und andere Erzählungen. S. Fischer Verlag, Frankfurt 1985.

Josef Guggenmos: Gugummer geht über den See. Von Loeper Verlag, Karlsruhe ca. 1987.

Rudolf Kassner: Buch der Erinnerung. Rentsch-Verlag. 2. Aufl., Zürich 1954.

Fritz Alexander Kauffmann: Leonhard. Chronik einer Kindheit. Manesse-Verlag, Zürich 1985.

Paul Kornfeld: Blanche oder Das Atelier im Garten. Rowohlt Verlag, Reinbek 1980.

Sonja Kowalewsky: Jugenderinnerungen. Nachwort von Peter Härtling. S. Fischer Verlag, Frankfurt 1983.

Hertha Kräftner: Das Werk. Gedichte, Skizzen, Tagebücher. Edition Roetzer, Eisenstadt 1978.

Werner Krauss: PLN – Die Passionen der halykonischen Seele. Klostermann Verlag, Frankfurt 1978.

Ernst Kreuder: Die Gesellschaft vom Dachboden. Erzählungen. Suhrkamp Verlag, Frankfurt 1978.

Božena Němcová: Großmutter. Bilder aus dem ländlichen Leben. Deutscher Taschenbuch Verlag. München 1981.
Großmütterchen. Dausien Verlag, 2. Aufl. Hanau 1984.

Wolf von Niebelschütz: Der blaue Kammerherr. 4 Bde. Suhrkamp Verlag, Frankfurt 1980.

Palinurus: Das Grab ohne Frieden. Suhrkamp Verlag, Frankfurt 1962.

Friedrich P. Reck-Malleczewen: Tagebuch eines Verzweifelten. Verlag J.H.W. Dietz Nachf., Bonn 1981.

Charles Sealsfield: Tokeah oder Die weiße Rose. Nachw. von Walter Bauer. Ill. von Uwe Hantsch. Herder Verlag, Freiburg 1978.
Thea Sternheim: Sackgassen. Roman. Limes Verlag, München 1975.
Robert Walser: Das Gesamtwerk. Werkausgabe. 12 Bde. Hrsg. von Jochen Greven. Suhrkamp Verlag, Frankfurt 1978.